World as a Perspective

世界作為一種視野

切、炒、觀、學

傅培梅、
戰後臺灣與20世紀中華料理

CHOP FRY WATCH LEARN

FU PEI-MEI
and the Making of Modern Chinese Food

金恬 Michelle T. King　著
魏靖儀　譯

傅培梅，一九九四年攝於她最知名的烹飪節目《傅培梅時間》拍攝現場。傅培梅在電視上教授中式烹飪超過四十年，從一九六二年臺灣有電視節目開始，直到二〇〇二年退休。

謹獻給爸爸媽媽

為我童年的每一餐。

給易安、金宓和金昕，

為將來的每一餐。

目次

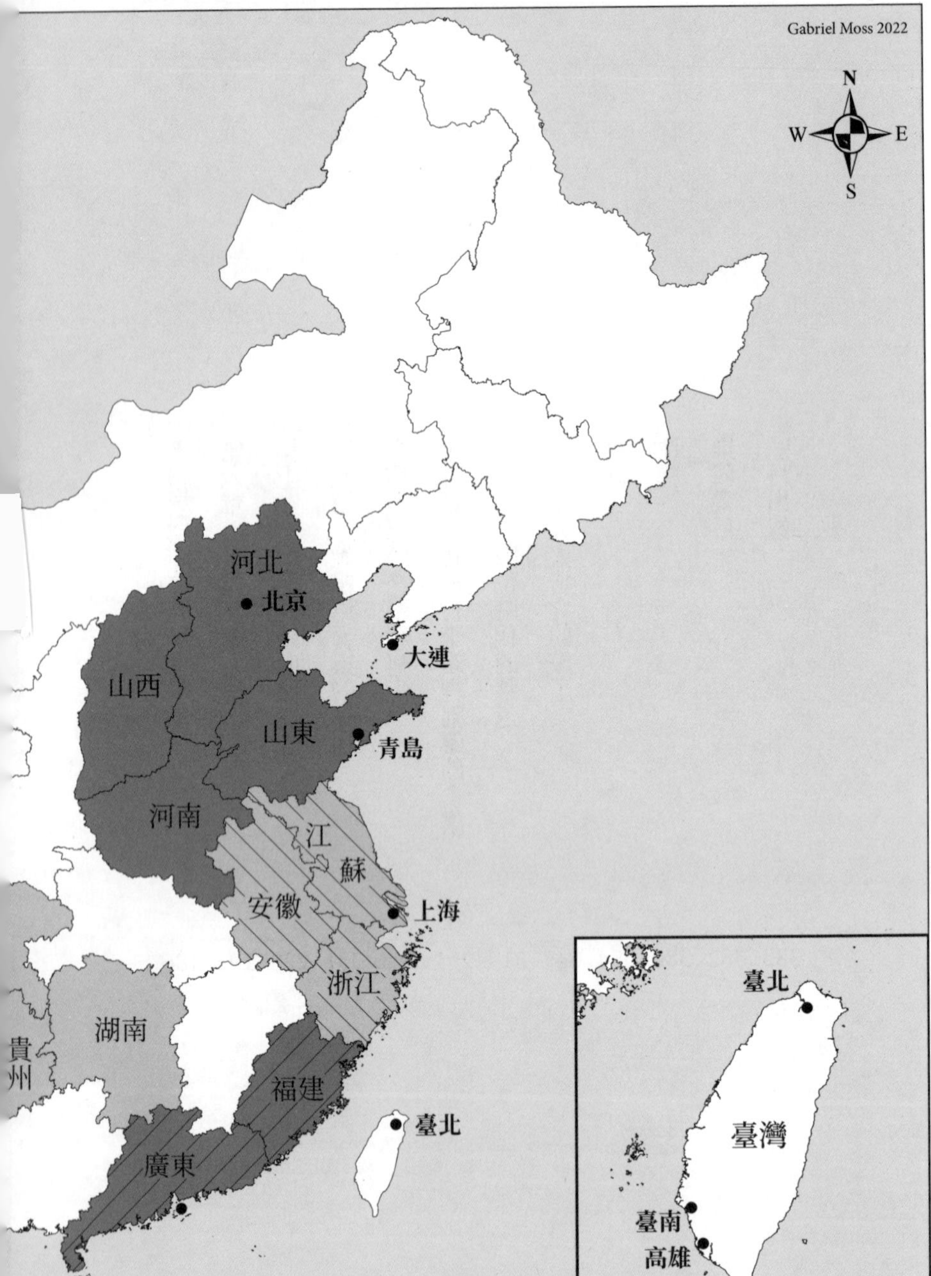
Gabriel Moss 2022
N
W
E
S
河北
北京
大連
山西
山東
青島
河南
江蘇
安徽
上海
浙江
湖南
貴州
福建
臺北
廣東
臺北
臺灣
臺南
高雄

傅培梅在她的中英雙語暢銷書《培梅食譜》第一冊（一九六九年）中所描繪的中國四大菜系分區，疊加在今日的一幅中國地圖上。

序

冷凍庫裡的家常菜

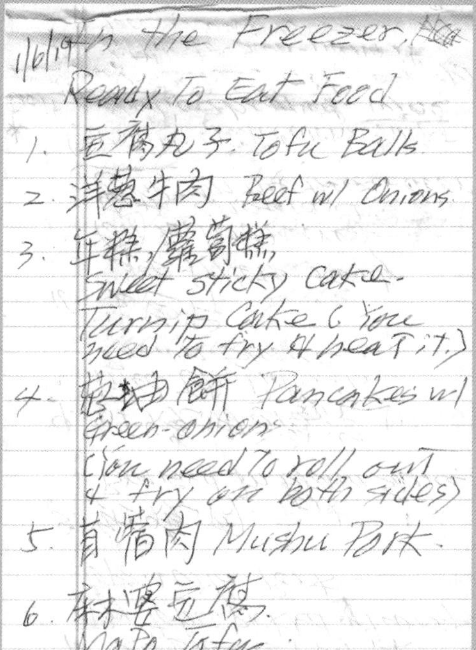
1/6/19 In the Freezer,
Ready To Eat Food
1. 豆腐丸子 Tofu Balls
2. 洋葱牛肉 Beef w/ Onions
3. 年糕, 蘿蔔糕
Sweet sticky cake.
Turnip Cake (You need to fry & heat it.)
4. 葱油餅 Pancakes w/ green-onion
(You need to roll out & fry on both sides)
5. 苜蓿肉 Mushu Pork.
6. 麻婆豆腐
MaPo Tofu

「冷凍庫裡的家常菜」中英對照清單，作者母親黃仲蓉手寫（二〇一九年一月六日）。

小時候，我偶爾會把母親的《培梅食譜》（一九六九年）從書架上拿下來，躺在地上隨意翻看。我會困惑地看著那些色彩鮮豔、風格怪異的食物照片，以及翻譯得很生硬的英文食譜，忽略對頁的中文原文，因為當時我還看不懂中文。我的父母是將近二十年前從臺灣移民過來的，我們住在密西根州的中央。我完全不知道傅培梅的食譜在臺灣是暢銷書，也不知道她在臺灣是電視名人，有她自己長期播出的烹飪節目。我只知道傅培梅的食譜跟《廚藝之樂》（*Joy of Cooking*）一起放在我家的書櫃裡，正如我家的廚房流理臺上也同時放著一臺「美膳雅」和一個破舊的大同電鍋。多年後，已經獨立生活的我，請母親教我做幾道小時候常吃的菜。她說我如果想學中國菜，可以先把她那本《培梅食譜》拿去看一看。我試做了其中幾道（步驟寫得很簡略，用油卻非常豪邁），但做完後也沒特別放在心上。

我的家庭也跟其他許許多多的移民家庭一樣，以食物作為交流語言——以我們家而言，我們說的是「餃子語」。幾年前，我爸媽來我家住了一陣子，把我的冷凍庫塞滿了他們親手做的中國菜，只要解凍就可以上桌。這是尋常事。每次我媽來，我都很期待能吃到我最愛的那幾道中國菜，而且冷凍庫裡還會囤上大量家常菜，夠我再吃幾個星期。但那一次，我母親還留了一份長達三頁的手寫清單，是他們做的每一道菜的中英文名稱。除了豆腐(肉)丸子、洋蔥牛肉、蔥油餅、蘿蔔糕、木須肉、麻婆豆腐、雪裡紅豆乾肉絲、紅燒肉、紅燒油豆腐泡、茶葉蛋和滷蛋之外，他們還幫我準備了配好的食材，打算讓我之後自己料理。我母親明確地指示，第十樣食材是冷凍鱸魚片和蔥花，只要另外再加一點薑絲、蒜末、米酒、醬油和油，放進微波爐裡加熱幾分鐘就可以了。(她最後還補了一句：如果想的話，也可以加一點豆瓣醬。)這張清單不僅充滿母愛，還是雙語的，又以食物為主角，比我擁有的任何一份文件都更能說明我寫這本書的動機。它不僅呈現了我的冷凍庫裡有什麼，更展示了母親是如何努力不懈地想把我的冰箱填滿，為的只是確保我、我先生和我們的孩子，即使在忙亂疲憊的日子裡，也能吃上一頓熱騰騰的家常菜。

我從小就覺得母親很擅長做中式家常菜，但其實她也不是一開始就會下廚。她是一九六三年從臺灣來美國念研究所後，逼不得已才開始學做飯的，那時距離傅培梅出版她第一本烹飪書還有兩年。我母親到了美國才第一次吃到香蕉船，地點是在芝加哥的馬歇爾・菲爾德（Marshall Field）百貨公司（她非常驚駭居然有人吃得下那麼多冰淇淋）。而節食是什麼意思，她也是從一位美國女孩那裡學到的（她非常驚駭居然有人能吃下茅屋起司，她覺得那吃起來像肥皂）。我母親從小被教導要專心念書，很少進廚房。直到二十三歲那年搬進明尼亞波利斯的一間合租房，她才不得不開始照顧自己。當時我母親的飲食就是白煮蛋、花生醬和蘋果——全都是很便宜的營養來源，而且不太需要烹調。她花了很多年時間才慢慢練就她的中菜廚藝，靠的是偶爾翻翻《培梅食譜》之類的烹飪書，以及品嘗其他華人媽媽帶去聚餐的菜餚。而且她幾乎天天做飯，我們家很少外食，所以她也勢必每天都要練習。

從一個不會煮飯的人變成家庭廚師，這樣的蛻變是如何發生的？我指的不只是我母親，還包括臺灣、美國和世界各地無數個與她同世代的二十世紀華人女性。她們如何接下餵養全家人的任務，又如何兼顧這些家務與她們的工作？我生了兩個孩子之後，就不斷問自己這些問題。我很清楚什麼才算是美味的家常菜，也很清楚我希望如何餵飽我的孩子。我希望像我的華人移民父母那樣，透過一道道可口的飯菜，讓我的孩子具體感受到家庭的溫度與身分的歸屬感。多年來，我的味蕾在一道道菜餚中被慢慢養成：有依我父親嚴格的標準、先蒸後煎至金黃酥脆的手工鍋貼，也有我母親的酸辣湯，裡頭滿是我最愛的組合——木耳、金針花、豬肉絲、豆腐、竹筍、香菇和蝦米。我希望我的孩子也能有他們最愛的菜餚，作夢都會想吃、上大學後每次放假回家時都會叫我做的那種。但在現實生活中，這樣的理想對我來說似乎遙不可及。

身為大學教授與職場媽媽，做晚餐這件事常常被擱到一邊，因為光是教課、開會、努力擠出時間寫書就已經讓人分身乏術，更別說要處理接孩子、送孩子、看醫生等瑣碎例行公事。我們每個星期至少會買一次外帶，有時甚至不只一次，我也常在心裡反覆盤算：想當個「還算過得去的媽媽」，到底該選擇快速方便，還是健康營養。不過，我們家的速食晚餐可不是魚柳條和炸雞塊，而是冷凍餃子。我家孩子吃的餃子可多了。雖然我自認為是狂熱的女性主義者，家務的其他方面我都早已擺爛，但想讓家人吃上簡單中式家常菜的這份渴望，在我心中始終根深蒂固。

因此第一個孩子誕生後，我又開始翻閱傅培梅的烹飪書，想找些既不太費時，也不至於太考驗我有限廚藝的中式料理。我忽然開始用一種全新的眼光看待她的書。這幾十年來，我接受了中國性別史的學術訓練，也已經能閱讀中文原文。我第一次注意到，除了食譜和菜餚照片，傅培梅的烹飪書還收錄了她周遊世界的報紙剪報、與重要人物握手的合照，以及她教不同國家學生做菜的照片。一九六九年的美國和中華民國（臺灣）還有邦交關係，和中華人民共和國（大陸）則尚無任何正式往來，美國駐臺大使夫人甚至為傅培梅的食譜寫了序。事實上，《培梅食譜》是一份可供歷史學家循線追查的書面紀錄，如獵犬聞著氣味般一路追蹤。對如今的我而言，它已不再只是父母過去所留下的、蒙塵而古怪的舊物，而是一扇通往另一個時空的入口，也是一扇窗，讓我得以窺見那些至今仍糾結不清的社會議題——關於家庭生活、女性主義，及其在戰後臺灣的浮現與演變。我既好奇又興奮，於是開始追索傅培梅的一切。

這本書就是那段旅程的結晶：一幅二十世紀中式家常菜的親密寫照，由數個世代的女性共同繪成，她們總是在為「晚餐要煮什麼」這個最基本的日常難題操心——而主角是一位令人欽佩的女性，她讓大家覺得煮飯不是問題。在本書中，你不會看見美國中餐廳裡常見的那些為外國人設計的中華料理形象——大紅燈籠、外帶餐盒、幸運籤餅、筷子字體。反之，我要呈現的是一段從內部視角出發的中華料理史，並聚焦於大多數華人實際吃飯的地方：家裡的餐桌，上頭擺著母親用愛（以及參差不齊的廚藝）所做的飯菜。若以這樣的方式訴說中華料理，也就是以二十世紀女性的生活與家庭為核心，這個故事將截然不同。它將不再只是幾百年不變的烹飪傳統所留下的古老文化遺產，而同時也是電視、電鍋與跨太平洋噴射客機造就出來的現代產物。

身為臺灣廣受歡迎的電視烹飪權威與食譜作家，傅培梅（1931–2004）的故事和二戰後中產階級華人女性家庭廚師在臺灣與世界各地的崛起息息相關。傅培梅一九四九年從中國大陸逃難到臺灣時只有十八歲。她在兩年後結婚，一開始也和她後來指導的諸多女性一樣，完全不會做飯。但這位年輕主婦卻開啟了電視烹飪教學的職業生涯，一做就是四十年，吸引了數以百萬計的觀眾，這些人都是看著她用熱情與技巧製作出無數道美味佳餚長大的。她寫了幾十本暢銷食譜，在臺北開了一家蓬勃發展的烹飪教室，而且隨著名氣愈來愈大，她更走出臺灣，以中華民國最受喜愛的中華料理大使的身分到海外教學。傅培梅的故事提醒我們，技藝超群的家庭廚師，即使是華人，其廚藝也非與生俱來，而是在廚房中一點一滴練出來的。

傅培梅因出生背景與烹飪事業起步的時機之故，得以坐在第一排，親身見證七十多年來影響現代臺灣歷史的每一場重大政治與社會變遷。透過傅培梅的烹飪書與她的人生故事，我們不只得以瞭解臺灣現代政治歷史的各種轉折，也得以看見戰後經濟起飛期間女性角色的巨大轉變——她們紛紛開始走出廚房、放下烹飪，進入辦公室或工廠上班。傅培梅在臺灣電視開播的一九六〇年代上了電視，在一九七〇年代見證了女性主義運動的崛起；而在一九八〇年代，尤其是美國為了與中國大陸建交而終止與中華民國（臺灣）的正式外交關係後，她也努力在國際舞臺上調適自己的角色與事業，以應對中華民國（臺灣）在美國與中國建交後的外交動盪與轉變。同樣在這幾十年間，臺灣的廚房開始有了電鍋、電冰箱和瓦斯爐，同時，加工食品和五花八門的新式餐廳（包括連鎖速食店）也大行其道，大幅改變了女性做飯的方式與家庭的飲食習慣。傅培梅那一代的臺灣女性之所以跟她學做菜，是因為只要打開電視機，就可以看到她有條不紊地教她們如何做出各式各樣沒看過的中國地方菜，這是她們的母親和祖母辦不到的。

傅培梅所教授的料理知識不只被臺灣女性吸收，也傳到了全世界，因為負笈海外的學子為了能吃到家鄉味，也會在行李箱裡帶上傅培梅的食譜。後來，隨著第一代移民（例如我爸媽）把書傳給第二代移民子女（例如我），傅培梅的食譜在美國、加拿大和其他許多國家，成為飲食認同與文化記憶的重要寄託。因此，傅培梅的影響力橫跨臺灣、亞洲與全球，只要有華人移民的地方，就有她跨世代的粉絲。書中也收錄了其中一些人的聲音，我稱之為〈廚房對話〉，是我對幾位當代華人女性的訪談，多半是我的親戚或家族朋友；採訪她們是為了瞭解傅培梅的食譜在她們忙碌的日常生活中，究竟扮演著什麼樣的角色。

為了寫出這個故事，我也查閱了大量的中英文歷史與當代資料，包括傅培梅的自傳、她自己的烹飪書、食譜、新聞報導、婦女雜誌、華人美食家撰寫的文章與書籍、短篇小說與長篇小說、臺灣早年的電視節目介紹刊物、廣告傳單、照片、地圖、政治海報與文宣、電臺與電視節目（包括傅培梅主持的烹飪節目）、一部改編自她生平的電視劇、YouTube影片、Instagram貼文、部落格，以及數十篇對其他烹飪書作者、美食作家、主廚、家庭廚師和傅培梅家人所做的訪談。

透過傅培梅的人生與職涯所看見的中華料理史，不是恆久不變的傳統故事，而是一段關於個人與家庭、飲食與社會的現代轉型歷程。沒有人比傅培梅更能體現中華料理在全球化、性別、政治與技術層面的現代轉型。而這一切戲劇性的變化全都是在冷戰氛圍中逐漸成形，更加凸顯出臺灣在塑造我們今日所知的現代中華料理中所扮演的重要角色。事實上，我母親那幾本油漬斑斑的《培梅食譜》，所收錄的不僅是食譜與深受喜愛的佳餚照片——它們同時也反映出一段動盪的現代史、一場女性的社會革命、廚房裡的科技革新，以及數個世代的家庭，即使分隔海洋，卻因對中華料理的深厚熱愛而彼此相連。

關於用詞

讀者也許會好奇，為什麼我在本書書名和全書之中，使用的是「中國／中華／中式」，而不是「臺灣／臺式」，來形容傅培梅和她所努力精通的那種家常菜。傅培梅雖然出生於中國大陸，但她成年後長居臺灣，她的事業也是在臺灣開展的。所以為什麼不稱她為「臺灣人」？簡單來說，我之所以用「中國／中華／中式」等詞，是因為這是傅培梅自己當年使用的詞彙。傅培梅在一九六九年出版她暢銷的雙語食譜系列書第一冊時，英文書名就叫作「Pei Mei's Chinese Cook Book」（可直譯為「培梅的中國菜食譜」，但實際中文書名只有「培梅食譜」四字）：這是她自認最擅長的烹飪領域，也是她希望與世界分享的料理類型。然而，「中國人」和「臺灣人」這兩種身分標籤背後，牽涉到錯綜複雜的政治與歷史背景，而傅培梅在不同語境中對這兩個詞語的使用，也帶有豐富的語意層次與時代意涵。這些微妙之處，需要更多篇幅才能深入說明，書中將會逐步展開討論。

關於這個問題，第八章會有更多著墨，但在這裡，我想先強調：我在全書中使用「中國／中華／中式」等詞彙，指的並非狹義的中國大陸，而是取其最廣義的文化意涵，用以凸顯串連全球漢人社群的文化紐帶。對我而言，這些詞彙也象徵著與早期世代的連結，以及那些早在中國大陸與臺灣政治分裂之前就已存在的豐富文學、文化與飲食傳統。臺灣常用的中文措詞更能清楚表明其中的區別：「中國」指的是一個國家，「中華」則指的是一種文化。

本書的一個主題，是華人身分認同的複雜、多樣，而且最重要的是，並不單一、劃一。我力求忠實呈現每個歷史時期的慣用語，以及每位當事人對自身的描述。但讀者應該明白，這些身分標籤的意涵並非固定不變，它們的用法也一直在演化。連我自己也一樣：我之前一直自稱「華裔美國人」，但寫了這本書後，我卻更傾向於以「來自臺灣的華裔美國人」自我介紹（也有人用「臺華裔美國人」），以便更清楚地傳達我複雜的家庭背景。

另一個曾經隨著時代而改變的名字是中國北方的城市北京，也就是今日的中國首都。這座城市在二十世紀早期換過好幾次名字，原本叫北京（從一六四四到一九二七年，也就是從清朝到民國初年），後來改成北平（從一九二八到一九四九年，中華民國時期），再來又改回北京（一九四九年中華人民共和國成立之後）。作者原本是怎麼寫的，我就跟著怎麼用，但讀者應該明白，無論是北京還是北平，指的都是同一座中國北方城市。

第一章

流亡與抵達

十九歲左右的傅培梅騎著單車去上班，當時她在臺北擔任打字員（大約一九五〇年代早期）。

一九四九年，年僅十八歲的傅培梅徘徊在中國北方城市青島一條小巷子裡的一家打字行門口。她每天都盡可能往外跑，在城中閒晃，因為當時她暫住在遠房親戚家裡，是個不受歡迎的客人。店裡的打字員坐在機器前工作，但發出的聲音並不是規律的「答答答」。反之，那是一種較緩慢的節奏：卡噔（停頓）卡噔（停頓）卡噔（停頓）。中文打字員得從數千顆上下顛倒、左右相反的鉛字中，一次找出一顆需要的字。她會用左手推動一個沉重、扁平、可滑動的托盤，裡頭裝滿數千塊小小的鉛字，找到目標後，停頓，右手食指用力按下選字鈕，機器便會將那顆鉛字挑起、壓印到紙上，再讓它落回托盤——卡噔。

她鼓起勇氣走進去，繼續目不轉睛地看著。她很快就和老闆聊了起來，並詢問是否可以學習這門技藝。她自願擔任打字員的助手，可以把要放到托盤中的鉛字挑出來，或是清理托盤。她漸漸學會了打字機每個部件的功能，最終也掌握了打字技巧。光是把那個鉛字盤推過來推過去就很花力氣。「有些機器實在老舊不夠滑溜，」她在自傳中回憶。「一天下來雙肩與背部都會痠疼，右手摯鍵的二拇指上，也會磨出繭來。」（結婚後，她發現丈夫的右手食指上也有這樣的繭，但他笑說那是麻將打太多的結果。）

傅培梅在同年稍晚抵達臺灣，靠著這剛剛學會的打字技能找到了第一份有薪水的工作。一開始，這份工作進行得極為緩慢，讓她十分沮喪。她必須仔細檢視超過三千顆鉛字，這些鉛字依照漢字的部首分類，排列在一個三十五乘九十七的網格中。這工作非常累人，還讓她的眼睛乾澀不已。但沒過多久，每一次「卡噔」之間的停頓就愈來愈短。「後來十分熟練了，不必靠眼去找部首，而可憑著記憶打下，雙手推字盤的距離，日久也摸得極為準確了。」傅培梅寫道。憑著決心與練習，傅培梅訓練出手眼之間的默契。她成了一位真正的「打字小姐」——也就是二十世紀那批走入職場的年輕未婚女性之一。

傅培梅在臺灣找到了某種程度的獨立與自由，這是她在中國大陸時不曾享有的。她先是在打字行工作，接著成為打字老師，最後成為臺北一家當地貿易公司的職員，不只能養活自己，還可以養活與她團圓的父親和哥哥。他們比傅培梅早一年到臺灣找工作，但在第二次世界大戰（一九三七到一九四五年）和國共內戰（一九四五到一九四九年）之後的那段時期，每個人的日子都很艱困。對傅培梅的父兄這樣的男性而言，戰後臺灣的一切都天翻地覆，就像中文打字機上的鉛字一樣上下顛倒。他們經常不是失業就是沒有充分就業，但傅培梅這樣的小女子反而是發達了。

剛到臺灣那幾年，傅培梅和烹飪離得最近的時候，就是她在貿易公司上班時的午餐時間。隨著時間接近，她會頻頻看鐘，等待外送小弟爬上樓梯的腳步聲。她來自上海的同事每天都會從附近的江浙餐廳點六菜一湯來滿足他們的上海味蕾。同事會擺好飯菜碗筷，然後叫大家過去吃。「那時我還不通廚藝，」傅培梅回憶，她來自北方，不熟悉南方菜，「只感覺每一碟菜都有特色，非常好吃。」傅培梅在那家貿易公司只待了十個月，但她一直記得那些豐盛的午餐——以及那段身為年輕未婚職業女性、每天騎單車上下班的獨立時光。一九四九年來臺灣本身就已是一場歷險，那段充滿毅力與挑戰的歲月，她永生難忘。

***

每當傅培梅回憶起童年時期的無憂生活，想到的永遠是春季盛開的粉嫩櫻花。她父親的家族住在靠海的山東省，但父親十幾歲時就跟著一位叔叔渡過渤海，去了遼寧省繁華的港都大連。傅培梅於一九三一年在大連出生，是長女，在七個孩子中排行老三。念小學時，他們全家搬到了鄉間。她的父親事業發達，蓋了一棟有玻璃窗的堅固洋房，俯瞰種植著櫻桃樹、梨樹和蘋果樹的果園——跟華北地區高牆圍繞的傳統四合院大不相同。樓下有一間較小的日式客廳，用來接待一般客人；地板鋪著榻榻米，門則是紙拉門。樓上還有一間僅供家人使用的私人起居室，所有中產階級的華美擺設一應俱全，包括「鋼琴、天津地毯、法國絲絨沙發」。（第一次世界大戰導致土耳其和伊朗的地毯無法出口，供應中斷，天津抓住了這個機會，開始生產奢華的手工地毯，並出口到美國市場。）

傅培梅的家鄉北方港都大連，以及它所在的遼東半島，在十九世紀末列強對中國領土與影響力的爭奪戰中，一直是備受覬覦的戰利品。英國、法國、德國、俄國、美國和日本都亟欲瓜分中國。俄國於一八九八年逼迫積弱不振的清廷簽下遼東半島的二十五年租約，並在當地建立了「達尼」(Dal'nii) 這座城市，作為他們在亞洲主要的不凍港。(Dal'nii在俄文中是「遙遠」或「偏遠」的意思，意指它距離位於歐洲的俄羅斯帝國中心非常遙遠。) 然而到了一九〇五年，俄國卻在日俄戰爭中敗於日本，這場戰爭猶如一記當頭棒喝，讓歐洲列強意識到：他們再也不能輕視這個崛起中的亞洲強權。日本隨即控制了這座港口城市，將其改名為大連，意思是「偉大的連結者」。而它也不負其名：大連後來成為滿洲鐵路網的南方總站，是日本進一步在華擴張帝國勢力的重要門戶。

有好幾百年時間，中國一直是東亞的政治強權，文化影響擴及日本和韓國。從關係上來看，中國把日本視為地位較低的弟弟。但這樣的家族關係卻在十九世紀末突然改變：日本崛起，成為亞洲主要的政治、軍事與工業強國。為了不重蹈中國在西方炮火下屈服的命運，一群具有改革思維的年輕領袖掌握了日本政權，推動軍隊現代化、建立工業與基礎設施，並採用新的憲政治理體系，這個過程就是後來所謂的「明治維新」（一八六八至一九一二年）。日本快速的現代化措施很有成效。弟弟痛揍了哥哥一頓：一八九四到一八九五年間，兩國為了爭奪朝鮮半島而爆發第一次中日戰爭，結果日本大敗中國。日本還從那場戰爭中取得了另一個戰利品：臺灣島，它在一八九五年成為日本的第一個殖民地，持續了五十年。沒多久，日本帝國就開始在亞洲積極擴張，這對歐美的帝國野心而言，是一記來自黃種人的迅猛反擊。日本在一九一〇年併吞朝鮮，並於一九三一年入侵中國滿洲。日本在中國北方的侵略行動於一九三七年演變成全面性的第二次中日戰爭，而且很快就被捲入一場規模更大的全球地緣政治衝突：第二次世界大戰。

傅培梅成長於日本占領下的大連，因此她小時候對櫻花的鍾情其實具有象徵意味，只是她自己當時不見得知道。雖然許多中國人都痛恨日本在二戰爆發前那些年的領土擴張行為，但傅培梅的父親卻一生都是個日本迷，他的生意就是透過日本中間商進口歐美酒類與罐頭，因此建立了大量人脈。（他在一九五〇年搬到日本定居，並且在那裡獨自生活，直到八年後去世。）他甚至送傅培梅去上日本小學，她是那裡唯一的中國學生。她的日語十分流利，對日本文化與各種事物都深具好感，這份欣賞伴隨她一生。她小時候很少和父親一起外出用餐，其中一次吃的就是親子丼（叫「親子」是因為裡面同時有雞肉又有雞蛋），這是一道把燉雞肉蓋在白飯上的日本家常料理。幾十年後的一九七〇年代，傅培梅到富士電視臺主持一個中華烹飪節目時，她對整個日本製作團隊的效率與專業大為驚嘆：「上上下下每人都認真、守時、合作無間。」

這櫻花美景般的安逸生活很快就隨風消散了。一九四五年二戰結束時日本戰敗，大連先是被蘇聯接管，最後交由中國共產黨掌控，這不但沒有給傅培梅一家人帶來更多的穩定，反而加劇了動盪。此前撕裂中國的是外國列強之間的競爭，如今造成分裂的則是由蔣介石領導的國民黨和毛澤東領導的共產黨之間的內戰。整個二戰期間，傅培梅的父親在日本占領的大連都還能做生意，但戰爭結束、日軍撤離之後，大連的未來反而充滿令人焦慮的不確定性。他很快就和大兒子一起前往華北其他地方尋找新的商機。傅培梅也過得不開心，因為在新的共產政權下，大連的學校教育變質為一連串的政治自我批評與同學之間的批鬥大會，實質學習內容少之又少。一九四六年，年僅十五歲的傅培梅留下母親和其他兄弟姊妹，與大嫂一同離家尋找父親和大哥的下落。

傅培梅就這樣在十幾歲的年紀展開了三年的「流離歲月」，和大嫂努力追尋父兄的行蹤，沿途投宿於能找到的親戚家中。在山東半島的煙臺，她們寄住在傅培梅的叔叔家，靠打零工勉強維持生計。住在叔叔家時，最讓傅培梅困窘的是必須和堂兄弟姊妹一起站在街上，對著路人高聲叫賣家裡僅存的最後幾件值錢的東西——一個銅鈴、一對花瓶、一些瓷器、一串珠簾。由於叔叔沒錢僱用工人，驢子也沒了，她和堂兄弟姊妹只好親自推著沉重的石磨為家裡磨玉米。那具石磨有七、八十磅重，推了幾圈之後，「便感頭暈欲倒」。她的大嫂承受不了這樣的勞累，但傅培梅決心堅持下去：「我則拚命忍住，也學小毛驢閉上雙眼。」

國共內戰期間，情勢不斷惡化，所以一九四九年內戰結束時有一、兩百萬難民跟隨蔣介石和國民黨逃到臺灣，而毛澤東領導的共產黨則在中國大陸取得勝利。自從撤退至臺灣後，這座島嶼就成為國民黨的最後堡壘，也是中華民國僅存的領土。蔣介石聲稱這場挫敗只是暫時的，堅信美國的援助很快就會來，協助他們反攻大陸。臺灣島有五十年的時間（一八九五到一九四五年）都是日本的殖民地，直到二戰結束後才交由國民政府接手統治。傅培梅的父親和大哥在國共內戰後期先行前往臺灣，傅培梅和她的大嫂決心追隨其後。在這趟旅程的某一站，她們途經青島，傅培梅來到一家日後將影響她人生命運的打字行門前駐足。

***

站在那家打字行的門口，傅培梅距離那個數百年來由中國男性定義的中華料理菁英世界，可說是遠得不能再遠了。二十世紀以前，中國的飲食文學幾乎是男性專屬的領域，無論是作者、讀者，還是書中描繪的社交場域都是如此。這些文人

（天經地義是男性）創作了大量關於與友人飲酒宴食的詩文，讓其他文人間接神遊其境、借以共鳴。十八世紀的美食家袁枚（1715–1797）在其膾炙人口的飲食論著《隨園食單》（一七九二年）中，記述了他自己的飲食體驗，不僅詳列選購與品評的準則，也提出諸多飲食宜忌，供志同道合的鑑賞者參酌。對帝制時代的中國男性饕客而言，食物是用來品味、欣賞與進行審美評鑑的——而非親手製作或烹調的。事實上，在飲食活動的階序中，文人雅士的品味比廚子的巧手更受重視。

例如，袁枚曾為自己的私人庖廚王小余寫下一篇讚美文，讚賞的不只是他精湛的廚藝，還有他省錢的本事。袁枚誇耀說，王小余不需要名貴珍稀的食材，就能做出美味的菜餚。袁枚曾問王小余，明明可以到富貴人家領高得多的酬勞，為何願意一直待在他這裡？王小余回答說，他最感激的是袁枚的鑑賞力：雖然袁枚是挑剔的雇主，但替袁枚做事卻是他提升烹飪技巧的唯一途徑。「世之噴聲流歠者，方與醅敗同軀也。是雖奇賞吾，而吾伎且日退矣……今主人未嘗不斥我、難我、掉罄我，而皆刺吾心所隱疚。」（那些在筵席上狂歡的俗人吃什麼都開心，他們也許會誇讚我的廚藝，但為他們工作，我的廚藝只會愈來愈退步……反之，主人你雖一直批評我、責備我、對我大發雷霆，但每次這樣，都能讓我發現真正的缺點在哪裡。）袁枚這篇對廚子的褒獎文，最後竟又轉而歌頌起自己高雅的品味來。

由品味高雅的文人動口指點、未受教育的男性廚師動手照辦，這種帶有典型性別階序色彩的觀念，一直延續到二十世紀。鄭天錫（1884–1970）在一九四〇年代末擔任中華民國駐倫敦的最後一任大使，直到一九五〇年英國與中華人民共和國重新建交。在朋友的鼓勵下，鄭天錫於一九五四年出版了一本小書：*Musings of a Chinese Gourmet*（《一位中國美食家的沉思》）。他很得意自己「訓練」出至少兩名廚師，一個在北京，一個在南京（這位後來為英國外交大臣服務），此外還在倫敦「琢磨」了另一個廚師。對鄭天錫而言，在「有品味的男士」與廚師之間，誰的技能比較重要根本不必懷疑：「廚師通常就只是個可以做出一頓飯的人，但有品味的人或許一輩子只燒過一顆白煮蛋，卻懂得辨別好壞。」也就是說，文人雅士的細緻品味與飲食識見，才是中華料理得以登峰造極的真正關鍵。

然而，到了鄭天錫所處的二十世紀，中國美食家面對的是一個更為廣袤的世界；在這個世界裡，中華文化的優越地位早已不像袁枚時代那樣理所當然。自十九世紀中葉鴉片戰爭（一八三九到一八四二年）以來，外來帝國主義幾十年來屢屢造成國恥，在二十世紀上半葉激發了強烈的中華民族主義情感，既表現在政治領域，也表現在烹飪領域。儘管當時中國普遍貧困、中央政權薄弱，且大多時候無力抵禦外侮，但鄭天錫等現代中國美食家始終堅信，中華料理仍是可以驕傲地展示給世界的民族光榮。文學家與享樂主義者林語堂（1895–1976）曾在許多寫給西方讀者看的英文散文裡頌揚中華料理的優越之處。在他的著作《吾國與吾民》（一九三五年）中，林語堂如此形容同胞：「人世間倘有任何事情值得吾人慎重將事者，那不是宗教，也不是學問，而是『吃』。吾們曾公開宣稱『吃』為人生少數樂事之一。」他更尖銳地補充道：「烹調普通的菜餚像青菜和雞肉，中國人有很豐富的祕訣可以教教西洋人，而西洋人也很可以服服帖帖學習一下。不過實際上這樣的情形不會實現，直要等吾們建造了強大炮艦而國力足以吞噬歐美，那時西洋人將認識中國人為較優的烹飪家，毫無問題。」在林語堂眼中，烹飪的影響力與政治和軍事實力成正比。

另外一些現代中國美食家，例如劇作家與京劇學者齊如山（1877–1962），則在一九五六年為中華料理的優越性辯護，理由是其烹飪技術有兩大基石。「火候」意指的是對火力和時間的精確掌握，這在像炒菜這類需快速烹調的方式中特別重要。而「刀功」則是指用同一把菜刀變化出幾十種不同的切法，以應對各式各樣的食材。每個家庭廚師都必須同時精通火候和刀功，而在專業大型中餐廳的廚房裡，這兩項技術會由不同小組分工負責。在戰前的北平，齊如山常流連於名店，也常進廚房與廚師們聊天。他觀察到，會有一組廚師專門負責切肉、切菜和備料，另一組掌鍋、調味。此外，還有備料廚師專職製作北方麵食，如餅皮、麵條、餃子、包子。食材搭配、分量、切法，都是由負責切的人來決定。如果掌鍋廚師沒有把切菜廚師備好的料用完，齊如山寫道：「那於案上人的面子，是很不好看的，也可以算是跟他過不去，或者因此二人可以吵起架來。」

刀工本身就是一項烹飪藝術，光是一塊肉或幾根蔥就有幾十種不同的切法。例如，唐朝文獻中提及的一種切法「蟬翼切」，之所以得此名，就是因為切片薄如蟬翼。齊如山認為，西方廚師對於刀工遠遠沒這麼講究。他抱怨道：「在西洋沒有這種情形，絕不講多薄的片，多細的絲。」所以西方烹飪「離原始還稍近」，因為廚房不會在上菜前幫用餐者完成所有工序。西方人吃飯時必須自己在餐桌上用刀叉切割較大塊的肉，例如烤牛肉。而中式料理則「比較先進」，因為所有工作已由廚房完成，用餐者只要拿起一雙高雅的筷子就可以吃飯。

在爐灶前，速度與精準度的展現則更加令人驚豔：技藝高超的廚師對火候的掌握是以秒來計算的。齊如山回憶，爐灶前的廚師炒菜時加佐料，像是油、醋、醬油之類的，連看都不看，更不用說計量了，就直接舀一杓倒進鍋裡。另一位報紙作家夏承楹（1919–2000）也曾描述家中廚師的身手：「大師傅用鐵杓一面急炒，一面像蜻蜓點水般的把各種佐料舀取紛紛加入，不稱不看，分量恰當，全憑手勁兒的熟練。」廚師做菜時也從來不會試吃。齊如山曾問過一位餐廳大廚為何如此。那位大廚嗤笑道：「不但沒工夫嘗，連看一看佐料多寡的時候都沒有，倘乎取每樣佐料都要看一看，那大杓之菜，就過火不適口了。」由於對這火候的掌握實在太精確，經驗老到的廚師甚至會把室溫及用餐者與廚房的距離都考慮進去。那位廚師對齊如山說：「有幾種做法的菜，還要看吃的地方，離廚房有多遠，倘離稍遠，天氣再較熱，那就必須把火候做嫩一點，如此則送到棹上，便剛剛合適。這種菜，行話叫作吃火候的菜。」

除了擔任美食鑑賞家與廚師之外，從帝國時代到二十世紀初，餐桌上共享美食的樂趣，也向來被視為男性社交生活的一部分。鄭天錫緬懷戰前「北平的美好舊時光」，當時，品味美食常成為男性友人之間定期相聚的理由。這類飯友或酒友，「每週或每兩週聚會一次，再不然就是有人生日的時候，大家輪流作東。」聚會通常在成員家中舉行，尤其是如果某人家中有一位廚藝高超的廚子，但他們偶爾也會選擇在餐館聚會。有的時候，這些聚會也會成為類似沙龍的場合，成員會分享最新的畫作或詩作，供其他人品評。有時則純粹以美食促進彼此的「友誼與理解」。

這些現代中國男性美食家極少承認中國女性在廚房中扮演的角色，而偶爾提及，文人雅士的味蕾還是被排在第一位。例如，林語堂的妻子廖翠鳳和女兒林相如曾撰寫兩本英文的中華料理食譜：*Cooking with the Chinese Flavor*（《煮出中國味》，一九五六年）和 *Chinese Gastronomy*（《中國美食》，一九六九年）。林語堂回憶，他坐在客廳裡時，經常聽到妻子和女兒在廚房中激烈討論正確的烹飪技法和味道。這對母女的對話既詳細又精確，就像兩個在實驗室中探討正確做法的烹飪科學家。他寫道：「很像一群人在回憶一趟打獵或釣魚之行，或是一場北極探險。」然而，即使家中有兩位出色的家庭廚師，林語堂仍自認自己扮演一個「挑剔而富有鑑賞力的評論家」，就是「對家中優異晚餐水準的一種『貢獻』……品酒師雖不親自種葡萄，卻依然有其不可或缺的價值」。

事實上，對林語堂而言，男人理所當然就是應該吃飯就好，不必進廚房。他寫道：「男人辛苦工作了一整天，自然有權期待在家享用一頓愉快的晚餐，而且是帶著對食物和用餐者的尊重烹製的。」他接著補充（語氣中或許略帶一絲不好意思）：

「不得不承認，這是男人的觀點，畢竟男人不必自己下廚。」然而，在他由女性主導的家中，林語堂這番大男人主義的言詞其實沒有什麼分量：這回輪不到中國男性美食家說了算。林語堂坦承：「我向朋友講解某些菜餚的製作祕訣時，常常話說到一半就趕緊收口。」他的妻子廖翠鳳會迅速插話並責備他：「不對不對，語堂，不是這樣做的。」真正的廚房天才廖翠鳳會毫不留情地讓丈夫認清自己的位置——在一頓飯的角色裡，他只是被動的享用者，不是有新意、有知識的創造者。

***

一九四九年左右來到臺灣後，傅培梅和其他的戰時難民一樣被歸為「外省人」，與之相對的是「本省人」，亦即來自福建和廣東省的閩南人與客家人後裔，他們的祖先自十七世紀起就陸續移民到臺灣。這些早期的中國移民在人口上很快就超越了占少數的臺灣原住民（南島語族）。所有這些族群都經歷了為期五十年的日本殖民統治（一八九五到一九四五年），這段歷史常被視為臺灣集體認同的一大特色，使臺灣歷史有別於中國本土。一九四九年國共內戰結束前後，大約有一、兩百萬來自中國大陸的難民和軍事人員加入了臺灣當時約六百萬的島內人口。在當時，「臺灣人」一詞指的是出生在臺灣的閩南和客家後裔。同樣的，直到不久前，「臺灣菜」（或「臺菜」）指的也是臺灣本地發展出來的口味和菜餚，主要源於閩南菜系，也因五十年的日治時期而帶有日本文化影響。戰後那幾十年間，「臺灣菜」一詞通常不包括來自大陸的地方菜系，例如川菜、湘菜、滬菜、粵菜或京菜，這些菜系統稱為「外省菜」。（但這些戰後的身分界線近幾十年來已慢慢模糊，主要是一九八〇年代開始推行民主化的結果，詳見第八章。）

中國各地的傳統美食風格，主要受到地理與氣候條件的影響而形成。中國西南部的四川和中部的湖南等內陸省分的人，喜歡酸、辣、帶有濃郁地方風味的菜餚，經常使用煙燻食材。東南沿海的廣東人和福建人則偏好清淡新鮮的菜式，其特色是富饒的海岸出產的海鮮，強調食材的原味。廣東菜也會融入異國食材，因為中國第一座對外通商的港口就在廣東。江蘇與浙江（常合稱「江浙」）的飲食風格，以東海岸的大都會上海為中心，並涵蓋美食重鎮揚州、杭州與蘇州。當地居民以口味講究聞名，偏好細緻清淡的菜餚，愛吃偏甜、工序繁複的料理，常取材自兩省豐富的河湖水產。華北地區（包括河北、河南、山西、山東、遼寧及北京市）的人則不以稻米為主食，而是以麵食著稱，例如餃子、麵條、包子、煎餅——裡頭包什麼都可以，搭配其他菜餚一起食用。此外，他們的口味偏鹹，喜歡使用蔥蒜調味。這些省分每一個都可被視為獨立的美食區，而在這些主要區域之間，還夾雜著另外幾十個美食地區。

儘管戰亂顛覆了數百萬大陸難民和臺灣本地人的生活，但大陸移民的大規模移居終究是改變了臺灣的飲食風貌，讓中國各地區、各族群多樣化的美食匯集在這座小小的島嶼上。一九五六年一份來臺大陸人的省籍登記表顯示，這些戰時移民的背景極為多樣化，來自中國十多個省分和三個主要城市，遍布整個中國版圖（見本書前揭地圖）。在這些大陸移民中，和臺灣之間僅僅隔著臺灣海峽的福建省占了最多數（一五%），但也有很多來自華東的浙江省（一二%）和江蘇省（一〇%）、華南的廣東省（一〇%），以及華北的山東省（一〇%）。還有一些移民來自湖南（六%）或安徽（五%），也有一些來自河南、四川、湖北與河北（大約各占四%）。另外還有一部分人是直接來自中國最大的幾座城市，包括北平、上海、南京（總共占了大約四%）。此外，還有少量移民來自其他省分。這些地區無論大小都有自己獨特的地方飲食文化，思鄉的移民也把它們都帶到了臺灣。

大陸移民不僅有地域之分，性別與世代差異也給家庭與社會結構帶來了巨變。抵臺的外省男性幾乎是女性的三倍，而來臺的外省女性大多是已婚身分。因此有許多外省男子，尤其是年輕、單身、資源有限的低階軍人，始終討不到老婆，一輩子都是單身漢。有些人則比較幸運，娶到了臺灣女性，她們的家庭通常比較貧困，因此願意把女兒嫁給相對較有特權的外省人。（而嫁給外省人的臺灣女性常會慶幸她們不必照顧公婆，家務比較輕鬆。）有家眷的外省軍人都住在眷村，並在那裡保留了他們熟悉的地方飲食傳統，例如在臺灣深受喜愛的牛肉麵就起源於眷村。這道以香辣湯底、麵條和大塊紅燒牛肉為特色的料理，很可能是思鄉的外省兵創造出來的，他們既渴望熟悉的味道，也想靠賣麵來維持生計。

許多跨世代的大家族被分隔在臺灣海峽的兩側。較年輕的成員很多都遷到臺灣，較年長的則大多留在大陸，拒絕離開他們唯一熟悉的家園。嬰幼兒通常也被留在大陸。當逃往臺灣的時刻來臨時，我外祖父在福建的母親和弟弟都拒絕跟他一起走。外祖父是國民黨的軍官，他的家人則是福建的農民，捨不得抛下他們的土地和財產。我的外祖父母也曾考慮把我母親最小的妹妹留下，等她夠大了再接來臺灣——她是一九四九年三月才出生的。幸好他們終究還是帶上了她。我姨母說：「他們認為，我們跑了，這些東西〔田地、錢〕怎麼辦呢？他們認為不可能打多久。那些日本人打了八年就走了，何況這是自己人。他們不認為這個內戰會這麼久，誰也沒有想到，認為就一陣子就過去了。」最後，冷戰的敵對局勢讓生活在中國大陸和臺灣的家人被迫分隔將近四十年，直到兩岸終於在一九八七年解除旅行禁令。

雖然大量的外省移民最終為臺灣的飲食風貌增添了各式各樣的新口味，但對原本就定居在島上的人而言，這突如其來的國民黨統治也造成了很大的創傷。許多臺灣人非常不滿，因為一九四五年之後到來的貪腐國民黨官員在他們身上強加種種舉措，政府赤字和不良經濟政策造成的惡性通貨膨脹也愈來愈嚴重。不滿的情緒在一九四七年的二二八事件中爆發成大規模抗議。二月二十八日的前一晚，在臺北的一家茶館附近，菸酒專賣局的專員和警察意圖沒收一名寡婦販賣的私菸。在逮捕過程中，一名警察用手槍擊打她的頭部，引發圍觀群眾的憤怒。另一名警察向人群開槍，擊中一名路人，這個人在次日傷重不治，進一步引發大規模的騷亂。接下來的幾週，全島各地的抗議活動都受到殘酷鎮壓，是時任臺灣行政長官陳儀下的命令。儘管確切人數不詳，但可能有兩萬平民被槍殺，還有許多人遭到逮捕。兩年後，政府開始實施《戒嚴令》，並且持續了將近四十年，直到一九八七年才解除。《戒嚴令》賦予了國民黨政府權力，可以壓制政治反對者（臺灣人和外省人都包含在內），後來這段時期被稱為「白色恐怖」。當時禁止公開討論二二八事件，而許多在事件過後才抵臺的外省人都對這件事沒什麼概念。

與此同時，外省人也剛剛經歷過自己的戰爭創傷，沉浸在自己的失落感中。我們有個家族朋友叫王乃珍，她的祖父曾在國民黨政府中擔任部長。一九四九年他們一家人從南京搬到臺灣時，她只有十一歲。「我們失去了在中國的一切，」她說。「離開的時候，我們在湖邊有一棟房子。我們只是關上門就走了，什麼也沒帶上。根本沒時間賣掉任何東西或找人談什麼契約，只能就這樣關上門離開。我們只帶了提得動的行李。那就是我們全部的家當了。」至於傅培梅的家族，雖然她的父親和哥哥先到了臺灣，她和嫂子也在一九四九年抵達，但她的母親和其他兄弟姊妹卻留在了中國大陸。中華人民共和國成立後，大陸居民若無特殊批准是無法出國旅行的。幸運的是，傅培梅年邁的母親和公婆於一九六二年獲准離開中國，部分家人因此得以團聚。當時傅培梅已與母親分別了十六年，這段時間裡，她從一個瘦弱少女變成了一位有三個孩子的年輕母親。在一九五〇年代，她身邊沒有任何年長的女性親戚可以協助她照顧孩子或教她烹飪。

在臺灣定居，不僅僅是找到一個住處、一份工作這麼簡單。食物成了一件親密而迫切的事：一碗簡單的麵條，就能把一位充滿鄉愁的流亡者帶回他在中國的家鄉——那片永遠失落的土地。臺灣最傑出的現代短篇小說作家白先勇，在一九七一年創作的短篇小說〈花橋榮記〉中，就完美呈現了這種哀傷的情緒。故事的敘述者是一位來自廣西桂林的麵店老闆娘，她延續了祖父經營馬肉米粉店的傳統，在臺北創造出自己的版本。她的很多顧客都是與她同鄉的單身男子，在臺北沒有妻子也沒有家人，因此三餐都到她店裡吃，且常常一吃就是好幾年。她最喜歡的顧客是一位溫文儒雅的教師——盧先生，她對他特別用心：「盧先生的菜裡，我總要加些料：牛肉是腥子肉，豬肉都是瘦的。一個禮拜我總要親自下廚一次，做碗冒熱米粉：滷牛肝、百葉肚、香菜麻油一澆，灑一把油炸花生米，熱騰騰的端出來。」但盧先生渴望的不僅僅是偶爾一碗米粉所能給他的關懷與連結。他想要和依然困在故鄉桂林的少時戀人重逢。但故事中並沒有幸福的團圓。反之，他透過笨拙的方法試圖將青梅竹馬接到臺灣，卻被騙光了畢生積蓄，結局悲慘。在故事的結尾，敘事者來到他的房間，發現裡面空無一物，只有一張照片：是還年輕、還純真的盧先生，與他的初戀情人在桂林著名的花橋上合影。

當時已經成年的人因為個人和職業上的損失最大，因此受到的影響也最深，他們花了很多年時間才接受必須永久流亡臺灣的事實。有些傷口始終沒有癒合。白先勇深知他的父母拋下一切、拋下所有人離開故土時，飽受動盪與痛苦，那是一段「憂患重重的時代」。但他也在一九七六年指出，第一代遷居臺灣的文學家在這場「文化浩劫」的巨震下「被鄉愁壓垮」，因此「缺乏必要的視角和勇氣去探討他們這個新處境的所有複雜性。承認流放是永久的，對他們而言無法忍受」。相較之下，白先勇認為只有他們這樣的第二代作家才會「嘗試帶著無畏的坦誠來探究他們在臺灣的真實歷史處境」。換言之，有整整一代受創的戰爭難民花了好一段時間才理解並接受自己的新處境——如果他們真有理解並接受的話。

但誰又能責怪那些只願回首而不願前瞻的人？鄉愁不就是帶點悔恨色彩的失落嗎？有將近十年，蔣介石都堅稱國民黨會反攻大陸、打倒共產黨。當然，這件事始終沒有發生。更有甚者，臺灣與大陸有將近四十年的時間都不能直接通訊或往來。對於那些在來臺之前，已在中國度過成年人生最精華歲月的人而言，談論「北平的美好舊時光」，不只是在回憶過去，更是在憑弔一個如今只能存在於夢境與記憶中的地方。所有那些地方，以及他們曾熟悉、曾深愛的許多人，都再也回不去、見不到了。

即使那段戰火之中的流亡旅程已過去數十年，傅培梅依然記得，那艘載她來臺灣的船上，有個乘客帶著一口巨大炒鍋，還有一罐用醬油、糖、大蒜、薑和多種獨特香料而製而成滷汁，可以用來燉煮各種食材。沒用完的滷汁每次都會被加進新的滷汁中，幾十年來愈煮愈香、愈加濃郁，就像是酸種麵包的老麵一樣。傅培梅後來向她的雙語食譜譯者妮姬．克洛根（Nicki Croghan）講述了這段經歷，克洛根聽完後感嘆道：「這是最讓我印象深刻的地方。你正在逃命，而你從中國帶走的東西是什麼？是一種食物，一種在你家族傳承了好幾代的醬料。」

對於像中國這樣的國家，以及像中國人民這樣在二十世紀經歷數十年戰爭、顛沛、動盪與遷徙的人來說，家族所累積的傳家寶，從來不會是家具。要能傳承大型的物件——一座老爺鐘、一口五斗櫃、一張桌子、一幅畫作，前提是得有經濟條件，還要長期安居在某個地方。然而，太多中國家庭在二十世紀中葉的戰亂中被迫丟下一切逃命，拋棄家園、珍貴物品，甚至至親至愛。或許正因如此，食物才會對這麼多中國人而言，顯得格外重要。食物極易攜帶；如果一道菜的記憶仍存留在你的舌尖，而你又知道如何重現它，那麼無論你身在何方，你一定都能在廚房裡召喚出家鄉味。但同樣的，食物也是個善變的情人：一道模仿得拙劣的家鄉菜，可能只會讓你更加懷念所失去的一切。

第二章

建立家庭

傅培梅（右）的全家福：丈夫程紹慶（上排左）、女兒程安琪（下排左）與程美琪（下排中）、兒子程顯灝（下排右）。（約一九五〇年代末）

新婚的時候，傅培梅就試過自己包餃子——這是中國北方的主食之一，也是她丈夫的最愛，尤其是鮮蝦餃。包餃子必須先用麵粉和冷水製作麵團，再擀成薄而均勻的圓形餃子皮，填入用剁碎的鮮蝦、豬絞肉、蔥、韭黃、薑、鹽、醬油和香油調製而成的餡料，然後在邊緣捏出整齊的皺褶，做成一排排渾圓飽滿、大小一致的餃子，彷彿站立的士兵。傅培梅的丈夫程紹慶對口味的要求極為苛刻：餃子皮要薄、要包得精緻，餡料要豐富，還得帶一點湯汁。此外，餡料一定要用明蝦，不能用草蝦，因為草蝦的味道和口感不同，丈夫不喜歡。餃子煮熟後要熱騰騰地上桌，並搭配沾醬食用。為了討丈夫歡心，傅培梅努力做餃子，但他似乎從來都不滿意。終於有一天，她問：「好吃嗎？」結果他憤怒地回答：「這種餃子怎麼能吃，每個裡邊都是一包水。」

她看看盤子，也確實，餃子皮都開了，水跑進去稀釋了餡料的味道。「怎麼會開口呢？」她想。她可是特意把每一個皺褶都捏得很緊，將餡料封在裡面。自從那頓飯之後，傅培梅都會仔細檢查過每一顆餃子再端上桌，將破皮漏餡的全部挑出來自己吃，只給丈夫那些完好無損的。但不管她再怎麼小心，總還是會有些漏餡的餃子混進去。她只能看著丈夫「吃一口就丟一個」。有一次，丈夫「氣得筷子一摔拂手而去」。傅培梅羞愧不已，「眼淚汪汪，無地自容。」

第二天，傅培梅帶著餡料、餃子皮和所有的材料，邁著大步來到鄰居劉老太太家裡求助：劉老太太，能不能請您教教我怎麼包餃子，才能在煮的時候不破皮？劉老太太笑了，說：「閨女啊！妳怎麼長這麼大，還不會包個餃子……」不過劉老太太還是答應了，並開始觀察傅培梅怎麼包。傅培梅先把一些餡料放在餃子皮的中央，然後用筷子沾水塗在餃子皮的邊緣，接著將皮對折成半圓，再緊緊捏出一道道皺褶。不就是這樣包嗎？「不對，不對，」劉老太太嘖嘖搖頭。「妳怎麼用筷子去抹邊呢？筷子上有油，那不一煮就開口了嗎？」劉老太太一說，傅培梅立刻恍然大悟：那雙筷子是她剛剛用來拌餡的，上面沾了油。餃子皮是用麵粉和水做的，煮之前看起來似乎封得很緊，但一下到滾水裡，就一定會打開。傅培梅覺得自己像個笨蛋。「這麼簡單的事，我當年都不懂。飽受怨氣！」有多少次，她都在煮完餃子後一顆顆檢查，確認沒有漏餡，有多少次，她都站在一旁看著，滿心焦慮地計算有幾顆餃子被丈夫扔到一邊。

餃子風波發生那時，傅培梅和丈夫程紹慶住在南臺灣的高雄市。他們和另外五家人分租一層公寓，走廊的盡頭有一間大家共用的廚房。這對新婚夫婦一年前才認識，當時傅培梅在臺北當祕書。有一位同事邀請她去家裡吃午餐，飯後又有三個來自她家鄉大連的年輕男子到場，其中一位就是程紹慶。傅培梅並不知道這是一場相親，目的是為她介紹可能的對象。由於事前毫不知情，她自然是表現得健談又熱情，而不是拘謹又害羞，因此程紹慶立刻對她有了好感。至於傅培梅自己則是希望能找到一位同樣來自大連的伴侶，這樣將來回大陸探親時會比較方便。不到一個月，兩人就訂了婚。傅培梅和程紹慶在一九五一年結婚，當時傅培梅二十歲，距離她抵達臺灣只過了短短兩年。

雖然程紹慶從來都不希望太太出去上班，但他卻在無意間把傅培梅推進了烹飪這個行業。程紹慶對數字很在行，受過會計師的專業訓練。他原本在高雄一家香港航運公司的財務部擔任經理，後來調回臺北，並一路晉升到副總裁。在那些早期歲月裡，程紹慶的辦公室每個月只處理兩艘到港的船隻，每天能做的事不多——除了打麻將。因此程紹慶對數字的熱愛在下班後便以麻將牌的形式呈現：他的麻將技藝精湛，甚至贏得了「牌聖」的稱號。

程紹慶經常帶同事回家打麻將，因為他和傅培梅還沒有孩子，牌局不會被打斷。那時傅培梅能為客人準備的東西只有炒飯或炒麵，但她連這樣的東西都做得很難吃。程紹慶會對傅培梅抱怨：「妳能不能換換花樣，做點好吃的？」「妳做的是些什麼東西嘛！」「誰都比妳強！」他總覺得自己像個寒酸的主人，所以特別難堪，因為所有的牌友每週都會拿出「頭錢」，分攤食物和香菸的費用。他告誡傅培梅，絕對不能在食材上省錢，以免顯得太過摳門。傅培梅怒火中燒，心想：「其實我才不稀罕頭錢，最好別再拿出來，我請你們白吃好了！」

但傅培梅沒有公然對抗程紹慶，也沒有排斥主婦就該為丈夫和他的朋友們料理三餐的這個概念。她只是默默思考該如何提升廚藝。在一九五〇年代早期的臺灣，如果身邊沒有親朋好友可以學習，一個成年女性其實沒有什麼管道可以學做菜，而正式的烹飪教室和烹飪書也還很少見。傅培梅嘗試偷偷觀察各種街頭小吃攤販的做法，例如市場附近的米粉攤或公車站旁做蔥油餅的山東老奶奶，但這種方法雜亂無章，很難真正學到什麼。幸運的是，她不久就生了第一個孩子，牌友們也把牌局移到了其他人家裡，讓她在接下來的幾年裡免去了為程紹慶的朋友笨手笨腳做飯的難堪局面。

***

對傅培梅來說，烹飪從來都不單是為了食物本身。烹飪向來是對家庭的一種積極奉獻——無論家人是否感激。在一九八〇年代的一次廣播訪談中，當時已教學超過二十年的傅培梅提到：「做菜必須要附帶著愛心在裡面……大部分的婦女們來學菜都是想做一套好的菜給先生吃，給孩子吃，讓家庭更幸福，更溫暖。我想沒有一個沒有家庭的人、沒有親人的小姐或者太太們會想到來學菜而做給自己吃。我想是不會。很少有這種情形。」

婚姻和孩子讓傅培梅的人生有了輪廓與目標，也賦予了她在華人社會中廣受認同的地位。這從她的自傳序言中就看得出來，她第一句話寫的是她的家庭，而不是她的烹飪事業：「我曾有過一個十分愛我的丈夫，還擁有孝順我的一子二女，及一媳二婿和七個可愛的內外孫。」傅培梅對烹飪與家庭的態度，和美國廚藝家茱莉雅．柴爾德（Julia Child）形成強烈對比。柴爾德在美國的電視節目上激情讚揚法國料理，但對她而言，孩子比較像是享受美食的阻礙，而不是製作美食的動力。茱莉雅三十四歲結婚，和丈夫保羅一直沒生孩子，且似乎也不覺得遺憾。對於沒有孩子這件事，柴爾德在自傳中只是簡短地提到：「這確實令人難過，但我們沒有花太多時間去想這件事，也從未考慮過領養。反正事情就是這樣。」柴爾德在其經典著作《法式料理聖經》（*Mastering the Art of French Cooking*，一九六一年）的序言中坦率地寫道：「這是一本寫給沒有傭人、自己下廚的美國人的書。他們可以偶爾不去煩惱預算、體重、行程安排、孩子的三餐，或是那些身兼家長、司機與萬能媽媽的多重責任，不去理會其他可能妨礙她們享受下廚樂趣的雜務。」美國大眾似乎也不大在意柴爾德沒有孩子這件事。當柴爾德於一九六六年登上《時代》雜誌封面時，焦點完全集中在食物而不在家庭。相較之下，傅培梅即使事業蒸蒸日上、每天過的都是職業婦女的生活，也從未拋下她的主婦和母親身分。

關於家庭以及女性在家中該扮演什麼角色，傅培梅的態度（和她丈夫的期望）在當時並不奇怪。他們受到中國長期以來的性別角色觀念與戰後臺灣獨特的社會環境共同影響。其中有些社會變遷，像是僅由父母與子女組成小家庭的現代趨勢，早在二十世紀上半葉的中國大陸就已可觀察到。但有些變化則來自於一九四九年大批大陸人逃往臺灣後所引發的社會動盪與適應過程，當時許多家庭被迫分離，年長的家人往往留在大陸。戰後和平的幾十年間，現代核心家庭的理想在臺灣扎根，而其中的重點就是家庭主婦這個角色——她必須同時擔任家裡的總管、感情支柱與勞動主力。

***

長久以來，儒家思想都主張男女分工，要有互補的內外之別。男人就是要闖蕩世界，在外賺錢、光耀門楣，女人則應該掌管家務和內院生活。先前的千百年裡，女性稱謂就只有她們在家庭中的角色——女兒、姊妹、妻子、母親、婆婆、妯娌、姑母、祖母、妾、丫鬟，只有在極少數情況下，才會出現非家庭內的稱謂，例如接生婆、尼姑、妓女。在前現代時期，中文裡並沒有「家庭主婦」這個詞可以用來形容專門待在家中操持家務的女性，因為對大多數女性而言，唯一可以被社會接受的角色就是留在家裡。但女性在家庭中的理想化形象，則可濃縮為「賢妻良母」四字，意思是「賢淑的妻子與慈愛的母親」。

結婚之後，「家庭」所指的永遠是丈夫的家庭，因為女人會成為丈夫家族的一分子，搬去夫家住。除了丈夫和子女外，富裕家族的大宅院裡還會有丈夫的父母、兄弟、兄弟的妻子兒女、未出嫁的姊妹，加上各種妾室和僕役。東漢著名女性史學家班昭所著《女誡》，是一部深具影響力的女性教誨書。早在公元一世紀，班昭就很清楚，年輕妻子要適應在丈夫的大家庭中生活，所可能面臨的種種困難：「物有以恩自離者，亦有以義自破者也。夫雖云愛，舅姑云非，此所謂以義自破者也。然則舅姑之心奈何？固莫尚於曲從矣……勿得違戾是非，爭分曲直。此則所謂曲從矣。」（有些關係，是因為情感的變化而分離，也有些關係，即使合乎情理，卻因為道義或倫理而破裂。即使夫妻相愛，但若公婆認為不妥，這就屬於「因義而破」的情況。那麼，該怎麼對待公婆呢？最重要的是懂得委屈求全、順從退讓……千萬不可與之爭論是非對錯，此即所謂「曲從」。）根據班昭的說法，女性要在這樣的處境中安然度日，唯一的方法就是成為恭順的典範：「謙讓恭敬，先人後己。」這是她給予女性的核心建議，用以應對人生中各種重要人際關係；而實踐的第一步，就是從侍奉丈夫、服侍公婆、贏得夫家兄弟姊妹的好感開始。

生活在大家庭裡雖然有讓人頭痛的地方，但對貴族婦女來說，至少有一方面是比較輕鬆的。在帝國時代的中國，「女功」一詞指的從來都不是家事，而是紡紗、織布、刺繡、養蠶（用來生產絲綢），這些才是正統貴族婦女應該從事的體面工作。晚清時期的貴族婦女，毋須親自操持繁重家務或照顧孩子，仍可被視為能幹的家務總管與「賢妻良母」。照顧幼兒、打掃、做飯都是體力活，自有各類僕役負責。例如，清朝經典小說《紅樓夢》裡野心勃勃、樣樣都行的女角王熙鳳，就比較像是家裡的執行長，而不是清潔工或廚娘。她會決定家中的重要開銷、管理租金收入、管教僕婢、制定菜單，但絕不會親自捲起袖子煮飯打掃。

除了侍奉丈夫和公婆外，傳統中國女性的另一項重責大任就是為丈夫生下兒子、傳宗接代，然後教育子女。在這方面，中國沒有哪位母親比孟母更為人所稱頌。孟子（公元前372–289）是繼孔子之後最知名的中國思想家之一。他三歲喪父，其寡母總共搬了三次家，一次搬離墳場、一次搬離市場，第三次才終於搬到對她兒子的教育最有利的地點：私塾旁邊。有一天，孟子放學回家時，孟母正在織布，那是她唯一能拿來養家的本領。孟母問他：「學何所至矣？」他漫不經心地回答：「自若也。」孟母把孟子叫到跟前，然後亮出一把刀（必須說也太誇張了），把布料劈成了兩半，掉在地上。孟子這種態度，如何能成為真正的君子？半途荒廢學業，就像織布半途而廢——都毫無用處。而孟子就和所有的中國孝子一樣，謹記教誨，從此再也不需要提醒。

有超過兩千年時間，這些基本的家庭價值觀與結構都屹立不搖，但在二十世紀初，中國千辛萬難地從一個古老的帝國蛻變成現代國家，巨大的政治與社會變革也動搖了原本穩固的家庭制度與價值。中國的最後一個王朝在一九一一年結束，而舊世界的所有秩序也隨之土崩瓦解。在二十世紀初，中國思想先進的社會改革家提倡「小家庭」的概念，這種家庭的成員只有父母和子女（或許還有一兩位祖父母），不同於傳統的「大家庭」模式——也就是多代同堂，不同的旁系生活在同一個屋簷下。大家庭被視為封建、落後，個人的幸福與發展都被保守的家庭互動所阻礙。做決策的都是長輩，萬事皆以家族利益為考量，尤其是在安排只有責任、沒有愛情的婚姻時。以自由婚姻為基礎的夫妻小家庭如今被描述成現代家庭的理想型態。巴金於一九三三年出版的暢銷小說《家》就反映了這種封建大家庭造成的負面影響。在書中，三個兒子的人生都因為祖父這位大家長的不合理要求而受挫。只有么子擺脫命運，逃到燈火輝煌的城市追求獨立自主的生活。

同樣在二十世紀初的這幾十年間，中國女性開始為了自己而追求家庭之外的人生選項，超越妻子與母親的傳統角色。一些打先鋒的女性開闢出新的道路，成為學生、作家、報紙編輯、記者、祕書、教師、護士、校長、醫生、工廠工人、公務員、黨的忠實支持者，甚至是革命者和軍人。為了區分在外工作的女性與留在家中照顧家庭的女性，一個新的中文概念應運而生，出現了「家庭主婦」這個詞，成為中國女性家庭角色的現代新定位。

在現代核心家庭裡，打掃、做飯、帶小孩的責任幾乎全都落在家庭主婦一人肩上。小家庭不再需要一群僕人來供差遣使喚，頂多就是請一位幫傭。與此同時，家務勞動也開始被視為女性品德與勤勞的象徵。一九三九年曾有一篇文章警告家庭主婦：「家務切不可完全叫傭人去做，因為傭人是無知無識的人，所以都靠不住的，弄出的小菜也是不衛生的。」完全依賴丈夫的收入、把工作全部交給僕人、自己只顧著把時間耗費在購物和打麻將等安逸消遣上的中產或富裕女性形象，在二十世紀初的中國著述裡經常受到批評。

到了一九四〇年代晚期，大眾對於中國家庭主婦與她們繁重的家務工作已然非常熟悉。例如，《中央日報》在一九四七年刊登了一幅連環漫畫，生動呈現了中產階級家庭主婦每天準備晚餐的完整過程。這幅六格漫畫名叫〈家庭主婦的一課〉，描繪主婦先是思考要做什麼菜，接著把買來的食材提回家，清洗蔬菜，切剁食材，在炭火爐上用鐵鍋烹煮，最後再把飯菜端上桌給丈夫和孩子享用。每個階段愈來愈吃力，她切菜切得滿頭大汗、燒菜燒得手忙腳亂，最後累到吃不下東西，而她的丈夫和孩子則開心地大快朵頤。漫畫預設家庭主婦對所有烹飪環節都已駕輕就熟，甚至還必須獨力完成，沒有任何幫手。

中國的這些家庭結構與家務安排本就在變化中，一九四九年被帶到臺灣後，又平添了一層複雜性。很少有大陸女性在毫無家族人脈的情況下單獨來到臺灣，而較貧困的大陸女性則是沒有能力單獨前往臺灣。由於缺乏可擔任幫傭的大陸女性勞動力，外省家庭抵臺後就算請得起幫傭，大多也只能找年輕的臺灣女孩。階級、語言、教育背景和飲食習慣的差異讓雙方都飽受挫折。你不可能期望年輕的臺灣女孩知道怎麼做那些大陸人熟悉了一輩子的典型地方家常菜。然而，有些來臺的外省家庭還是不放棄在報紙上刊登廣告，尋求來自故鄉省分的家務幫手，例如一九五〇年的這個例子：

〈招僱女傭〉
茲有友人託徵江浙籍女傭
年齡須在三十歲左右
能善做家庭飯菜為合格
每日下午至開封街一段一一四號余寓內
鄭君面洽

在戰後早期那幾十年間的臺灣，最常用來指稱女傭的中文詞彙是「下女」，這是日治時期從日文中借來的。女傭通常與雇主同住，雇主提供月薪與食宿，女傭則協助烹飪、打掃、照顧孩子、採買與其他家務。在戰後的臺灣，找到並留住女傭被視為家庭主婦普遍面臨的一個難題。一九六四年七月號的《中原》月刊一整期都在談這個主題。編輯說：「只要是三個家庭主婦在一起，談不到十句話一定牽扯到下女問題來，一談就像是黃河決了口似的，談個沒完。」女傭需求高漲，加上新工廠為女性提供愈來愈多的就業機會，創造了一個流動性極高的勞動市場——更高的薪水或更好的工作條件都助長了年輕女性迅速跳槽到別處工作。葉曼（本名劉世綸，1914–2017）是一位來自湖南的報紙隨筆作家，於一九六七年隨丈夫定居臺北，此前曾因丈夫從事外交工作而在國外生活多年。她在日本和菲律賓都聘請過幫傭，因此絲毫不擔心回國後會請不到人。但葉曼後來在文章中無奈地感嘆，回國後短短一年半，他們家已接連更換了十三位幫傭，有些是受僱後被辭退，有些則是主動離職。

葉曼認為，問題出在她這個外省人和臺灣本省幫傭之間的文化差異。但僱用外省人的結果也沒好到哪裡去。這些女性不僅要求的薪水更高、做的事更少，還讓葉曼感受到一種說不上來的壓抑。她沒有言明的訊息是：「她們都曾經是享過福的，現在不得已才出來幫人，她們很委屈，所以應該得到分外的憐恤和容忍。結果家中油膩塵封，白衣服洗成灰的，我不但不敢出聲，甚至不敢自己動手，深怕傷了她們的已傷的心。」

由於幫傭不是接連辭職，就是表現差到只能解僱，葉曼挫折不已。因此第十個幫傭離開後，她決定自己攬下所有的家務。但結果同樣悽慘。她不介意做那些繁重的工作，真正讓她窒息的是完全失去自己的時間。「不但六親不認，足不出戶的鎮日忙三餐、忙滌洗、甚至連看報的時間都沒有了。」任何牽涉到腦力的工作或興趣，像是撰寫報刊文章或書信，全都堆在她書桌上一字未動。「我每天累得像個苦力，只剩下動物的最低本能——吃飯睡覺。」她懷念起跟丈夫住在美國享受現代家用電器和廚房便利設施的短暫歲月，在那裡，「假如主婦要偷個懶，可以不必升火做飯，拚命開罐頭，也可以填滿一家的肚子。」她可以把髒衣服塞進洗衣機，而在等待衣服洗好的空檔，有時就能寫完一篇一兩千字的文章，然後再晾衣服。但這些奢侈品臺灣當時都沒有，也就是說每一頓飯都必須從頭做起，衣物也只能一件件手洗——或者聘一個女傭來幫忙。

當時的報紙上充斥著女主人寫的自家女傭悲慘故事（也有一些真摯動人的片段），這些故事幾乎全是中上階級女主人的視角，因為只有她們才擁有足夠的教育和社會資本，可以接觸到出版業。但有一篇一九六四年的文章至少是帶著同理心想像了臺灣幫傭的苦境：她得滿足雇主家裡不同成員的不同要求，尤其是吃飯這件事。比方說，吳家是個人口眾多的中產階級家庭，吳太太因病無法下廚，三餐全靠一位女傭張羅。但家裡每個人的口味都不一樣：「同樣的一個菜，老爺滿意了，太太卻不滿意，大小姐認為可以，大少爺又不稱心。」採買食材本身就是道難題，因為女傭得先問清楚吳太太當天想吃什麼，然後想辦法精打細算、把所有材料都湊齊。更麻煩的是，家裡每個人吃飯的時間也不一樣，而且一週之中，他們的吃飯時間也常常變來變去：「老三中午帶便當，老四晚上帶便當，老爺遲下班，老大又要提早吃飯。」這足以讓任何人抓狂，尤其當這家人還動不動就抱怨的時候。女傭如果覺得自己沒受到應有的尊重，至少還可以另謀高就，但主婦卻無法辭職離開，換一個新家庭重來。

***

從中國大陸遷徙到臺灣的過渡時期，家庭結構與家務安排的劇變，可以透過黃媛珊（1920–2017）的故事具體呈現。黃媛珊是一九五〇年代臺灣撰寫中華料理食譜的先驅，也是傅培梅最直接的前輩。她出身於香港一個富裕家庭，父親是上海一家當紅影業公司的共同創辦人。一九四二年，二戰期間，她嫁給中國戲曲名家齊如山的小兒子齊瑛。兩人新婚時曾短暫回到北京，在齊家大宅裡住了幾個月，讓齊瑛可以見見父母，也讓家族成員認識黃媛珊。當時整個齊家三房共居一宅：

齊如山這房，有七個孩子；齊如山的哥哥那房，有五個孩子；齊如山的弟弟那房，也是五個孩子。想到要與齊氏一大家子共同生活，黃媛珊「還沒搬進去就嚇得發抖」。齊家同輩的堂兄弟姊妹，皆依性別與出生順位統一排序、依序稱呼，例如齊如山的五個女兒，分別被稱作齊大姊、齊七姊、齊十姊、齊十二妹與齊十四妹。

回憶起跟齊家在北京同住的時光，黃媛珊竟覺得十分美好，連她自己都感到意外。她後來寫道：「有人說，家庭人多，容易鬧意見。」但她又補充說，那些爭執多半起因於個人的行為，而不是家庭的大小。「其實事在人為。蠻不講理的人，畢竟是少數。若要吵架，則一家只夫婦二人，也會天天吵架？」（黃媛珊對傳統多代同堂家庭的美好印象，或許也是因為她在婆家生活的時間很短。畢竟她只住了一年，不是一輩子。）整個家族共同經營一家大型糧食商號，這是他們的主要收入來源。齊如山的哥哥主掌家族糧食生意，齊如山自己則負責主持族中一切家庭事務，以及在家寫作。（最小的三弟無事可做，只好整天快樂地喝酒。）雖然族中主要事務由齊如山打理，但遇上大事，他仍會先找哥哥商量。較次要的家務由齊如山的太太打理，而記帳的事則交給三弟的太太。

一九四九年遷居臺灣後，齊家的生活狀況發生了巨大的變化：曾經顯赫的家族沒落了，成員四散、各自成家。黃媛珊的公公齊如山起初嘗試跟大兒子一家人同住，大兒子娶了一位德國太太，育有幾個孩子。但這位德國媳婦不會說中文，無法跟齊如山溝通，因此齊如山搬到了小兒子齊瑛和黃媛珊的家中（他倆沒有孩子）。此後，黃媛珊便一肩扛起打理這個三口之家的責任，只有一名幫傭提供非常有限的協助。

在他們這個小家庭裡，烹飪一事特別重要，因為公公齊如山向來以品味卓絕聞名。黃媛珊的公公和丈夫都經常在家設宴款待賓客，因此，身為主婦的黃媛珊便得「親自下廚做菜」。黃媛珊解釋，當時的幫傭全都是年輕女孩，工作個幾年就會辭職嫁人。他們家的幫傭是個完全不會下廚的臺灣女孩，所以必須從頭教起，「我就成了她老師，」黃媛珊寫道。於是，在初到臺灣的那幾年裡，黃媛珊不僅累積了自己的烹飪經驗，也學會如何教導幫傭掌握基本的下廚技巧。

然而，儘管擁有自己的行動力與才華，每次談到她烹飪生涯的起點時，黃媛珊總是歸功於公公齊如山的味蕾。黃媛珊和齊如山的關係就類似於十八世紀袁枚與他的廚師之間那種互動模式。由於公公見多識廣，吃遍中國知名餐廳的各種菜餚，且對中國的飲食歷史也略有研究，黃媛珊烹飪時經常向他討教。「他告訴我大概怎樣做，我就去實驗，公公品嘗後，認可了，就記錄下來。」後來黃媛珊開始在婦女會的聚會上教其他主婦做菜，而《中央日報》婦女週刊的主編也邀請她撰寫固定的烹飪專欄。黃媛珊的第一本食譜在一九五四年出版，往後的十年裡更是陸續出版了另外四本。

相較之下，傅培梅跟中華烹飪藝術的傳統世界沒有任何連結，因為這個場域世世代代都是由男性文人描述的。她並非生在什麼偉大的烹飪世家或文化世家，早年也沒有展現出特殊的烹飪或品鑑才能。而傅培梅的丈夫在廚藝這方面，更是沒有給過她一點支持與鼓勵。她也不像黃媛珊，擁有一位名人公公來為她出版食譜這件事鋪路。齊如山為黃媛珊的食譜寫序，使它有了傳統烹飪文化的正統性，而這樣的背書也是傅培梅缺乏的。傅培梅在烹飪界的權威是以自身那充滿挫折的主婦經驗為基礎，然後才透過電視這種二十世紀中葉的新媒體嶄露頭角。她的味覺和技藝是透過不斷的嘗試與實驗得來的，不是靠其他人的建議。她也因此成為一位具有絕對現代特質的中華料理大師，是個具有創業精神的女性，只靠自己，沒有文化菁英家族的外力協助。當然，她的中產階級身分也為她帶來了重要的優勢，其中最明顯的就是她可以把閒暇時光和個人資金都花在烹飪課和昂貴的食材上。但傅培梅最後的成功靠的還是她的拚勁、毅力與動力。無論是打字還是炒菜都一樣：傅培梅可以全心投入任何新的事物，然後做出一番成果。

***

傅培梅也許從沒讀過班昭的《女誡》，但這些根深蒂固的性別角色期許仍延續至二十世紀。傅培梅曾經感慨，自己從小就被教養得十分順從。在家裡，她那傳統的母親經常宣揚一個觀念：無論丈夫表現如何，服侍丈夫都應該是女人一生的主要使命。傅培梅的母親溫柔盡責，但也飽受委屈。在大連時，傅培梅的父親每天晚餐過後都喜歡去日本媽媽桑的撞球廳玩樂，因此母親總會讓傅培梅跟去監視他。但每天晚上，媽媽桑都會把傅培梅叫過去，給她糖果，然後讓她在榻榻米上沉沉睡去。傅培梅寫道：「當時不懂，現在想起來，女人提範丈夫風流外遇的防衛心，真是古今皆然。」傅培梅成年後一直為自己沒能好好照顧母親而深感自責，由於一個在大陸、一個在臺灣，母女倆有十六年不曾見面。等到傅培梅的母親在一九六二年抵臺時，傅培梅已經三十一歲，育有三個年幼的孩子，還要忙她在電視臺的新事業。她實在抽不出多少時間陪伴母親。

傅培梅的丈夫碰巧也是個典型的中國北方「大男人主義者」，傅培梅描述他「總認為身為一家之主，無論老婆孩子都得聽他的」。她接受過的所有言傳身教也讓她覺得「一切為他所做的都是理所當然的」。直到結婚四十八年、丈夫去世後，她才開始重新省思那些自己從未懷疑過的賢妻觀念。

傅培梅二十五歲以前就生了三個孩子。她原本還想再生，但老三出生不久後，她經歷了一場危險的子宮外孕，醫生因此建議她進行輸卵管結紮手術。她丈夫原本還想再試試多生幾個兒子，但最後是一位鄰居說服了他這樣做太危險。傅培梅對於自己的生育期突然終結感到難過，但也試著轉念：「也因此使我日後能在烹飪教學上專注，奮鬥闖出一片天地。」她深知如果有更多孩子，她的人生會不一樣——不見得是更好或更壞，但就是不一樣。她把這歸給天意。此外，由於傅培梅結婚沒多久就生孩子，孩子們很快就開始上幼稚園和小學，她也因此有時間和空間開設烹飪課程。後來家裡又多了傅培梅的公婆和一個幫傭，可以幫忙照顧孩子。她的幾個孩子從中學開始就念寄宿學校，週末才會回家。(當傅培梅的大女兒告訴我這件事時，一切都豁然開朗：原來傅培梅也不是女超人，而是有人幫忙照顧小孩的。)如今傅培梅三個成年的子女都很珍惜(也會美化)他們對母親的記憶，視她為最慈愛的母親。她的大女兒程安琪回憶：「我們小時候，媽媽喜歡坐在地板上，鋪開她的大圓裙，讓我們搶著坐在她的裙子上玩，聽她講故事。」

到了一九五〇年代中期，傅培梅和丈夫帶著三個孩子搬進了臺北的一間三房公寓，有個後院供孩子們玩耍。由於小孩都去上學了，麻將牌友們再次占據他們家客廳，傅培梅也因此再度面臨學做菜的可怕任務。（傅培梅在自傳中從未提過自己曾閱讀黃媛珊的任何一本食譜，這也許是為了把自己描繪成獨立的開路先鋒。）傅培梅想燒出一手好菜，讓她能引以為傲，但更重要的是要博得丈夫的讚賞。這回她有了一個想法，就是寫信給在電話簿裡打廣告的各式餐廳，詢問是否有哪一位廚師願意教她做菜，酬勞優渥。傅培梅套用一句古老的中國俗話：「有錢能使鬼推磨。」她願意支付半兩黃金的鐘點費。傅培梅記得，當時一兩黃金大約值新臺幣一千六百元，等於說她每堂課都花八百元來學三道菜。（若與一九五六年國民黨政府所訂每月三百元的新臺幣最低工資相比，傅培梅每堂課八百元的學費可說是相當奢侈。）

由於酬勞優渥，所有的餐廳都連忙派廚師過來教她。但要把這些示範稱為課程，實在有點勉強。「每一位廚師的通病就是不肯多講，我問一句，他答一語，我低下頭做筆記，他就趁機放下了點什麼到鍋裡。」由於傅培梅想學的是每家餐廳最有特色的招牌菜，因此廚師們都不太願意分享獨門祕方。一旦示範完畢，他們就會匆匆離去，讓她沒機會問問題。但她還是堅持不懈，盡可能把自己觀察到的一切記錄下來，一邊品嘗一邊實驗，第二天再拿著筆記自己試著做那道菜。她用這樣的方式學了兩年，共聘請六家地方特色餐廳的廚師來指導她，分別專精川菜、江浙菜、京菜、粵菜、閩菜和湘菜。

這種保密的態度是傳統中餐廳廚房裡師徒關係的典型特徵。師父可能永遠都不會透露自己的祕訣，除非徒弟證明自己的價值，而這往往都要等好幾年。大多數廚房學徒在跟隨師父學藝時都沒有薪水，卻得從早忙到晚，能學到什麼全憑運氣，也全靠學徒自己的主動性。「師傅根本不正式教，或講烹飪理論與技藝，」傅培梅寫道。「全靠自己去偷看偷學，心領神會，慢慢摸索三年出師，這種廉價剝削勞動力的做法我十分反對。」他們始終擔心自己的烹飪祕訣會被年輕競爭者學去賺錢、搶走飯碗。這種心態還不只存在於大廚之間，主婦對自己的拿手好菜有時也同樣保密到家。傅培梅毫無保留地分享自己的烹飪心得，等於再次打破傳統模式——這次挑戰的，是中華料理典型的師徒傳授體系。她總是毫不藏私地把自己學到的所有訣竅與技巧分享給觀眾和讀者，也為此深感自豪，因為她希望大家都能成功複製每一道菜。

多虧從餐廳大廚那裡接受的非正式訓練，傅培梅逐漸掌握了足以挑戰一些複雜精緻江浙菜的本領（她家的麻將牌友多來自江浙一帶）。她做出栗子燒鰻、腐乳燒肉以及紅燒豬下巴，大家吃得津津有味，對她讚不絕口，甚至還叫自己的太太過來向她學做這些菜。到了一九五〇年代末，請傅培梅教做菜的人愈來愈多，因此她決定開設更正式的烹飪課程。有天晚上，傅培梅趁丈夫外出打麻將時叫了一輛三輪車，到社區附近四處張貼手寫的宣傳單，為她的第一堂課打廣告。她丈夫得知她的計畫之後很生氣，拒絕讓她「找些不三不四的人來家裡」。遭遇這樣的反對，傅培梅的因應方式是在後院裡搭起一座竹棚來教學，而且只在下午上課，因為那時丈夫在上班、孩子在上學。

第一堂課共有八個學生，包括國產汽車公司的張小姐、林太太（一位外科醫師的夫人）、波麗露西餐廳的廖小姐、營造公司的趙太太，以及兩位大學教授夫人。這些學生當中有幾位出身富裕的臺灣家庭，這表示傅培梅具有跨族群的吸引力，至少在島內的菁英階層是如此。（廖小姐的父親於一九三四年在臺北開設波麗露西餐廳，以拉威爾令人入迷的波麗露舞曲為名。這家餐廳供應法式鴨肉飯等異國料理，是當時有錢臺灣人最喜歡的相親場所之一，雙方會一邊喝咖啡、聽古典音樂，一邊害羞地互相打量。）

傅培梅作為烹飪老師之所以能吸引眾多學生，主要是因為她熟悉中國各大地方菜系。傅培梅記得，當時大多數家庭主婦對各地菜餚的做法幾乎一無所知。而那時候傅培梅早已跟六位不同地區的大廚學過藝，他們分別來自四川、江浙、北京、廣東、福建和湖南。「既然大家想學菜，又到處找不到名師，加上我因學菜，已花掉了那麼多的錢，急需賺點來彌補一下，」傅培梅寫道。臺灣的主婦認識了來自中國各地的移民之後，開始好奇其他人都吃些什麼，也很想自己在家複製鄰居那些新奇的地方特色菜。一九七〇年代，我的四姨也在馬來西亞的海外華人圈遇到了類似的情況。她從較年長的上海主婦那裡學會做上海粽（糯米糰裡包的是紅豆泥），從我姨父的福建親戚那裡學會做福建粽（包的是鹹肉），也觀摩來自山西和山東的鄰居，學會了怎麼擀餃子皮。

隨著傅培梅的烹飪課步上正軌，它也成了一項全方位的嘗試。「剛開始的兩三年，家裡的桌子上、床底下、到處是醬油瓶、鹽罐、糖罐、蔥、蒜等做菜的材料。」雖然充滿熱忱與專注，但傅培梅終究經驗不足，偶爾還是會犯錯。在竹棚裡用燒木炭的爐子做菜，尤其難以控制溫度。「剛開始沒經驗，做的菜不是太鹹，就是不熟，當著學生的面修改食譜，非常丟臉。」但她對學生始終秉持誠實的態度，從不逃避批評自己的作品。她會「向學員道出那道菜的失敗之處，以期她們回去莫犯同樣的錯誤」。

家庭主婦很欣賞她誠實率直的作風。她跟她們是一國的，都是家庭廚娘，不是受過專業訓練的大廚（當時這條職業道路只有男性能走）。「我認為，人非聖賢，孰能無過？知之為知之，不知為不知，最好不要為了面子而誤人子弟。」她身為烹飪教師的名氣愈來愈大，最後機會終於來敲門。她的一個學生把她推薦給台視的一位製作人，當時這位製作人正在為預計於一九六二年開播的新電視媒體尋找一檔烹飪節目的主持人。在好奇心的驅使與學生的鼓勵之下，傅培梅答應了，完全沒想到這個機緣會把她的烹飪事業瞬間推上一個新高度。剛出油鍋，又入火坑——或者更準確地說，是走出廚房、登上電視。

廚房對話◈家庭主婦

我母親最小的妹妹黃閩淋，我們口中的四姨，向來是我母親的姊妹當中最傳奇的廚師，個性上也最有活力。她出名的不只是辣炒螃蟹，還有搞笑故事，她講故事時總會配上誇張的聲音和表情。她在一九七二年嫁給一位來自馬來西亞的華裔同學，就是我的四姨父。他們一起從臺北搬到了檳城附近一座田園風情的前礦區小鎮，加入夫家經營建材的家族事業。為了成為能幹的家庭主婦，她給自己上了一門速成課，部分課程內容就是閱讀傅培梅的食譜。對我四姨來說，烹飪是凝聚家人的關鍵環節，她在廚房裡的所有付出都是為了讓孩子享受到「媽媽的味道」。我自己在家裡也常常提醒孩子，每當有人特地為他們烹製一道菜時，裡頭必定是加了滿滿的愛與關懷。他們應該是聽進去了，因為當時我五歲的兒子後來拿了一個空罐子，在上面貼了一張「愛與關懷」的標籤，然後把它放到我們的調味料架上。每當他想為一道菜加入愛與關懷時，他就會把它拿出來灑一灑。

妳是怎麼學會做菜的？

妳姨丈家是大家族，每一頓飯大概都有二、三十個人，包括店裡的員工。有幫傭煮飯，輪不到我做。那些菜不是什麼好菜，但分量一定夠多。我吃不太慣，口味不合，大鍋菜不好吃。妳姨丈的奶奶最疼愛的就是他這個孫子，也看得出來我吃不慣那些食物，加上妳姨丈一天到晚跟她說臺灣的食物有多好吃、多好吃、多好吃，所以他奶奶就「愛屋及烏」——我等於是那個「烏」。每個禮拜，他奶奶都會買個兩、三次的一大坨肉，要麼買豬肉，要麼買牛肉，那時候肉可貴了。她說：「閩淋啊，妳愛煮什麼就煮什麼。」我心想，這怎麼弄啊？只好撈出我帶來的傅培梅食譜，還是沒有圖片的那種。從這樣子開始。

妳覺得傅培梅的食譜書怎麼樣？

講到傅培梅，我們這一代真的沒有人不認識她。要用今天的眼光來看，她的食譜寫得其實很簡單；但在當年，根本沒有人這樣寫，是非常難得的。她的食譜對一個對烹飪完全沒概念的人來說，只要有興趣，也能從中學到一些東西，我覺得真的很不容易。我有個朋友在一九七〇年畢業後就直接去了美國，她還記得我當年送給她一本傅培梅的食譜——我自己早就忘了有這回事！她說：「我到現在還留著那本書呢！」還有一次，我碰到幾位早年從臺灣移居馬來西亞的太太，我問她們：「妳們當年有沒有帶傅培梅的書來啊？」有一位說：「我來的時候，想說輪不到我煮飯，就沒帶，兩年後回臺灣，才特地買了一本帶來。」我又問她：「那妳有看嗎？」她說：「我交給我的幫傭叫她看！」笑死了。

妳的烹飪技巧如何進步？

我一直到一九八〇年才真正開始掌廚、負責家裡的三餐。為什麼呢？因為妳姨丈的爺爺過世了，大家族就散了，兄弟各自分家、自己過日子。我們搬出去另外住，同住的還有我婆婆、兩個小叔、一個小姑，他們還沒結婚，所以跟我們一起吃飯。再加上妳姨丈和我們的三個小孩，總共九個人，從很大的家庭變成沒那麼大的家庭。我沒有上班，我婆婆那時候反而很忙，要在店裡收銀，所以煮飯這件事就落到我頭上，我也就變成家裡的主廚了。

關於烹飪，妳從妳婆婆那裡學到些什麼？

我婆婆做任何事都很講求精準。她完全不會英文，中文也大概只念到小學四年級，但我一直很敬重她。她寫的食譜，即使有些錯字，卻記錄得非常仔細，尤其是她喜歡做的各種糕餅。像我現在做水果蛋糕，就是用我婆婆的食譜。她在食譜裡寫「九顆蛋」，但又在上面加了個括弧，寫「五百毫升」。我問她這是為什麼？她說：「因為蛋有大有小啊！」牛油的部分，她也會特別注明要用哪一個牌子，因為「不一樣的牌子，味道會差很多」。現在回頭想想，我真的很佩服她，雖然沒受過什麼教育，但她的腦袋非常靈光。

食譜是她自己發明的，還是她從別人那裡學來的？

她說你如果去請教別人，沒有人會真的教你。每個人都會留一手，因為這些食譜太珍貴了。她說她問人家，一問再問，結果回來還是常常做失敗。我問她為什麼？她說：「因為她們會騙你，不會把真的做法告訴你。」所以她覺得這些自己摸索出來的東西很珍貴，一定要記下來，而且不可以外傳。

為什麼不能外傳？

我跟妳講一個故事。有一次我在廚房大掃除，看到一根很大的木湯匙，我覺得那東西沒有用，就想把它扔了。我婆婆說：「不准丟、不准丟，拿回來！」她要我仔細看，原來上面有個刻痕、一個記號。我問她那是幹什麼用的？她說她以前會做辣椒醬拿去賣，她的辣椒醬跟四川人的可不一樣，是用本地的辣椒、蒜頭、糖和醋做的新鮮辣椒醬，「要一直熬、熬、熬，熬到那個水到這個標記的時候，就要停。妳要是跟人家講，多少比例配多少比例，就有人會偷學。」她說當時他們家有一個小女工，陪著她、幫忙她。後來那女孩要出嫁，她叫對方發誓絕對不能講出去。我說：「妳幹嘛呢？那麼祕密？」妳姨丈的媽媽真不簡單，她雖然沒有念書，沒受過什麼教育，但她知道「有一天，萬一我們沒錢了，我還要靠這個來賺錢」。我講給妳的外婆聽，妳外婆說：「嗯，真厲害！把她請來臺灣：她來做，我來開工廠！」〔笑〕

做菜最重要的條件是什麼？

做什麼菜，首先要看你的經濟能力。中國有一句諺語：「巧婦難為無米之炊」——再怎麼能幹的媳婦，你沒給她米，她也煮不出飯來。我從前剛到妳姨丈家時，會跟我婆婆說，人家都這樣煮那樣煮，結果我婆婆講一句話：「我們要是像妳這樣，我們早就破產了！」她說得沒錯。現在有錢了沒差，但那個時候哪能這樣花？

經濟條件不同。我也能理解，他們是勞工出身，觀念就是節省，不節省，哪有今天？所以如果妳問我：「該煮什麼？」這完全是看妳有多少錢。

所以妳在家裡做菜是為了省錢，還是為了家庭幸福？

現在有一種趨勢我真的很看不過眼。有些人其實很有經濟能力，但就是覺得在外面吃比較方便、比較好。我們這邊現在很多人根本不煮飯，每一餐都去外面買。但妳想想看，如果家裡有四個人，妳買四份，花的錢其實都夠煮出一頓很好吃的菜了。媽媽很重要，她會計劃。我是為了家庭的和樂煮飯。小孩長大會想念，這就是媽媽的味道！如果妳沒有給他們這個記憶，他們對家就會沒有什麼概念，反正回來也是在外面吃。所以我覺得維持一個家庭，三餐真的非常重要。妳要是有小孩，妳應該自己煮飯給他們吃。

第三章

小螢幕上的松鼠魚

一九六二年傅培梅第一次在台視亮相，示範如何烹製松鼠魚。

傅培梅於一九六二年在台視首度亮相時，她的拍攝場景就只是攝影棚中央一個臨時搭建的木造料理臺。唯一的特殊裝飾是一個簡單的背景：用黑色布料拼出一條卡通魚的輪廓，直接用釘書機釘在牆上，連釘書針都清晰可見。在這場現場直播中，傅培梅選擇了她最喜愛的菜餚之一：糖醋松鼠魚，這是一道吸引人的江蘇菜，必須把整條魚仔細去骨，並在魚肉內側劃痕，好讓魚能在油炸後整個膨脹起來，如同松鼠的尾巴。松鼠魚是傅培梅最喜歡拿來示範給觀眾看的菜餚之一，因為成品在視覺上十分震撼，而且還能展現中華料理的兩大基石：刀工與火候。必須具備精湛的刀工和一把磨得鋒利的菜刀，才能給魚去鱗、去內臟、去骨、在魚肉上劃痕，同時保持魚尾完整且仍與兩側魚肉相連。魚下鍋油炸時，時間和火候都要掌控得極其精準，才不會把細緻的魚肉炸得太老。

但要在電視直播節目上完成這一切，傅培梅不僅得自己備齊所有材料，包括要下鍋油炸的一整條魚、麵粉、雞蛋，以及做醬汁所需的蝦、番茄、香菇、豌豆、蔥、薑、蒜、糖、醬油、醋、酒和太白粉，還得把自己所有的烹飪器具全都帶去，例如砧板、鍋子、鏟子、篩子、筷子、碗盤和湯匙等。傅培梅的三個孩子和當時已從大陸來臺的母親也被臨時叫來幫忙，把所有的東西搬到攝影棚。由於現場沒水、沒電、沒瓦斯，傅培梅甚至必須把自己的火爐也扛過去，作為她實際烹飪時的加熱器具。當時臺灣主婦很常使用火爐，這是一種沉重的陶土桶，側面有個開口，可用來調整燃燒的木炭，鍋子則放在上面——大概只比直接用營火燒飯好一點點。

就在把器具搬進攝影棚的最後一刻，傅培梅才驚覺自己忘了帶菜刀。對任何一位中華料理廚師來說，菜刀和炒鍋都是最基本的工具。沒有菜刀，根本無法示範如何給魚去骨或劃痕。助理導演叫她去電視臺的員工餐廳借一把，因此她匆匆跑去。等到開播時，傅培梅早先在走廊點燃的火爐已快熄滅，而借來的刀又鈍得連魚頭都剁不下來。傅培梅好不容易才把魚放下鍋油炸，抬頭卻看到導演打著畫圈的手勢，示意她快一點。傅培梅不予理會，繼續下面的步驟，包括給炸好的魚淋上用青菜和蝦子炒出來的濃稠醬汁。完成時，她甚至來不及跟觀眾說再見就被導演喊了卡。但她終究還是在電視直播節目的二十分鐘內勉強做出了這道菜，從頭到尾滿頭大汗。

一回到家，坐在客廳電視機前看她上節目的丈夫就責備她：「妳慌慌張張的，做得可真差啊！」傅培梅本就後悔答應上節目，此時更認定自己在全世界面前出了醜。（這樣想其實是誇張了——這個節目當時並未在臺灣中南部播出，而即使是在臺北，擁有電視機的家庭也不多。）因此，當製作人隔週再度邀請她上烹飪節目時，傅培梅倍感震驚。製作人告訴她，觀眾對她的第一次亮相反應熱烈。第二集不如示範紅燒海參吧？

一九六二年，電視引進臺灣，標誌了一個新媒體時代的開始。電視為臺灣的家庭主婦帶來了一種全新的烹飪學習方式。在她倉促完成那道糖醋松鼠魚的當下，傅培梅完全沒料到這只是她數千次電視節目演出的第一次，並將展開她長達四十年的電視烹飪教學生涯。談到電視烹飪的先驅，美國人通常只會想到茱莉雅．柴爾德，但事實上，《法國主廚》（*The French Chef*）這檔節目是在傅培梅登上電視幾個月後才首播的。對於戰後臺灣（甚至全球）數百萬觀眾而言，端著紅酒燉牛肉、用輕顫的聲音喊出那句「Bon Appetit!」（請享用！）的柴爾德，並不是家喻戶曉的人物。雖然《紐約時報》在一九七一年把傅培梅介紹給美國讀者時，稱她為「中華料理界的茱莉雅．柴爾德」，但對臺灣的觀眾而言，稱柴爾德為「法國料理界的傅培梅」反而更貼切。在臺灣，傅培梅才是首屈一指的大眾烹飪指標人物，所有其他烹飪權威，不管來自何方，都以傅培梅為標竿。例如英國電視節目主持人德莉亞．史密斯（Delia Smith），被臺灣一家報紙介紹為「英國傅培梅」，食譜作家艾莉諾．舒爾特（Elinor Schildt）則被稱為「芬蘭傅培梅」。

傅培梅在電視上的成功絕非必然。電視烹飪等於「現代」烹飪，而在臺灣，現代烹飪明確意味著兩件事：學做中國各地菜餚，還有學做西式甜點。在電視開播的前三年裡，有三十多位烹飪專家和傅培梅一樣，在婦女節目的烹飪時段中示範這些技藝。但到了最後，唯有傅培梅一人成為臺灣家喻戶曉的電視烹飪名人。就某個層面而言，傅培梅在電視上的成功證明了她非凡的廚藝：她能用菜刀快速而俐落地將任何食材切成千百種形狀，包起餃子更是快如閃電又精準無比。然而，她自己也一定會承認，她並不是臺灣唯一的烹飪老師，也不是最有經驗的。那麼，傅培梅究竟是如何從眾多有志於成為電視烹飪教師的競爭者中脫穎而出，最終成為臺灣電視上的中華廚藝代言人呢？

***

在現任與前任中國小姐的左右簇擁下，優雅的蔣夫人和藹地伸出戴著白手套的手，按下遙控開關，啟動了臺灣第一家（也是接下來七年唯一一家）電視臺——臺灣電視公司（TTV）的首次正式播出。播到第二個月時，台視已排定了固定的播放時程：每晚從六點到十一點播出五個小時的節目，週日中午加播一小時。在第一個月，訊號僅能覆蓋臺北地區方圓一百六十公里的範圍，主要集中在臺北市與西北角海岸地區。不到三年，訊號就增強到可以涵蓋中南部地區。電視開播時，臺灣總人口超過九百萬，但全島只有三千臺電視機。然而到了一九六〇年代末，幾乎三分之一的家庭擁有黑白電視。到了一九七五年，這個比例已接近四分之三。

那些直接傳送到家中客廳裡的動態影像富有魔力，臺灣無論男女老幼都深受吸引。一九六三年，為了慶祝成立週年，台視舉辦了一場徵文比賽，獲獎文章刊登在《電視周刊》上。兒童組的第一名得主宋家瑾寫的是她之前跟父母去美國生活一年的經歷。她在那裡看到了摩天大樓、地鐵，以及「櫥窗裡堆得像小山般高的巧克力糖」，但她認為美國最棒的東西絕對是電視。她爸媽買了一臺小電視給她，而她只想整天待在電視機前，飯也在那裡吃，睡著了再讓人抱回床上。一家人準備搬回臺灣時，她央求爸媽把電視機也帶上，但她母親笑著說：「我們坐飛機帶這個太重，再說臺灣沒電視，有電視機也沒用。」當臺灣終於有了電視臺時，家瑾樂翻了。一開始，她也和其他眾多無法自拔的消費者一樣，站在街上透過商店櫥窗看電視。後來有個朋友家裡買了電視。接著她自己家裡也終於有了電視，令她欣喜若狂。「有了電視，我不得不格外用功，弟弟也學得更乖，因為怕觸怒了媽媽，她會給我們最殘酷的處分——『今天不許看電視。』」

台視有三款基本的黑白電視機供消費者選擇，每一款都由不同的日本電子公司生產。東芝的14T-511型架在四條細長的木腿上，配有一個小小的十四吋螢幕，周圍是一個大大的塑膠外殼。有幾個旋鈕從機身正面突出，一個用來開關，還有一個用來調音量。（切換頻道用的旋鈕則不太用得到，因為當時全國只有一個電視頻道。）這些電視機外觀灰撲撲的，說好聽點是看起來很實用，但很快就成為家中備受珍愛的成員。有個五年級的學童把家裡的電視機稱為「長腿姊姊」，還有一個二年級生請母親用紅布為家中的電視機特別製作一張防塵罩，而且每天一定會把它擦得乾乾淨淨。

在一九六二年，一臺電視機要超過五千元，但家家戶戶還是拚了命地存錢，只為買一臺回家。（想真正領會當時的電視機有多貴，可以參考一下：我母親在一九六三年擔任助教的月薪是八百元，而一九六四年的最低工資是每個月四百五十元。）有個年輕的父親一時衝動，一個下午就把家裡攢了三年的積蓄全花在一臺14T-511上，所有的錢只剩下一角。曾有一位臺北的家庭主婦描述她如何為了不讓丈夫阻撓她買電視機，從十二位朋友那裡各借了四百元，約定一年後還清。她精打細算地計算過：每天五小時的節目播出（他們打算一個鐘頭也不放過），一年下來就能收看超過一千八百個小時的節目，換算起來，每小時的娛樂成本還不到兩塊半，絕對是全家人最划算的消遣方式。

台視作為一半國營、一半民營的合資企業，其製作節目的宗旨是要「寓教育於娛樂之中」，提供適合「各階層，各年代觀眾」的內容。在臺灣剛出現電視觀眾的年代，台視透過多種節目類型，廣泛傳播一套大眾可以接受、具有啟發性、符合中產階級（且經政府允准）的價值觀。有個被同事暱稱為「ＴＴＶ」的狂熱觀眾，甚至為員工宿舍裡的共用電視機製作了一份油印的節目指南：兒童可看卡通和《兒童問答比賽》；青少年可看電影、音樂、體育和舞蹈節目；女性觀眾可看家政和烹飪節目；男性則有時事、新聞、氣象、戲劇、藝文和棋藝等節目可欣賞。年長的觀眾可收看傳統京劇，同時也有許多從美國引進的節目供年輕人觀賞，例如《我愛露西》（*I Love Lucy*）和《天才小麻煩》（*Leave It to Beaver*）。觀眾不分男女老少，都說他們非常喜歡在晚上一口氣看完整整五小時的節目，把看電視當成一種嶄新的全方位娛樂。尤其是寂寞的單身漢，他們曾寫下心聲，表述自己有多期待捧著一杯熱茶或叼著一根香菸在電視機前安坐下來，因為有了電視，年長的男性就不必再漫無目標地徘徊街頭，而年輕船員也不用再浪費金錢追逐女人和酒精。「我寧可一頓飯不吃，但不能一晚不看『電視』」、「電視，是我的益友」他們異口同聲地說。

最初的「女性節目」，也就是傅培梅參與的那一檔，是一檔二十分鐘的現場直播秀，每集為女性示範一種不同的家政技巧，並依固定主題輪替播出。以一九六二年聖誕節那一週為例，觀眾可以在週一收看化妝品的挑選與使用訣竅（美容）、週二學如何慶祝聖誕節（家庭）、週三學做椰子撻（烹飪）、週四學洗衣技巧（時尚）、週五學由專家傳授的家務管理實用方法（家政）。其他的固定單元還有縫紉、布置、烹飪、插花藝術、時裝表演、美容介紹、美姿鍛鍊等。台視的製作人認為他們這些專為女性觀眾設計的內容既有激勵性又有廣泛吸引力，適合各行各業的女性觀眾，「自婦女名流，知識階層以至不識字的鄉嫗村婦」皆宜。但事實上，短短二十分鐘的節目很難吸引到如此廣泛的女性受眾。最後，節目內容反而呈現出一種相當狹隘的視角，主要迎合的是那些最可能購買電視機的都市中產階級女性的興趣。

烹飪是女性節目中很重要的單元，安排在週三晚上六點五十分到七點十分之間播出。台視選在這個時間播出烹飪節目，顯然有其用意。《電視周刊》的編輯提醒觀眾：「如果有些主婦們屆時正在燒菜，請在妳收看台視臺播出的烹飪節目時，不要忘了妳的廚房裡正在燒東西，以免燒焦。」還有一位家庭主婦分享自己的經驗，說她先生總會在她看電視看得入迷的時候捉弄她：「我正在看電視入迷的時候，老男生又向我幽默了：『喂！太太，飯燒焦啦！』『開水燒乾啦！』我是相應不理。」臺灣觀眾體驗到的「電視晚餐」，和美國人一邊坐著吃斯旺森冷凍餐盒（Swanson's trays）、一邊看電視的情景，可說大不相同。以糖醋松鼠魚首度亮相後，傅培梅在第二次電視演出中做了紅燒海參，第三次則是蝦仁雙腰。（最後這道菜看起來實在太令人垂涎，碰巧正在台視大樓裡看直播的高層因此要求將這道菜從攝影棚送過去，讓他們親自嘗嘗）。這可不是什麼倒一包「貝蒂妙廚」(Betty Crocker)烘培粉就能搞定的速成甜點，也不是茱莉雅．柴爾德一九六二年首次在美國電視上示範的那種簡單法式歐姆蛋。這是認認真真做出來的中華家常料理，而傅培梅僅憑一把菜刀、一口炒鍋和一個木炭爐，就讓臺灣的主婦們相信她們也能做到。

***

在開播的頭幾年，台視烹飪節目上有幾十位不同的烹飪老師和幾位固定的主持人。來自江西省的潘佩芝是一位無師自通的祖母級人物，她於一九六二年在臺北創辦了自己的烹飪教室，是第一年最常上節目的嘉賓。她示範過十三道來自不同地區的中式主菜，有一些大家很熟悉，也有一些較不尋常、較為繁複。例如「江浙龍鳳腿」這道年菜，是把雞絞肉和豬絞肉混合後捏成雞腿狀，插上一隻雞爪，再包上網油、下鍋油炸。杭州名菜「銀河魚唇湯」則是一道海鮮湯，用料包括蝦仁、干貝和魚皮或鯊魚皮。她還示範了辣豆瓣鯉魚和家庭叉燒，以及幾道適合用來餵飽孩子和丈夫的便當菜餚，像是紅扒鵪蛋。潘佩芝除了開烹飪課，也為兩家報紙撰寫烹飪專欄，每週上廣播電臺主持一次烹飪節目，後來還出版了兩本自己的食譜書。

胡佩鏘則是西點專家，頭幾次上台視的節目時示範了檸檬派餅、葡萄乾布丁，以及一種名為「鄉下濃湯」（以火腿和蔬菜為主）的料理。胡佩鏘曾為報紙撰寫食譜，後來也出版了自己的食譜書。早在一九六一年，她就在臺北開設自己的烹飪教室，傳授自創料理。其中一道名為「一帆風順」的宴會菜，是專為即將遠行的人設計的，用填入餡料的海參做成，上面插有切成三角形的竹筍片，象徵一支揚帆啟航的船隊。（令我驚喜的是，我後來才知道我外婆上過胡佩鏘的烹飪課，學過這道菜，還做給我母親和她的兄弟姊妹吃過。）

但當年在臺灣眾多烹飪老師之中，最有名的絕對是黃媛珊（第二章已有介紹）。一九六二年時，黃媛珊已是臺灣師範大學家政系的教授，並出版了兩集《媛珊食譜》（一九五四年與一九五七年），外加《媛珊點心譜》（一九五六年）和《媛珊西餐譜》（一九六〇年）。她曾於一九六一年前往美國，推廣味全公司生產的醬油與其他中華食品，也曾在西雅圖和芝加哥的美國電視節目上示範中華料理。她的食譜也發表在《中央日報》和《婦女週刊》上。然而，由於個人的人生悲劇，黃媛珊未能在電視上有更大的發揮。一九六二年，她的公公齊如山和丈夫齊瑛在半年之內相繼過世。因為沒有孩子，黃媛珊頓時成了孤身一人。「最使我難過的是無人共食品嘗，徒然引起我的傷感。」她寫道。雖然她曾於一九六三和一九六四年上過台視節目幾次，但不久她就永久移居美國，再婚，展開了新的生活。

傅培梅的實際烹飪經驗或許比不上這幾位女性，但她卻具備更為珍貴的另一種才能，正好契合電視這種新興媒體的需求。在台視的第一年，傅培梅示範了八道菜，數量比潘佩芝少，但比胡佩鏘多。不過，節目開播還沒進入第二年，傅培梅在台視的角色就已大為擴展。一九六三年八月，傅培梅被拔擢為新節目《星期餐點》的製作人兼主持人，同時也出任另一個新常態烹飪節目《週末餐點》的主持人。

《星期餐點》以中式主菜為重點，而《週末餐點》則主打西式主菜、西式甜點、中式小吃和中式麵食，例如包子、麵條和煎餅。

台視女性節目最早的製作人與主持人孫步霏當時還不到三十歲，但曾經擔任學校教師和家政函授課程老師。孫步霏向《電視周刊》的讀者解釋，在歐美國家，電視製作人通常要花四十到一百個鐘頭來準備一小時的節目。但在臺灣，主持人受到各種限制，只有極短的時間可以構思主題、草擬內容、準備演出，隨即上場直播。她說這壓力實在太大、太困難，導致她在擔任製作人和主持人的一個月內就瘦了六磅。擔起製作人與主持人的新角色後，傅培梅不見得每道菜都親自示範，但她會邀請不同廚師上節目展示拿手菜，並負責協調他們的出場時機。傅培梅後來還負責編輯《電視食譜》，裡面收錄了過去節目中示範的所有食譜。

一九六三年夏天，台視編輯群如此總結讓傅培梅晉升為節目製作人的理由：「每次表演之後，都深獲觀眾的歡迎，紛紛來函讚譽。」觀眾對她印象深刻：「教法非常認真，講解十分詳細，技巧非常熟練」，無論是「教授我國各省各地之名菜」還是西式甜點。有些人則稱讚她「配料正確，態度認真，和藹親切」。對於這項任命，編輯群也表達了高度肯定：「台視考慮主持人選，最後認為傅女士在各方面均可勝任，乃請她出馬製作。」

傅培梅的魅力和電視形象，很大程度來自她在螢幕上呈現出的視覺印象。她看上去完全就是個現代家庭主婦的模樣，而且她在整個職業生涯中都維持這樣的造型。自出道以來，她在電視上的標準裝束就是一襲旗袍，外罩一件圍裙（據說她有好幾百件）。一位忠實觀眾後來回憶：「傅培梅老師總是穿著旗袍，搭配有荷葉邊的白色圍裙，頭髮吹得蓬蓬的，或是紮成一個典雅的髮髻，完全符合那個年代的時尚潮流，可是跟母親在廚房蓬頭垢面與油煙奮鬥的形象，卻有很大的差距。」媒體學者狄威（Ti Wei）和馬嘉蘭（Fran Martin）指出，傅培梅既象徵了「傳統且正統的中國文化」，同時又能「為觀眾構築出一種現代生活的想像」。而傅培梅的影響力也不限於她的服裝，因為就算雙手忙個不停，她也總是散發一種冷靜幹練的氣質。而且當時三十一歲的她年輕又有魅力，這無疑也是一種助力，尤其是和其他幾位較年長（且經驗較豐富）的烹飪老師相比，例如祖母級的潘佩芝。

然而，傅培梅在電視烹飪節目中最寶貴的特質既不是她的容貌身材，也不是她的手藝，而是她的口條。上節目時，傅培梅可以輕輕鬆鬆地一邊做菜一邊說話、一邊說話一邊做菜，用清晰又有條理的方式一步一步說明如何完成複雜的中式料理。《電視周刊》多次分享觀眾如何讚美傅培梅，說她總是「能把這一道菜的祕訣和特別〔需要〕注意的地方完細全指點出來」。這一點在觀看傅培梅後期的節目時尤為明顯，當時她常邀請不同的嘉賓上節目示範拿手好菜。不少來賓廚師在操作複雜技法時不是一語不發，就是只發出一些單音，全靠傅培梅不斷發問和評論來填補空檔，並引導這些專家去說明他們在做什麼。可惜的是，傅培梅如果請嘉賓稍作說明，他們往往就會停下手邊的動作，導致難以在節目時間內做好一整道菜，只能在最後匆匆完成。「他們失手時我看在眼裡乾著急，還得拚命想點子打圓場，為他們留面子，以免場面尷尬。」傅培梅回憶。

在一九六〇年代，散文作家愛亞常有機會近距離觀賞傅培梅的直播烹飪節目。

愛亞當時是台視布袋戲節目的配音員，這個節目正好排在傅培梅的烹飪節目之後。在攝影棚集合時，愛亞和其他配音員經常觀看傅培梅節目的現場直播。現場看還有另一個好處：播出結束後，傅培梅總是會把節目中製作的菜餚分給在場的工作人員。後來因為實在太受歡迎，傅培梅還會特地提前多做兩盤，好讓所有的工作人員都能吃到每一道料理。傅培梅沉著穩健的專業態度讓愛亞印象深刻：「主持人現場燒菜，邊切邊講解邊燒邊講解，要顧油鍋要顧刀工要顧助理不出錯要顧鏡頭在哪要顧時間分配還要顧現場指導的指示。」但每次看傅培梅的表演，愛亞總禁不住為她緊張：

萬一鍋鏟掉地鍋蓋鏘鏘劃火柴點瓦斯爐不著刀又切到手怎麼辦？而且現場指導動不動就用食指在空中畫圈圈，意思是叫她加快動作；可剛加快樓上導播又從耳機給下了令，現場指導就又用兩手由中間向左右兩旁慢慢拉開表示慢一點、慢一點。

傅培梅有時會因為注意到這樣的變化而一時結巴，但愛亞說，她在大多數情況下都「穩穩當當」。傅培梅確實展現了一種「戲一定要演下去」的精神，何況在那個電視直播的時代，她也別無選擇。從來都沒有排演，只有一份食材，也只有一次機會在指定的時間內完成一道菜並播出。只要還在可忍受的範圍內，烹飪時偶爾會遇上的小意外（例如割傷或燙傷）都必須咬牙撐過去。有一次，她被棚內一根突出來的釘子在手臂上劃了一道三吋長的傷口，痛得她當場就哭了。工作人員急忙上前幫她止血。

在戰後的臺灣，傅培梅的電視烹飪節目遠不只是教女性做菜而已。她在電視上全面介紹中國各地的特色菜，透過華人對美食的共同熱愛，讓這個原本四分五裂、脆弱不堪的國家產生了一種凝聚力。尤為關鍵的是，出生於中國北方遼寧省的傅培梅，說得一口字正腔圓的標準國語。幾個世紀以來，國語都是北京朝廷官員之間的通用語，在臺灣也被國民黨政府訂為官方語言。《電視周刊》不只讚揚傅培梅「口齒清晰」，也稱讚她「能講一口標準的國語以及日語和臺語等地方語言」。

在充滿來自中國各省、語言互不相通的外省移民社會中，傅培梅這樣一位說國語的電視主持人，正好滿足了國民黨對語言統一的渴望，也強化了國語作為官方所推行的「中國語言」的重要地位。

傅培梅本人則覺得可惜，許多才華橫溢的地方廚師之所以遭到忽視，並不是因為廚藝不精，而只是因為語言能力不足。她在為《電視食譜》第一冊（一九六五年）撰寫的序言中提到，自己經常拜訪地方烹飪老師、名廚以及家庭主婦，請他們上節目展示拿手菜。不過她也坦言：「其中雖有幾位因年齡較長，不善國語，或地方鄉音較重，而在解說時有不能達意之現象，」但她認為這些都只是「美中不足之事」，因此堅持繼續讓他們親自示範，「以確保其獨特風味與真髓」。傅培梅節目中的來賓所展現出的多樣性，不只凸顯了中國地方菜系的深度與廣度，也清楚說明了：沒有任何一個人，包括傅培梅自己，可以聲稱自己精通中國所有地方菜系，更別說是每一道菜了。

當上烹飪節目的製作人後，傅培梅嘗試每個月介紹一個不同省分的菜。像是廣東菜有蔥油雞、咕咾肉、蠔油牛肉、豉汁排骨；四川菜則有棒棒雞、魚香肉絲、辣豆瓣魚、麻婆豆腐。後來她改為每月聚焦一種主要食材，介紹它的多種料理方式。例如牛肉可以清炒、紅燒、做成肉丸；魚則可用乾煎、油炸、紅燒、清蒸、煙燻、紙包和快炒。節日期間，她還會示範特殊的應景食物，例如中秋節的月餅、端午節的粽子、元宵節的湯圓，以及農曆新年的各地特色年菜。她甚至發明了各種巧妙方法來善用節日剩菜。《星期餐點》後來改名為《家庭食譜》，又持續播出長達二十一年，期間，傅培梅源源不絕地推出一道又一道的菜。與此同時，她也持續在她廣受歡迎的烹飪教室親自授課，課程場場額滿。

***

對現代家庭主婦來說，中國地方菜只是廚房中必備技能的一部分。在臺灣，婦女也渴望學習新的西式甜點食譜，拓展她們的烹飪視野。早在數十年前，中國美食家齊如山就已坦承，西式烘焙是西餐唯一明顯超越中餐的領域：「烤爐的設備，比中國就完備便利了若干倍，烤的菜品，也多了若干種。」台視製作人將西式甜點納入烹飪節目，正是為積極回應觀眾需求。一篇早期的文章指出，他們已經示範過「很多名菜」（指的是中國菜），「至於西點，在婦女家庭的節目中表演甚少。以後一定如觀眾所期望的能安排中菜、西點輪流演出。」

傅培梅從未自稱精通西式料理，無論是甜點還是其他菜式，但她非常樂意邀請嘉賓上節目教臺灣婦女西式烘焙技術。《電視食譜》第一冊收錄了多款西式甜點與小吃，包括雞蛋布丁、生日蛋糕、鳳梨派、香蕉麵包、椰子撻、蒸巧克力布丁、橘子鬆糕、蛋撻、李子果醬、葡萄乾布丁、奶油鼓餅、檸檬派餅、大理石蛋糕、奶油鬆糕，以及咖哩角——這是一種在香港麵包店常見的酥皮肉餡點心。其中大部分由來賓示範，但傅培梅親自教觀眾如何用玉米粉、蛋白、奶水、糖和水果丁製作水果奶凍。

許多現實生活中的美國「貝蒂妙廚」都很樂意拿起打蛋器，跟臺灣的電視觀眾分享她們的烘焙經驗。一九六二年十二月，一位美國女性「艾勃特女士」（其姓氏可能為Abbott），成為首位出現在臺灣電視上的外國人，她上了傅培梅主持的烹飪節目，示範如何製作香蕉蛋糕（麵包）。這道甜點的材料和食譜對當時的美國主婦來說再熟悉不過：1）將油、糖、雞蛋兩個攪拌一起打鬆，並加香蕉攪爛拌入。2）將麵粉、鹽、蘇打和發酵粉混合，並篩過。3）將2倒入1（分兩次），慢慢拌勻，並將切碎之核桃仁調和拌入。4）取一張方型之烤盤，內中鋪一張蠟紙，然後將3全部放入烤盤中放入烤箱，用三百度的火力烤一小時，取出後稍冷，再切成薄片便可。傅培梅說這集節目播出後，香蕉蛋糕「在臺北的西點麵包店裡大發利市」。

然而，這份食譜中的一切對當時的普通臺灣家庭主婦而言必定都很陌生（或許只有香蕉除外，因為香蕉在臺灣的熱帶氣候中生長得極好）。大多數的中式廚房裡連烤箱都沒有，更別提烘焙模具、攪拌器或量匙量杯了。（為了滿足這個需求，一九六五年版的《電視食譜》在最後一頁刊登了一則廣告，介紹臺北一家專門賣烘焙器具的店，提供烤盤、模具、攪拌器、量具，以及小型桌上型烤箱。）此外，食材也十分昂貴難買。小麥並非臺灣本地作物。在戰後時期，大部分的進口小麥都來自美國的糧食援助。（即使到了今天，臺灣仍有超過九九%的小麥仰賴進口，其中約有七五%是跟美國買的。）而罐裝牛乳、奶粉和奶油這些西式烘焙中常用的原料也都很貴，因為傳統中式飲食很少使用乳製品。

儘管存在著這些挑戰，同時學習中式菜餚與西式甜點的好奇心和需求仍居高不下。不學的話，如何展現現代化、國際化的新品味呢？初版《電視食譜》（一九六五年）收錄了超過一百六十道中式主菜與甜點，但也有四十幾道西式主菜（西菜）與西式甜點（西點）。西式菜餚包括美國經典菜，例如烤牛排與龍蝦沙拉，但也有匈牙利燴牛肉、西班牙烘蛋及法式魚捲。在《電視食譜》前三冊裡，西式菜餚與甜點所占比例從五分之一到三分之一不等。

需要澄清的是，臺灣人對西式料理的興趣並不是從台視的節目開始的——台視只是在回應一股更大的社會潮流。例如黃媛珊早在一九六〇年就出版了一本專攻西式料理的食譜書（裡面也有她自己的香蕉蛋糕食譜）。黃媛珊的書還特別介紹了餐桌擺設、現代廚房設備及用餐基本禮儀。(「把食物盡量弄成小塊入口，使入口後很快即可嚼嚥下去，以防有人與你談話，嘴裡塞滿不好答話也不好看。」)

台視的節目之所以如此不同，是因為電視屬於視覺媒體，影響力非凡。親眼見到金髮的艾勃特女士站在穿旗袍的傅培梅身旁，親手調製香蕉蛋糕的麵糊，和僅僅在紙本食譜上閱讀用量與步驟，完全是不同的感受。同樣的，看著傅培梅親自示範如何在魚身上劃出精緻的刀痕來製造松鼠的效果，或如何握住魚尾把魚身放入鍋中炸成招牌的弧形、再讓整條魚滑入油中，也是全然不同的體驗。《電視周刊》裡一份食譜的編注寫道：「當然，就這些材料與做法看起來就很難做得十全十美，如看過名烹飪家示範以後，相信成績是不會太差的。」

***

傅培梅在開始主持台視烹飪節目後的短短幾年內，就已改變了臺灣全國婦女的下廚方式，以及家家戶戶餐桌上的飲食樣貌。一九六七年台視五週年徵文比賽主婦組第一名得主「臺北主婦夢雷」，描述了她和鄰里婦女們每週聚在一起收看這個烹飪節目的情景。台視的烹飪節目成了一堂鼓舞人心的廚藝課，激發了這些主婦為家人製作新菜式的動力。對她們這樣忙碌的家庭主婦來說，傅培梅就像是個受歡迎的朋友，在夜晚伴她們閒話家常。「『傅培梅昨天講……』夾雜在我們的談話裡，似乎她正和我們生活在一起。」夢雷如此寫道。

她們每週都重複一樣的儀式。「每逢星期三，總是早早的料理晚飯，吃過後，把前後門都虛掩着，以免嘉賓蒞臨時按鈴叫門。」夢雷寫道。婦女們聚集在夢雷家收看節目，應該是因為社區裡只有她們家有電視機。夢雷的家人會自動迴避，好讓婦女們有足夠的座位。造訪的客人中總會有人帶些特別的東西來，例如冷飲、當季水果、精心製作的菜餚，或是南部親戚寄來的特色小吃。

節目播出時，「下筆神速的李太太權充速記員，詳細的記載下演示者的一言一語，一舉一動，再讓大家傳抄。」有一次，電視上在示範如何製作生日蛋糕，葉太太哀嘆說她的奶油花總是做得不漂亮。其他婦女連忙安慰她，說她的甜點已經很棒了，根本不需要學做奶油花，因為大家都怕胖，根本不會吃奶油花。正當大夥一如往常地聊得熱烈時，李太太突然靈機一動：「我們來聚餐吧！」夢雷帶著幾分揶揄補充道：「因為吃葉太太的西點吃得多了感到不好意思的太太們，立刻轟然贊成。」李太太會負責做一道主菜，葉太太則準備西點，她們兩人擔任指導員，其他人可以分攤材料費。他們的計畫迅速擴大：鄔太太一定要帶她的餃子來，章太太則擅長做八寶飯。「有四個孩子的程太太堅持每個孩子出一份錢，這樣參加得心安理得，孩子少的太太也不會心裡嘀咕。」大家一致同意，丈夫可以免費參加。於是這場鄰里聚餐就這樣動了起來，「在雜七雜八的意見聲中，電視機前的幾位就成了籌備委員。」

經過一個星期的瘋狂準備之後，這場鄰里間的聚餐終於開始了。桌上滿是中式菜餚：涼拌的、熱炒的、油炸的、勾芡的、甜湯、甜點心，另外還有一張桌子擺滿了大盤大盤的西點。「簡直成了《電視食譜》的大展示，」夢雷寫道。由於這場聚餐實在太成功，後來還變成每月的固定活動。多虧了烹飪節目，這些婦女如今都知道該如何擬定菜單、安排上菜順序、選擇搭配蔬菜的菜色、平衡色彩，也理解了各種烹飪術語的意思。如今，只要社區裡有哪位太太邀請客人到家裡吃晚餐，她都會先備妥所有食材，然後請一兩位鄰居太太過來幫忙掌廚，好讓她可以換身衣服，以女主人的身分跟丈夫一同好好接待客人。「又增加了家人的營養，改善了鄰居相處的關係，感謝電視之賜，《家庭食譜》實在嘉惠良多！」

難怪夢雷這篇文章會在那年的徵文比賽中獲得主婦組第一名。對於電視節目能帶來什麼樣的成果，台視高層再也想不出比這更理想的總結了：讓觀眾的日常生活有直接、明顯、巨大的進步。對夢雷和她的中產階級鄰居而言，她們的家人如今不僅吃上了各種經濟、健康、新穎的中西菜餚，而且這些菜色往往是她們自己原本不可能挑戰的。一起收看烹飪節目，甚至能讓原本敵對的鄰居和解，如另一篇文章的作者所述：「趙太太和王太太以前吵架不講話的，現在也在我家的電視機前，握手言歡，重歸於好。」電視具有強大的凝聚力，再加上食物的營養與滋養，兩者結合成傅培梅的烹飪節目，自然能讓大家圍聚在餐桌前。

傅培梅在一九六二年第一次上電視時，是正逢其時的最佳人選。傅培梅整潔年輕的儀容、流利標準的國語，以及能在鏡頭前一邊烹飪一邊講解的高超能力，使她成為這個新興媒介的理想人選。不過到了一九七〇和一九八〇年代，隨著女性開始顛覆傳統性別角色，講國語之外語言的族群也開始主張自身的文化認同，中產階級主婦的理想形象，以及台視對國語的重視，逐漸受到挑戰。但總的來說，在透過小螢幕傳達複雜烹飪概念這方面，傅培梅仍成功地把來自中國各地的技法與特色菜，轉化成普羅大眾皆能理解與應用的共通語言，並展現出一種跨越地域界線、可與全國共享的現代烹飪觀。憑著一道松鼠魚，一位新的電視明星誕生了。

第四章

為了外國讀者

傅培梅在她位於臺北的中華料理烹飪教室，指導一群躍躍欲試的美國女性（年代不詳）。

收到第一本裝訂成冊的《培梅食譜》時，傅培梅簡直愛不釋手。那書散發出新書的香氣，一行一行的文字整齊排列、順序井然。她的中文名字以醒目的黃色大字印在封面左側，英文名字則以鮮明的藍色大寫字母印在頂部。鮮豔的封面照片經過精心編排，背景是一塊深紅色的布料（是她的沙發靠墊），襯著青花瓷的餐桌擺設。封底則展示了一道開胃冷盤，精心拼成一隻鳳凰的形狀。她仔細端詳每個細節：看到一切終於印刷成冊，她欣喜若狂。「我內心的欣喜與激動無法形容，」她回憶道。這本書是精心研究和反覆測試的成果，每一斤、每一盎司、每一杯、每一匙的分量，都凝聚了無數的時間與心血。許多菜色都必須經過苦心調整，才能讓每一個用量、每一個製作步驟都臻於完善。一道菜需要多少高湯、糖、酒或醬油？如何讓每道菜都色香味俱全？傅培梅堅持只收錄她有把握的食譜，以確保讀者按照指引就能成功複製。

《培梅食譜》於一九六九年首度出版時，可說是中文出版界的一個異數。在那個年代，市場主流是廉價的小開本平裝書，因此傅培梅這本昂貴的大開本精裝書是很直接的視覺衝擊。傅培梅自豪地說，她自費出版的這本中華料理食譜是第一本使用全彩照片的中文食譜。當時彩色攝影在臺灣還是很新的技術，為了讓攝影師拍照，傅培梅花了整整一天時間準備和擺盤每一道菜，使用的也都是昂貴食材。但由於攝影師技藝不精（不知是忘了取下鏡頭蓋還是按錯按鈕），第一批照片全數失敗，傅培梅只好隔天把同樣的菜色全部重做一次。「我那天幾乎當場就病倒，」她寫道。之後的增訂版則更進一步，為每道菜都配上滿版彩色照片。書中還附有中國傳統宴席圓桌的正式擺設照片，後來的版本甚至為每件瓷盤加注名稱，並新增了常用蔬菜與特殊食材的彩色照片。傅培梅還在書中加入一系列黑白照片，展示她的各種專業活動，包括上電視、擔任烹飪比賽評審、教授不同團體的學生。

以今日的眼光來看，這樣的成果或許顯得沒什麼，但以當時新臺幣八十元的定價（約合今天的二十美元），傅培梅的食譜絕對是奢侈品。臺南的一名女子回憶，她年輕時每星期都會買一份《電視周刊》，剪下裡面的精選食譜和圖片，貼在專屬的剪貼簿裡。她看了好幾年傅培梅的電視節目，最後才終於存夠錢買下一本彩色

傅培梅最具代表性的三冊同名系列書《培梅食譜》封面，由左到右：第一冊（一九六九年）、第二冊（一九七四年）、第三冊（一九七九年）。封面主色調分別為紅色（第一冊）、藍色（第二冊）和綠色（第三冊）。

版的《培梅食譜》，而且「幾乎每道菜都讀到滾瓜爛熟。終於有機會自己掌廚的時候，還真的把這本食譜當成《聖經》來演練」。她的話點出了國內與國際傅培梅迷之間的一大差異。國內的觀眾能透過電視螢幕感受到傅培梅的個人風采，但國際讀者大多只能透過出版品，也就是她的食譜，認識她。

除了顯眼的全彩版面與照片，傅培梅最成功的市場策略，莫過於將她的食譜以中英對照形式出版。這是非常高明的一步，對於她進軍國際市場至關重要。這本書採用西式裝訂法，書脊在左，文字橫排，由左而右閱讀。相較之下，當時臺灣出版的中文食譜，包括黃媛珊、

《培梅食譜》第一冊（一九六九年）初版中的菜餚照片，包括「醬肉」（Spiced Pork，左上）、英文名稱不太討喜的「Mould Pork in Brown Sauce」（走油扣肉，左下），以及傅培梅最愛的示範菜「松鼠黃魚」（右）。值得注意的是，魚上撒葡萄乾這個步驟，只出現在中文版的食譜裡。

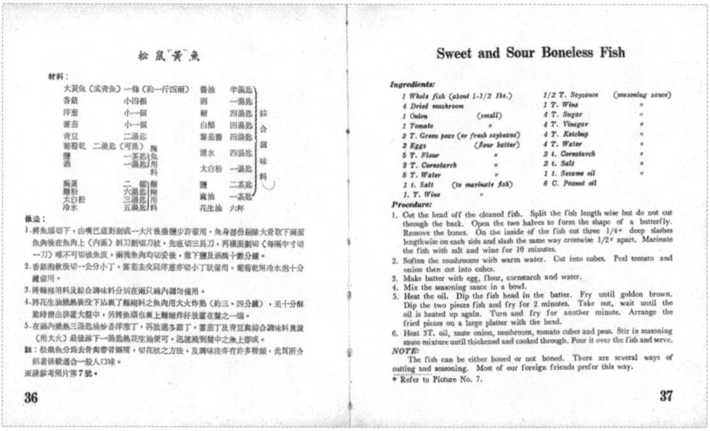

松鼠黃魚

材料：

大黃魚（或青魚）一條（約一斤四兩）
香菇 小四個
洋蔥 小一個
蕃茄 小一個
青豆 二湯匙
葡萄乾 二湯匙（可免）
鹽 一茶匙、酒 一湯匙（醃魚用料）
雞蛋 二個、麵粉 六湯匙、太白粉 三湯匙、冷水 五湯匙（麵糊用料）
醬油 半湯匙、酒 一湯匙、糖 四湯匙、白醋 四湯匙、蕃茄醬 四湯匙、清水 四湯匙、太白粉 一湯匙、鹽 二茶匙、麻油 一茶匙（綜合調味料）
花生油 六杯

做法：

1. 將魚頭切下，由嘴巴底對剖成一大片後撒鹽少許留用，魚身部份剔除大骨取下兩面魚肉後在魚肉上（內面）斜刀劃切刀紋，先直切三長刀，再橫面劃切（每隔半寸切一刀）唯不可切破魚皮，兩塊魚肉均切妥後，撒下鹽及酒醃十數分鐘。
2. 香菇泡軟後切一公分小丁，蕃茄去皮與洋蔥亦切小丁狀留用。葡萄乾用冷水泡十分鐘留用。
3. 將麵糊用料及綜合調味料分別在兩只碗內調勻備用。
4. 將花生油燒熱後投下沾裹了麵糊料之魚肉用大火炸熟（約三、四分鐘），至十分酥脆時撈出排置大盤中，另將魚頭也裹上麵糊炸好放置在盤之一端。
5. 在鍋內燒熱三湯匙油炒香洋蔥丁，再放進香菇丁，蕃茄丁及青豆與綜合調味料煮滾（用大火）最後淋下一湯匙熱花生油便可，迅速澆到盤中之魚上即成。

註：松鼠魚分為去骨與帶骨兩種，切花紋之方法，及調味法亦有許多種類，此頁所介紹者係較適合一般人口味。
※請參考照片第7號。

36

Sweet and Sour Boneless Fish

Ingredients:

1 Whole fish (about 1-1/2 lbs.)
4 Dried mushroom
1 Onion (small)
1 Tomato "
2 T. Green peas (or fresh soybeans)
2 Eggs (flour batter)
5 T. Flour "
3 T. Cornstarch "
5 T. Water "
1 t. Salt (to marinate fish)
1. T. Wine "
1/2 T. Soysauce (seasoning sauce)
1 T. Wine "
4 T. Sugar "
4 T. Vinegar "
4 T. Katchup "
4 T. Water "
2 t. Cornstarch "
2 t. Salt "
1 t. Sesame oil "
6 C. Peanut oil

Procedure:

1. Cut the head off the cleaned fish. Split the fish length wise but do not cut through the back. Open the two halves to form the shape of a butterfly. Remove the bones. On the inside of the fish cut three 1/4" deep slashes lengthwise on each side and slash the same way crosswise 1/2" apart. Marinate the fish with salt and wine for 10 minutes.
2. Soften the mushrooms with warm water. Cut into cubes. Peel tomato and onion then cut into cubes.
3. Make batter with egg, flour, cornstarch and water.
4. Mix the seasoning sauce in a bowl.
5. Heat the oil. Dip the fish head in the batter. Fry until golden brown. Dip the two pieces fish and fry for 2 minutes. Take out, wait until the oil is heated up again. Turn and fry for another minute. Arrange the fried pieces on a large platter with the head.
6. Heat 3T. oil, saute onion, mushroom, tomato cubes and peas. Stir in seasoning sauce mixture until thickened and cooked through. Pour it over the fish and serve.

NOTE:
The fish can be either boned or not boned. There are several ways of cutting and seasoning. Most of our foreign friends prefer this way.
* Refer to Picture No. 7.

37

傅培梅《培梅食譜》第一冊（一九六九年初版）中「松鼠黃魚／Sweet and Sour Boneless Fish（我於書中譯為更貼近中文字面意思的Squirreled Fish）」的雙語食譜頁面。除了菜名之外，中文版與英文版食譜之間還有一些細微差異。中文版特別注明可使用整條黃魚或青魚，並指出醬汁中可選擇性加入兩湯匙葡萄乾，但這些細節在英文版中都省略了。此外，英文版說這種去骨的做法「外國朋友更加喜歡」（our foreign friends prefer this way），中文版的說法則是「較適合一般人口味」。

潘佩芝、胡佩鏘的食譜，以及《電視食譜》，都是傳統的中式裝訂，書脊在右，文字直排，從上到下、從右到左閱讀。在傅培梅的書中，每道食譜都是左頁為中文，右頁為對應的英文。書中的其他文字內容，包括前言、圖說與書末的食材列表，也都以中英雙語呈現。這種雙語的設計讓傅培梅的名字與她對中華料理的詮釋得以突破臺灣與華語世界的界限，打入英語系國家的市場。事實上，正是這種便利的雙語特色讓這本食譜在今日美國的二手書市場上歷久不衰，品相優良的原版書在網路上經常要價好幾百美元。

傅培梅的食譜以雙語出版，讓她得以接觸到全新的全球讀者群，但無論是中文讀者還是英文讀者，恐怕都很少有人認真思考過這個重要的事實。我們經常覺得翻譯就像一碗清湯，可以直接透視碗底，意義清晰而直接，瞬間可見。然而翻譯其實更像是一碗粥，意義渾濁朦朧，你永遠無法窺見碗底。（就連在這裡，我都不禁思考，哪個英語詞最能傳達「粥」的概念？我看過各種翻譯，從「rice gruel」、「rice porridge」，到源自泰米爾語的「congee」都有，甚至也有人用粵語將之音譯為

「jook」。讓事情更加複雜的是，國語中還有「稀飯」這個說法，字面意思就是「稀釋的飯」。）以傅培梅的食譜為例，儘管表面上看似中英對應得整整齊齊，但實際上英文讀者讀到的翻譯未必準確且忠於原文。雖然食譜本身的英文翻譯大致正確，但其餘文句卻有一些與中文原文只有粗略相似。這種情況，正是所有愛去中餐館、但不懂中文的外國食客最怕碰上的情形：中文讀者拿到的是一份「真正」的菜單，而英文讀者卻渾然不覺自己所看到的，其實是另一份內容不盡相同的版本。

就連書名本身也不例外：英文版名為「Pei Mei's Chinese Cook Book」（培梅的中國菜食譜），但中文書名卻只有簡單的「培梅食譜」四字，並未指明是哪一種類型的料理。對中文讀者來說，這毋須明言，因為當時在臺灣出版的所有食譜，其預設類型就是中餐。只有「非中餐」的食譜，例如黃媛珊的《媛珊西餐譜》（一九六〇年），才需要加上額外的詞彙來說明。乍看之下，這些語言上的差異似乎無關緊要，畢竟對於只是想學會做春捲的人來說，這並不影響實際操作。但從另一個角度來看，這樣的翻譯差異正是關鍵所在：傅培梅是十分刻意且有意識地以兩種不同的方式，同時向兩個不同的讀者群體說話。

食譜中的英文翻譯有時讀起來宛如謎語，「Mold San-Sze Soup」就是個例子。裡頭究竟是真的含有「mold」（霉），還是說，那指的是一種西方人不熟悉的蕈類？直到知道這道菜的中文名字叫「扣三絲」，你才恍然大悟這其實就是一道很平常的菜（至少對中文讀者而言）。「三絲」指的是三種切成均勻細絲的主原料：在這個版本中，傅培梅使用的是雞胸肉、火腿和蛋皮。這些絲被巧妙地排在一個中型碗的底部，拿去蒸，上桌之前倒扣在一個更大的碗裡，再拿掉中碗。醬汁得小心翼翼地淋上，以免破壞了食材原來的形狀與排列方式，這樣端上桌才好看。謎底揭曉：「mold」這個字指的根本不是蕈類，而是「倒扣」這種烹飪技巧——先把食材整齊地疊放碗裡，蒸熟了之後再整個倒扣過來，保留碗的形狀，大約就是英文「脫模」的意思。（傅培梅的 Mold Pork in Brown Sauce〔走油扣肉〕使用的也是這種烹飪技巧，因此也被冠上這樣一個不討喜的英文譯名。）

對英語使用者而言，那些翻譯得很奇怪的中菜名稱（無論是出現在傅培梅的食譜裡，還是一般的中餐外賣菜單上），可能只是乍看覺得好笑，但這背後其實反映了跨文化烹飪翻譯中一個根本性的難題。即使是精通中文的人，就算只是想將中華料理最基本的概念，傳達給對中國地理、歷史、語言或文化毫無背景知識的英語人士，也幾乎是件不可能的任務。中式烹飪技巧或食材，在英文中往往沒有直接對應的詞彙，更別提那些蘊含歷史、地理或詩詞典故的菜名了，這些可能都要加上詳細的注解才能充分說明清楚。想用寥寥幾個貼切的英文字來傳達一道中華料理菜名背後隱含的多重意涵，其所需要的巧思與創意，幾乎不亞於做出這道菜本身。

＊＊＊

傅培梅食譜的雙語特性受到冷戰背景的強烈影響。一九五一至一九七八年間，美國以「軍事援助顧問團」（MAAG）的名義，派遣美軍與中情局人員進駐臺灣。當時他們稱臺灣為「自由中國」，用以對比大陸的共產政權：「紅色中國」。這些美國軍事人員在中華民國的軍隊裡擔任顧問。一九六六年，一份中華民國政府發行的刊物如此記載：「美國在世界各國進行的各項行動中，最能讓美國人與當地國民產生密切接觸的，應該就是軍事顧問工作了。這種工作關係是直接的——男人與男人面對面，在中華民國的美軍顧問團也不例外。美國人和中國人彼此瞭解認識，許多人建立起延續多年的深厚情誼。」但軍事援助顧問團促成的還不只是男人跟男人之間的關係——女人和女人之間的聯繫也很熱絡。當時駐臺的美方人員中，「顧問團夫人」占了很大比例：駐臺的八百名顧問團軍人中，有六百人攜家帶眷，整個群體在一九六六年的人數超過兩千七百人。

軍人丈夫在臺執行任務期間，同行的妻子也樂於把握機會，參加各式各樣的文化活動，其中之一，就是由傅培梅親自教授的中菜烹飪課。與美國駐臺人員的這份親密連結，也反映在傅培梅的食譜中：書中收錄了一篇由朵洛西・馬康衛（Dorothy D. McConaughy）撰寫的序言，她是一九六六至一九七四年間美國駐中華民國大使華特・馬康衛（Walter P. McConaughy）的妻子，那時美國與臺灣之間仍有外交關係。朵洛西．馬康衛在撰寫這篇序言時，無疑考慮到了美國讀者，因為她在文中表示，傅培梅「巧妙地整理並更新了一百多道能同時迎合東西方口味的傳統菜餚」。她希望傅培梅的食譜能建立起外交的橋梁、「增進對東方料理的興趣」，並「促進中美兩國人民之間的友誼與交流」。

傅培梅自己則在中文版的前言中解釋，她最初寫這本食譜的動機，是為了便於直接與學生分享食譜——書中收錄的所有菜餚都是她烹飪教室的教學內容。傅培梅寫道：「數年來曾有許多中外仕女希望購買本人之講義或食譜以便參照製作；尤其即將出國或有親友在國外者更感迫切需要，許多在華外僑也一再催促希望獲得用英文所撰寫出極正確純粹之中菜食譜。」傅培梅本身會說一些英文，但她從來不覺得自己能隨心所欲地運用這門語言。儘管如此，這仍是她唯一能與美國學生和不懂中文的海外華人溝通的方式。

伊芳．澤克（Yvonne Zeck）於一九六六至一九六八年間隨丈夫法蘭克．澤克（Frank Zeck）從美國伊利諾伊州派駐臺灣，法蘭克是美國空軍上校。澤克夫婦在臺北過著典型的外派美國人生活。他們當時的相簿留下許多照片，包括他們養的黑狗「精米」（Ching-mi，譯音）、中國風裝潢的雅致住家，以及他們的「阿媽」（幫傭）李小姐。法蘭克與伊芳會搭三輪車出遊、去淡水打高爾夫球、射飛靶，還會與美國及中華民國軍官一起舉辦雞尾酒會。也有一些照片記錄了他們在臺北和周邊地區的旅遊足跡，如一九六五年才開幕的故宮博物院，以及臺灣島各地的旅遊景點，如太魯閣和日月潭。伊芳對於周圍熙熙攘攘的城市景觀十分著迷，而這些經常都與食物有關：掛在戶外風乾的鴨子和魚、運送豬肉的三輪車、兩側都是小吃攤的狹窄巷弄、站在路邊攤前露出頑皮笑容的兩個男孩。澤克夫婦也去過香港，在新界遠望「紅色中國」的模糊輪廓。他們的照片呈現出臺灣現代史上一個關鍵時刻的樣貌——當時臺灣正站在即將邁入大規模城市化與工業發展的門檻上。有幾張照片則展現了梯田交織的鄉村之美，路上偶爾還可見水牛緩步而行，但變遷的浪潮已悄然逼近。伊芳甚至收藏了一則新聞剪報，標題為「臺北的三輪車即將走入歷史」，描述這種老式人力車如何逐步被汽車取代。

一九六八年一月，伊芳和另外十幾個美軍太太參加了傅培梅的一系列烹飪課，是由中華民國聯勤總部外事處所主辦。伊芳的黑白照片呈現了一間簡單的教室，黑板上條列出食材，桌上鋪著格紋塑膠桌布。那堂課上，傅培梅有一位男助手，他正在「製作春捲皮」，伊芳在相簿的注記欄寫道。傅培梅站在他旁邊，舉起一張示範用的春捲皮，顯然正在講解。另一張照片則是傅培梅在用菜刀剁餡料。美軍太太們戴著珍珠首飾、梳著蜂窩頭，聚精會神地觀看，滿懷期待地等著她變出美味食物。

教伊芳那一班的時候，傅培梅已經開始翻譯她的食譜書，但她總覺得需要一個以英語為母語的人協助。她解釋：「我的英語念得不多，但即使外文系的大學生，恐怕也翻譯不出來那些動作和專有名詞，因為英文中根本沒有川、烹、爆、溜、燜等的詞句。」傅培梅並不是唯一認為英文烹飪術語不足的中華料理專家。身兼劇作家、學者與美食家的齊如山認為，這些差別不僅僅是語言上的差異，更反映了西洋料理的短處（他對中國飲食的見解已在第一章討論過）。齊如山曾在一九五四年說：「按中國的烹飪法，遠超乎西洋各國之上」，因為在中文裡，這些技法的不同名稱是西方的兩倍之多。雖然中西烹飪裡都有多種慢煮的方法，例如煨、滷、燒、燴、燜，大約等同於英文的simmer、stew、roast、braise，但在快炒類的技法上，西方卻沒有這樣的區分。例如，爆、溜、烹或爆炒等技巧，在英文中只能勉強翻譯為quick-fry、sauté with sauce、quick-fry followed by sauce，以及quick stir-fry at high heat。唯一成功打入英語世界的中國烹飪術語是「stir-fry」（炒），這個詞由楊步偉首創，出現在她於二戰期間為美國讀者撰寫的食譜 *How to Cook and Eat in Chinese*（《如何烹飪與享用中華料理》，一九四五年）中。然而，這個詞的普及卻造成了一個意外的後果：讓外國人誤以為中華烹飪的核心技法就只有「炒」這一種。傅培梅後來解釋，可以用來指稱不同烹飪技法的中文詞彙有數十種之多（她曾在一九九三年的一篇論文中列舉了三十多種），而它們往往很難簡潔又準確地翻譯成英文。

這正是傅培梅急於向伊芳求助的原因。每翻譯完十頁食譜，傅培梅就會把稿子帶到伊芳在天母的住處，請她幫忙修改。伊芳本身不會中文，但偶爾會幫中華民國軍事人員上英文課。遇到特別難以解釋的烹飪技巧時，例如如何包餃子、如何手工擠出丸子、如何在食材上劃出十字刀紋，傅培梅甚至會把食材帶到伊芳家中，親自示範給她看。「初期撰寫英文食譜真是辛苦萬分，但是對於以後學烹飪的學生，卻是十分方便，感到辛苦還是值得的。」傅培梅回憶。

食譜終於出版後，傅培梅寄了一本給當時已返回美國的伊芳，並附上一張寫得十分工整的英文便條：

Dear Mrs. Zeck,

How are you and your family? I miss you very much. My cook book just *come* out. I got *many* trouble from Printing Co………Please let me know as soon as *possble* when you *received* this book, so I *will be* send more books to you later.

Please give my kindest regards to your family.

Sincere,

Pei Mei

30. May. 1969.

親愛的澤克夫人：

您跟家人近來可好？我非常想念您。我的烹飪書剛〔初〕版。印刷廠給了我〔多〕麻煩………〔受〕到這本書，請〔近〕快讓我知道，我會〔在〕寄更多書給您。

請代我向您的家人轉達最誠摯的問候。

培梅〔僅〕上

一九六九年五月三十日

這張便條因語氣親暱而格外動人，讓我想起外婆定期寄給母親的信——她用鋼筆寫在薄薄的藍色航空信紙上，字跡工整端正。而傅培梅便條中那些小小的英文語法錯誤（以斜體字標示），讓我彷彿聽見了所認識的每一位華人叔叔阿姨的聲音——他們都曾在英語不合邏輯的文法結構和令人抓狂的發音上跌跌撞撞。我想，當我用第二代華人的口音說中文、或用幼稚的筆跡寫中文時，看在別人眼裡，應該也是這般模樣。我深知那種戰戰兢兢地斟酌發音、用詞、語法、措詞，卻還是出錯的感受。說中文時，我得費盡力氣才能勉強傳達自己的意思；但使用英文時，我卻游刃有餘——我可以玩文字遊戲、說笑話、和孩子們編押韻的打油詩、隨心所欲地寫東西。難怪傅培梅會想請一位英語母語者來閱讀並潤飾她的翻譯；換作是我，也會做同樣的事。

傅培梅的雙語食譜第二冊在一九七四年出版，這次換了一位譯者，雖然成果有所改善，但還是不完美。當時，賓州大學的研究生莫妮卡・「妮姬」・克洛根（Monica "Nicki" Croghan）正在臺灣學中文。莫妮卡和傅培梅完全用中文溝通，從未使用英語。莫妮卡上了一堂傅培梅的烹飪課（她是那堂課上唯一的外國學生），兩人因此結識，之後傅培梅就請她幫忙翻譯這本食譜的第二冊。莫妮卡回憶，傅培梅急於完成這本書，因為她知道有另一位作者即將推出一本與她競爭的雙語食譜（很可能是黃淑惠的《中國菜》，味全出版）。莫妮卡說：「她認為市場容不下兩本幾乎同時出版的食譜，所以她想搶先一步。」莫妮卡先將中文手稿翻譯成英文，再由幾位年輕女性打字輸入，但這些打字員「沒學過什麼英文，打字水準並不理想」。然而，由於實在急著出版，傅培梅「更關心的是時程進度，而不是英文正不正確，導致某些打字錯誤有修正，可是仍有一大堆沒修正，」莫妮卡補充道。但瘋狂趕工終究是有回報的：傅培梅的第二冊食譜順利搶在黃淑惠之前出版，她感到無比開心與寬慰。

***

傅培梅在呈現她第一本雙語食譜時，還做了另一項突破性的決定。她以四大區域的框架，來組織琳瑯滿目的中華料理。「在這本書中將中國菜用東南西北四大部門劃分編輯」，傅培梅在第一冊的中文版前言中如此說明。「東部以上海為中心有江蘇浙江兩省菜式，南部包括福建廣東，西部指湖南與四川菜，北部即以京菜為主。」傅培梅似乎是第一位像這樣根據方位來組織中華料理的華人食譜作家。後來以英文撰稿的華人食譜作家也沿用了這種分類方式，像是沈漢菊（一九七五年）和熊德達（一九七九年）。傅培梅在臺灣的前輩們，則向來是依照烹調方式、主要食材、菜餚類型、甚至是季節來編排食譜。

傅培梅也料到，華人讀者可能會認為她把中國地方菜系劃分成四大區域過於簡化，因此她在中文版前言中解釋，這樣的大略分類有其必要，「為使外國讀者能藉此對中國地域有所辨別並對各種菜式易做概念起見」。中國幅員廣大，有三十多個省分、數十座大小城市，各地都有聞名的地方菜。對一個既不懂中文也不瞭解中國地理的外國人來說，怎麼可能記住那麼多菜名？用東南西北來劃分，是一種簡潔又優雅的方式，也能凸顯中國地方菜最明顯的差異。

同時，傅培梅在為她的食譜挑選菜餚時，也考慮到「國外採購材料之困難及缺乏之各種配料等情形」，因此她的食譜大多使用常見的雞肉、牛肉、豬肉部位，以及容易取得的魚、蝦、蔬菜和雞蛋。只有少數幾道菜使用了外國讀者可能認為奇特

（但對中國人來說十分常見）的食材，例如魚翅、鮑魚、冬瓜或海參。（美國總統尼克森於一九七二年前往中國展開歷史性的破冰之旅時，負責迎賓國宴的中國大廚刻意避免使用海參——這是一種外觀像蠕蟲的海洋無脊椎動物，因其膠質口感而備受推崇。一位中國禮賓官對美國記者說：「我們發現歐洲來的貴賓幾乎不碰海參，所以我們就把這道菜去掉了。」）

最後，傅培梅選擇收錄對外國的餐廳食客而言最熟悉的菜餚。她的媳婦林慧懿（Theresa Lin）證實，當初傅培梅在構思這本食譜書時，是希望它除了可以讓人看著照做之外，也可以是一本幫助美國人點餐的指南。加入彩色照片則是希望吸引外國學生買來當成禮物送給朋友。正因如此，她的食譜裡才會有北京烤鴨——儘管這道菜對大多數業餘廚師來說過於繁複，很難在家成功複製；食譜中也有二十世紀中葉美國中餐館的招牌菜：雜碎（chop suey）。（雜碎是一道粵菜，原本炒的是動物內臟，但到了美國，卻變成任何把肉和蔬菜混炒在一起、淋上醬汁，並搭配米飯或麵條的料理。傅培梅的版本則是混炒豬肉、豬腰、水發魷魚、蝦仁、叉燒肉或鹹肉、竹筍、紅蘿蔔、青椒，最後加入豆芽和韭黃或蔥絲，淋上醬汁拌炒。）

然而，這本食譜的編排邏輯與選菜原則，英文讀者卻完全無從得知。傅培梅並未在她的英語版前言中提及自己為何要寫這本書，也沒有解釋她為何將菜餚分為四大菜系，或者為何某些名菜被收錄、某些卻沒有。英文讀者只讀到一段簡單直接的說明，介紹中國菜的地域差異：「看看中國大陸的地圖，就能理解各地區為何能很快發展出各自的飲食風格。過去交通不便，各省只好善用本地食材，最終演變出幾種主要的菜系，包括北部著名的北京烤鴨，西部則有四川菜（或以湖南菜為代表，都是西部風味），以辣味與樟茶鴨聞名。南部的福州菜與廣東菜特色則口味偏清淡，常以快炒保留食材口感與風味；而東部上海一帶的菜餚，則以重油與獨特的醬料著稱。」不熟悉中國地理的外國讀者可能不會察覺，傅培梅把四川菜跟湖南菜這兩種原本各自獨立的地方菜系統稱為「西部菜」，也把福建菜和廣東菜併成一類，統稱「南部菜」。英文版前言中也完全沒有提到她因為考量到外國人購買特定食材會有困難而做出的調整。傅培梅只向「American cooks」（美國的廚師）保證，她挑選的菜餚都是「typical of my country」（能代表我國風味的經典料理）。

由於傅培梅本身英語能力有限，加上與翻譯合作的過程十分複雜（她需要伊芳幫忙，但伊芳又完全不懂中文），種種現實因素使得她為外國讀者所呈現的內容不得不做出某些簡化。也可能是出於版面與篇幅上的考量——中文的語法結構相對簡潔濃縮，但若要完整譯成英文，往往需要更長的篇幅。又或許，在多年教導美國學生之後，傅培梅已經掌握了典型外國讀者的接受程度，認為只要列出幾個中國地名就足夠了。反正只要大致輪廓正確，英語讀者不見得需要吸收太多他們消化不來的地理或歷史細節。畢竟如果你本就不熟悉中國的歷史與地理，認識揚州、杭州、寧波這些著名的美食城市，甚至知道它們隸屬江蘇與浙江兩省，以及各自菜系之間的差異，對你來說真的有意義嗎？還是你只會對一長串唸不出來、在地圖上也找不到的中國地名感到眼花撩亂？說到底，這本食譜最重要的部分——也就是雙語呈現的食譜本身——在食材清單與計量方式上是一致的，料理步驟也大致相同。如果你看烹飪書時習慣直奔食譜，跳過其他所有介紹，或者你本身對中國地方菜系已經非常熟悉，那這些語言上的差異對你來說可能也無關緊要。

今日市面上中文與英文的中國菜食譜書汗牛充棟，正凸顯了傅培梅中英雙語食譜的重要性。在那段特殊的戰後時期，中英文讀者都渴望學做中國菜，而傅培梅是第一位大膽宣稱，自己能夠也願意用同一本書，同時與這兩個讀者群對話的食譜作家。（臺灣後來的食譜作家，例如替味全食品公司烹飪教室撰寫食譜的黃淑惠，也很快跟上傅培梅出雙語書的腳步。）雙語路線讓傅培梅的作品具備了真正的跨國性，不僅能吸引海內外的華人，也能觸及全球各地的外國讀者。儘管她的某些英文翻譯可能略顯含糊，但在實際使用上，已足以傳達傅培梅對中國菜的大致理念。最重要的是，傅培梅的食譜為讀者提供了各種經典中國地方家常菜的可靠配方，比之當時市面上大多數用英文寫的中國菜食譜可說是躍進了一大步，因為那些書都無法讓外國讀者理解中國菜之間巨大的地域差異。

***

其他跟隨丈夫一起駐紮臺灣的美軍太太也和伊芳一樣，對學做中國菜充滿熱情，因此也上了傅培梅的烹飪課。有些人急著分享學習成果，一回到美國就自己開班教授中華料理，畢竟當地有不少人渴望學到雜碎和炒麵以外的東西。一九六〇年代，美國民眾對中國各地菜系的好奇心日漸升高，因為他們慢慢發現中華料理的範疇比原先所想的更廣泛，這有一部分要歸功於戰後移居美國的非廣東籍華人所開設的新中餐館，例如出身江蘇的江孫芸（Cecilia Chiang）在舊金山創辦了「福祿壽」餐廳（The Mandarin）；出身北京的廖家艾（Joyce Chen）則在劍橋開設了以自己英文名字命名的「Joyce Chen」餐廳。

一九七三年，紐澤西州康登鎮（Camden）的茱蒂・蓋茨（Judy Getz）登上了地方報紙，題為「她曾向臺灣的『茱莉雅・柴爾德』學習中華料理」。茱蒂於一九六八至一九七〇年間旅居臺灣，她丈夫是外科醫生，當時派駐臺北的美國海軍醫院。報導開頭寫道：「如果你以為電視烹飪節目是美國獨有的，那你一定沒去過中華民國臺灣。」茱蒂如此自豪地描述她跟傅培梅學到的廚藝。「這可不是那種『雜碎』式的中國菜，」她說：「我學的是中國有錢人享用的佳餚。」（但諷刺的是，傅培梅在她的烹飪書第一冊中就有收錄一份雜碎食譜。）

報導特別提到，茱蒂學了「許多地區的精緻美食」，包括廣東、上海、湖南、北京、雲南和四川菜。茱蒂還與讀者分享了傅培梅的涼拌三絲、紙包魚、自製豬骨蛋花湯以及八寶飯食譜。文章興致勃勃地寫道：「上了幾堂課之後，蓋茨太太的學生坐下來享用課堂上製作的美食時，已能像老手一樣熟練地使用筷子了。」除了茱蒂外，還有幾位駐臺美軍的夫人也在一九六〇、七〇和八〇年代先後登上了地方報紙，報導內容都很相似，例如緬因州班戈（Bangor）的露絲．阿斯頓（Ruth Aston）、密西根州佩托斯基（Petoskey）的瓦兒．斯特爾齊克（Val Sterzik）和德州泰勒（Tyler）的米姬．傑克森（Midge Jackson）。她們都是因為將自己從傅培梅那裡學到的中國菜介紹給家人、鄰居與社區而成為報導主角。

但受到傅培梅啟發的外國人並不只有美國軍官夫人。美國男性也同樣熱中於分享他們從傅培梅那裡學到的中國菜烹飪手藝。來自紐澤西州帕塞伊克（Passaic）

的清潔工法伊斯特（Ed Faist）是中國菜的忠實粉絲，多年來只要有機會就會跑到紐約唐人街上課，最後甚至在一九七六年專程前往臺灣，只為了上一週傅培梅的課。「對中國人來說，美國人的烹飪方式根本是個笑話。」法伊斯特告訴當地記者。他回國後也開始在成人教育班開設中國菜烹飪課，還帶學生參觀紐約的唐人街。密西根州阿爾比恩學院（Albion College）的政治學教授博思維克（Bruce Borthwick）則於一九七四年夏天參加了傅培梅六週的烹飪課。隔年他就自己開設了一門為期十週的中國菜烹飪課，教大學生和社區居民製作醬油雞、炸雲吞、炒飯、春捲、各類麵食、芙蓉蛋和糖醋排骨。博思維克認為，學習烹飪是幫助美國人克服恐懼、深入認識異國文化的最佳方式。

麥可・德隆普（Michael Drompp）在一九八〇年代初首次前往臺灣，當時他還是印第安納大學的亞洲歷史研究生。他住在臺北，每天回家剛好都會路過傅培梅的社區，因此有個同事提議晚上去上她的烹飪課，既能學做菜，又能提升他們的中文能力。他們會提前查看教學課程表，看看當週要教哪些菜，再挑選自己有興趣的課報名。麥可學的所有菜色都出自《培梅食譜》第一冊，他特地買了一本，並在書中做了大量筆記，甚至還自己繪製圖解。「對我這個外國人來說，上課時最有幫助的就是這本書，」麥可說。「我會翻到當時正在教的那道菜，中英對照的食譜就在眼前。當然啦，書中的英文有時候表達得不太精確，但這時我的中文能力就派上用場了，我可以對照著看，弄清楚正確的意思。我看得懂。」

傅培梅的烹飪班只有一間教室，就在她家公寓樓下，因此她每天上下課都很方便。學生坐在階梯形的位子上，就像個小型演講廳，焦點集中在前方的教學廚房。課程只有講解和示範，學生沒有實際動手，但這對麥可來說並不構成困擾。傅培梅是個出色的老師，認真負責。她講課的語氣並不嚴肅，但也不是「那種嘻嘻哈哈搞笑、想娛樂你。她是認真的，『我來幫助你，你可以做到。做法就是這樣。認真看，有問題隨時問。』」他補充：「對我來說，這樣的氣氛恰到好處，這就是我喜歡上她課的原因。」麥可回到他在臺北與人合租的小公寓後，會練習他學到的內容，不過並非每道菜都很成功。有次他辦了一場晚宴，想做一道脆皮肥雞，必須把整隻雞浸入熱油中，然後再切塊。「那隻雞很燙，我手裡拿著菜刀，加上我很緊張，因為有客人在。」麥可不小心失手，嚴重割傷了手指，血濺廚房，晚宴變成了跑醫院。「我從此再也沒做過那道菜，」他笑著說。

除了直接跟傅培梅拜師之外，在臺北的巷弄中閒逛本身就是絕佳的美食教育，這是麥可來臺灣前沒有料到的。麥可在印第安納州北部的一個小鎮長大，吃的大多是「標準的美國中西部餐點」，例如漢堡、義大利麵和炸雞，做法都是他從母親和祖母那裡學來的。附近沒有中國餐廳，而就算是大城鎮裡那些中國餐廳，也沒有供應高檔菜色。上了大學後，麥可的視野開始擴展，他清楚記得自己曾嘗試做一些「我認為是中國菜的東西」，使用的是在當地雜貨店買的La Choy加工食品，盒裝的罐裝的都有。「超難吃的，」他承認。「所以我來臺灣之前，從來沒吃過真正好吃的中國菜。結果突然間，我面前出現了一大堆不可思議的美食。臺北真是饕客的天堂。」

麥可說在臺北，「我周圍時時刻刻都有食物。不只有食物，還有人在我面前製作食物。」在這座城市的每一條巷弄裡，從早到晚都有人在製作並販賣各式各樣的食物，從早晨上班路上賣豆漿和油條的早餐店，到晚上回家路上看到的一桶桶準備第二天拿來賣的豆腐。許多小吃攤甚至開到晚上十二點，他可以跟同事或朋友一起吃宵夜。「臺灣讓我見識到了日常食物可以多好吃、（中國地方食物的）種類有多驚人，」他說。「我認為大多數美國人如果去了中國，而且有機會在中國人吃飯的餐廳用餐，一定會對那裡食物的多樣性和品質感到驚訝。味道真的和他們在這裡吃到的大部分東西不一樣，不是只有糖醋味而已。」他說。

有過這樣的美食經歷，麥可已無法對美國中餐廳的中國菜感到滿意，尤其是離開那些有大量華人聚居的城市以後。他寧願自己在家看著那套已被翻得破破爛爛的《培梅食譜》做菜。麥可在臺灣時把傅培梅的三冊食譜全買齊了，但他發現這三冊的使用頻率是「遞減」的。他「經常」參閱第一冊，裡面收錄的多是一般人熟悉的地方家常菜；「偶爾」使用第二冊，裡面有更進階的菜色；至於第三冊則「鮮少」使用，因為最後這一冊以考究的宴會菜為主。麥可認為傅培梅食譜的全面性與廣泛影響力跟茱莉雅・柴爾德的兩冊《法式料理聖經》（分別出版於一九六一年和一九七〇年）不相上下，但他表示，自己使用柴爾德食譜書的頻率「遠遠不如我那套可靠的《培梅食譜》！」

***

這些美國人最後究竟從傅培梅的中餐烹飪課中獲得了什麼？他們學到的，是否不僅止於如何製作炒飯、春捲和糖醋排骨？在學習中華料理之後，他們是否開始以不同的方式看待中國人和中國文化？美國大使夫人朵洛西・馬康衛無疑是希望學做中國菜能「促進中美人民之間的友誼與交流」，這點傅培梅也同意。一九七六年，她受邀在洛杉磯舉辦的美國主廚協會五十週年年會上發表開幕演講時，特別強調了料理在促進跨文化友誼與理解方面的作用：「I think that cooking is a vital part of a country's culture.....By sharing our various cuisines, we can increase mutual understanding and friendship around the world.（我認為烹飪是國家文化非常重要的一部分……透過分享各自的料理，我們可以加深世界各地人民的相互理解與情誼。）」

在美好的日子，我願意相信傅培梅的夢想：可以用一碗麵培養出「理解與情誼」。有何不可呢？傅培梅的烹飪課，以及每日漫步於臺北巷弄的經歷，確實改變了麥可・德隆普的飲食習慣與味蕾，讓他見識到中國各地菜系驚人的多樣性與美味。對一個像他這樣出身印第安納州小鎮的年輕人來說，從La Choy走到手工拉麵的這段旅程，可不容小覷。而傅培梅對其他美國男女的影響或許也同樣深遠，例如出身伊利諾州的伊芳・澤克、紐澤西州的茱蒂・蓋茨、密西根州的博思維克、德州的米姬・傑克森，以及其他所有曾經因為她而登上地方報紙的人。

但在不那麼美好的日子，我不禁懷疑：熱愛一個地方的食物，是否真能轉化為對那裡人民與文化更深刻、更富同理心、更具人性的理解？在最近的新冠疫情期間，我反覆思索這個問題。二〇二一年，紐約市一場抗議亞裔受暴情況激增的活動上，一位名叫潔西卡・吳（Jessica Ng，譯音）的年輕女性高舉著一塊標語牌，上面傳達的不是一個疑問，而是一項訴求：「請像愛我們的食物那樣愛我們這些人。」這句標語很快在網路上爆紅，不僅出現在其他的抗議標語牌上，還被印在T恤、運動衫、貼紙、磁鐵、蛋撻和糖霜蛋糕上。這句標語在亞裔美國人之間廣泛流傳，顯示它觸及了一條深層情感神經——就位於飲食與身分的交會處。它訴求的，是希望人們別只把我們當作美食的提供者，也能看見我們是有尊嚴、值得被善待的人。然而，這句標語的流行，或許恰恰反映了主流現實的反差：儘管亞洲美食在美國廣受喜愛與接納，但亞洲人自身卻難以同樣被接納。

傅培梅的雙語食譜不僅是她個人努力的成果，也是她所處歷史環境與時代背景的產物。同時，這幾本食譜也是一種烏托邦式的希望宣言——相信人們真的可以透過食物跨越文化與語言的藩籬。當你活在一個以中國菜為首選的世界時，或許很容易懷抱這樣的信心，甚至覺得「中國菜」這幾個字根本不必出現在食譜的書名裡。傅培梅是以一個備受敬重的料理權威的姿態在說話，在那個世界裡，外國學生爭相學習如何烹調中國菜。基於她的個人經歷，傅培梅當然可以相信，教授與學習中國菜能促進「相互的理解與情誼」。然而在我看來，真正的「翻譯」並不是傅培梅在伊芳與其他譯者的協助下，於紙上完成的中英文轉換。真正進行翻譯的是她的外國讀者。當他們選擇翻開一本食譜，而不是直接點一份外帶時，是否也意味著他們不再只是把這些菜餚視為一道道現成可享的美味？要做出像樣的菜需要時間、努力與耐心，而在通往理解的終身旅程上，這些都是小小的、充滿希望的付出，讓透過食物連結不同民族與文化的可能性成為現實。

第五章

主婦就該忘記自我嗎？

一九七七年，傅培梅在臺北公開展出她收藏的三百多件圍裙。

傅培梅最喜愛的一件圍裙設計簡約，以海軍藍色的棉布製成，胸前與下襬兩角點綴著淺藍色的貼花卷紋圖案。圍裙上還有兩個寬大的口袋，用同樣的淺藍色布料鑲邊、裝飾，方便收納各種廚房小物。對傅培梅而言，圍裙是家庭主婦「勤勞能幹的象徵」，既實用又美觀。它不僅能保護衣服不沾上油漬與廚房的湯湯水水，還可以是一種時尚宣言，讓一位家庭主婦在突然有客人來家裡喝茶時展現她的「能幹風采」。傅培梅上電視時一定穿圍裙，從粉色荷葉邊款式到邊緣有鈕扣的整潔藍色碎花布、乃至高雅的手繪絲質圍裙都有。有些是她去旅行時買的，有些則是她的廚藝課學生送的。常有電視觀眾來信詢問，想仿照她在節目上穿過的某件圍裙做一件。（為了滿足讀者，《家庭月刊》甚至刊登了傅培梅穿過的兩款圍裙尺寸與縫製方法。）在她漫長的職業生涯中，她總共收集了三百多條圍裙，並於一九七七年在她的烹飪學校舉辦公開展覽，自豪地展示這些圍裙。

但到了一九七七年，臺灣其他婦女已經準備好掙脫女性傳統的束縛，徹底走出廚房——或至少開始質疑自己是否真的願意迎合社會期待，照顧家庭、操持家務。現代中國社會理想中的小家庭模式，以及家庭主婦所扮演的核心角色，一直都是為男性的需求而塑造的，但此時臺灣女性已開始大聲挑戰這些性別規範。臺灣戰後時期的女性主義先鋒呂秀蓮於一九七四年出版了她的宣言《新女性主義》，批判長久以來受儒家性別觀念影響而導致的男女不平等標準。她寫道：「男外女內使得男人肩負起家務之外一切拋頭露面的責任，而女人則侷處在廚房與尿布奶瓶之間灑掃烹煮、生兒育女。」她進一步指出：「男人的生活天地『如魚得水，如鳥翔空』，而女人，『她一生的路子只有一條——賢妻良母，非常狹隘的一條』。」

這樣看來，選擇似乎只有兩種極端：女人要麼乖乖穿上圍裙為家人下廚，要麼扔了圍裙、徹底拒絕家務。有沒有可能讓任何形式的女性主義與為家人做飯這件事共存？還是說，由於女性自古以來為家務的付出始終被視而不見，每日為家人煮晚餐早已淪為一種根植於性別不平等的期待，應該被拒絕？新一代女性主義學者反對全面否定女性在廚房中的勞動，主張應重新賦予廚房與烹飪正面意義，視其為女性經驗與身分的重要領域。正如社會學家凱特．凱恩斯（Kate Cairns）和喬西・詹斯頓（Josée Johnston）所言：「我們支持爭取性別平等，但並不認為女性爭取平權就必須否定食物在她們生活中的重要性——也就是脫下圍裙。我們絕不想貶抑女性長久以來在食物這方面投注的勞力、知識與愛。」有些學者則聚焦於檢視餵飽家人這項充滿關愛的工作，包括規劃、採購、烹飪和清潔，這些責任通常都是由女性承擔，無論她們是否在外工作。

換言之，看待圍裙的方式並非只有一種，圍裙的意義也並非只有把女性綁在廚房裡而已。傅培梅最喜歡的那件藍色圍裙是她最珍愛之物，因為那是她母親在一九六〇年代初終於獲准從大陸來臺後，為她親手縫製的，讓她在剛開始上電視時穿。在她的圍裙展上，傅培梅還附了一首她寫的詩，歌頌母親的巧手：

慈母構巧思
親手縫又紉
殷殷勤指導

傅培梅的母親幾乎不識字，只會寫注音，但那條圍裙的一針一線裡所蘊藏的，卻是她對女兒的深情關愛與最美好的祝福。傅培梅曾在自傳中說，她母親從未教過她任何學業或知識，「但她在日常生活中，對丈夫、對子女、對友人、對鄰居甚至僕人的許多言行、動作都直接或間接的影響了我這一生，她給予我的是『身教』。」傅培梅的詩會讓人想起唐代詩人孟郊（751–814）的名句，寫的是另一位慈母為遊子縫衣的情景：「慈母手中線，遊子身上衣，臨行密密縫，意恐遲遲歸。」原來，那條藍色圍裙的帶子並不是把傅培梅綁在廚房裡，而是連結了她與母親。只要仔細注意藏在那一針一線中的諸多訊息，圍裙就能告訴我們更多有關中國女性、她們的家務勞動與職業抱負的故事。

***

雖然在一個中國大家庭裡扮演妻子、母親與媳婦的角色一直是傅培梅人生經驗、自我認同與公眾形象的核心，但到了晚年，她也開始對自己在婚姻中扮演的順從角色產生質疑。在她長達四十八年的婚姻裡（直到一九九九年丈夫去世為止），她為了維持家庭和諧，始終對丈夫百依百順，時時小心不去挑戰他的主導權。每次要出國，她都會事先徵求丈夫的同意，而且都會策略性地等到即將出發前才開口。她在垂暮之年寫道：「當時也從未想到，時代不同了，有許多事，其實都是些不合理的行為模式。」程紹慶從未真正阻撓過傅培梅的事業，但他似乎也未曾積極支持或鼓勵她。傅培梅從來不曾提到丈夫有在工作上提供任何協助，如開車送食譜或把材料搬到攝影棚——這些事反而是她的子女和母親在幫忙。傅培梅的長女程安琪甚至記得，父親曾對母親說：「我也不是養不起妳，為什麼妳還要去拋頭露面上電視？」對此，傅培梅只回說這是她喜愛的工作，而到了後來，她更覺得自己有一個使命：向世界推廣中華料理。

回顧這段婚姻時，最讓傅培梅惱怒的一點是她從不曾掌控過自己的收入。一開始在自家院子裡開烹飪課時，她就同意把收到的學費全部交給程紹慶，因為他學過會計，而且工作也與財務相關，而且對數字比她在行得多。於是家裡就形成這種財務支配模式：子女都認為父親「有權又有錢」是理所當然的，而她則連自己的銀行帳戶都沒有。她甚至沒有自己的零用錢可花，連微不足道的小錢都要向丈夫開口——而他都給得很大方。

婚姻初期，在一些思想較先進的朋友勸說下，她也曾試過給自己偷偷留點錢。「錢是妳自己賺的啊！」「怎麼那麼傻！」「憑什麼都給他？」但他們的公寓很小，實在沒多少地方可以藏錢。她唯一能想到的地方就是臥室的衣櫃。她把兩萬元現鈔疊好，分作兩份，塞進丈夫某套西裝的兩個口袋裡。但她後來竟完全忘了這回事。有次丈夫去高雄出差，她親自幫他挑了一套西裝，結果丈夫興奮地打電話回來告訴她，說自己在口袋裡意外發現了一大疊現金，她還替他感到高興——直到猛然想起，那其實是自己偷偷存下的私房錢。

既然談到了財務支配權，我們就必須重新思考傅培梅烹飪之路的起點——她曾花錢請好幾位廚師來教她做他們各自拿手的地方菜。傅培梅在多次訪談中反覆提到，她當時是用自己的嫁妝（黃金和珠寶）來支付這些烹飪課的費用。一九九九年，她告訴一位外國記者：「這是面子問題。我因為自己不會做菜而覺得很丟臉。於是我請了一位廚師教我，每堂課的學費是半兩黃金。我花光了所有的黃金，賣掉了鑽戒，每三個月換一次師父，就這樣學了兩年。」這位記者補充說傅培梅在回憶起自己頑強的決心時，露出一絲痛苦的表情。在另一場訪談中，傅培梅說她第一年學了大約三百道菜，第二年又學一百道。這位記者寫道：「第二年結束時，她已花光嫁妝，但她也成為了一位出色的廚師。」每堂課一小時，教三道菜，學費是半兩黃金，傅培梅記得這在當時大約是新臺幣八百元。根據傅培梅自己的估算，她兩年間共花了超過新臺幣十萬元學烹飪。無論以什麼標準來看，這樣的開銷在當時都是相當奢侈的。

無論上述金額是否完全準確，重要的是這個故事背後所傳達的思想：傅培梅始終宣稱，這世上她唯一會稱為「自己的錢」的唯有她的嫁妝，而她已將之全部花在了私人烹飪課上。她一開始只是想迎合丈夫挑剔的味蕾，但若考量到這些課程對她日後事業的影響，這無疑是一項明智的投資。一位中國大陸的熱情評論者曾在二〇一一年寫了一篇關於傅培梅的文章，他指出若是換成其他人，廚藝這樣被丈夫反覆挑剔，可能早就生氣或放棄了。但傅培梅卻堅持「以『學習』來彌補自己的不足，還開創了出新商機……或許，當她剛開始捧著黃金拜師學藝的時候，或許也聽了不少風言風語，或許也有人暗中嘲笑她，覺得她這麼做真是浪費錢，真是不值得！」然而笑到最後的卻是傅培梅。「她選擇『投資自己』是正確的，而且是絕對物超所值的投資！」

這兩件事是可以同時成立的：傅培梅確實受到了父權體制的限制，生活在一個幾乎完全由丈夫掌控的家庭。但同時，她也做出了人生中最明智的財務選擇——用自己的資金投資自己，最終為她贏得了職業自由、周遊世界的機會與公眾讚譽。雖然她的職業生涯從來都不是事先規劃好的，但傅培梅卻為自己在烹飪界開創了一條獨一無二的路，不僅持續了幾十年，還影響了好幾代的華人家庭廚師。

丈夫去世後，傅培梅感到悲傷，卻也內心安然。她說自己「對他沒有絲毫的遺憾和愧疚，因為我為他做了一個妻子應該做的所有事，更為他做到一般妻子不會（也不肯）做的許多事」。

***

就在傅培梅暗暗爭取對自己收入的掌控權時，一些臺灣女性已準備要將爭取婦權這件事推上檯面。呂秀蓮在一九七〇年代成為臺灣新興的女性主義運動的領袖，並因此聲名大噪。呂秀蓮在二戰快結束時出生於桃園，具有閩南人與客家人血統。她成績優異，一九六九年從國立臺灣大學法律系畢業，接著取得研究生獎學金，花了兩年在美國伊利諾大學厄巴納—香檳分校攻讀法學碩士。在這段關鍵的成長歲月裡，她拒絕跟傳統女性走上同樣的路，回絕了人生中唯一的一次認真求婚。（呂秀蓮終生未婚，也沒有子女。）她在一九七一年夏天返回臺灣，原本打算再次赴美攻讀更高學位，但終究因母親的勸說而留下，接受了行政院法規委員會的公職。

呂秀蓮會走上女性主義之路，有一部分是因為受到西方女性主義者的啟發，其中包括她在美國求學時接觸到的貝蒂・傅瑞丹（Betty Friedan）。在她具有里程碑意義的著作《女性的奧祕》（*The Feminine Mystique*，一九六三年）一書中，傅瑞丹批判了家庭主婦這個受限的角色，以及家庭這個無償勞動的場所。她認為一個解放的女性唯有做領薪水的工作、在公共與政治領域都占有一席之地，才能真正獲得成就感。（但這些「解放的」女性經常需要收入較低的女性來幫忙她們維持家庭與家務運作正常，關於這點傅瑞丹倒是隻字未提。）美國藝術家瑪莎・羅斯勒（Martha Rosler）一九七五年的早期錄像作品《廚房符號學》（*Semiotics of the Kitchen*），延續了傅瑞丹這條批判性的思路，表現出對戰後美國中產階級女性被困於廚房的憤怒。為了諷刺當時流行的電視烹飪節目（例如茱莉雅・柴爾德的節目），羅斯勒穿著一身黑衣站在狹小的廚房裡，面前桌上堆滿各式各樣的廚房用具。接著她開始朗誦「廚房字母表」，一邊嚴肅地唸出每樣器具的名稱，一邊模仿它的使用動作。她刻意穿上一條「Apron」（圍裙），拿起一個「Bowl」（碗），用另一隻手做出攪拌的動作，然後掄起一把「Chopper」（菜刀），狠狠地劈向碗。隨著字母往後，羅斯勒的動作也愈來愈激烈、愈來愈暴力，敲打、撞擊、劈砍、刺戳，直到最後用一把刀在空中狠狠劃出一個「Z」。

對傅瑞丹和羅斯勒這樣的美國女性主義者來說，傅培梅對家宅、家庭及女性角色的觀念一定顯得相當落伍。傅培梅曾在她一九六五年編輯的第一本烹飪書《電視食譜》中寫道，烹飪是女性最重要的生活技能，並暗示餵養家人完全是她們的責任：「烹飪對婦女之重要，遠勝於其他任何一種生活藝術，蓋一日三餐，直接關係家人身心的健康，間接影響家人的精神情緒。」她也曾在其他場合表示，來上她烹飪課的女性主要都是為了照顧家人和摯愛，從來不是為了自己或個人的樂趣。

然而，傅瑞丹與同時期的美國女性主義者對於戰後的臺灣女性究竟能有多少影響力，特別是在她們的廚房勞務與烹飪責任這方面？實際上，傅瑞丹幾乎沒什麼機會與臺灣的女性主義者正式交流。一九七五年，第一屆聯合國婦女地位會議在墨西哥城舉辦，當時傅瑞丹曾說她很期待能與一位中國代表坐在一起，進行一場「女人對女人」的談話。但那次會議的中國代表團全部來自中華人民共和國，而不是臺灣的中華民國。會議主辦方邀請了呂秀蓮出席，但由於中國代表團反對讓來自「臺灣這個叛亂省分」的代表參加，所以她的墨西哥簽證被拒，無法成行。

雖然一九七〇年代的臺灣普通家庭主婦不太可能會看到羅斯勒的影片，但如果有人看到了，她可能會覺得好奇又驚訝，而不是產生同理的憤怒：況且這個美國女人到底為什麼需要這麼多廚房工具啊？這神祕的「打蛋器」、這「漢堡機」、這「榨汁機」是做什麼用的？又是什麼樣的複雜料理才需要這麼多的廚房設備？一個夠格的家庭廚師難道不是只要一把菜刀、一塊砧板、一口炒鍋、以及自己的一雙巧手，就能做出一頓完整而令人滿足的飯菜嗎？

***

回到臺灣後，呂秀蓮開始從女性主義的角度撰寫文章並發表演說，探討社會議題。「是我率先質疑為什麼女性要接受『男外女內』這種由男性父權社會所延續的刻板印象。從來不曾有人公然質疑為什麼男人就該在外工作，女人就該在家煮飯帶小孩。」最後她成為《中國時報》的專欄作家，專寫女性議題。她曾嘗試開一家女性主義咖啡館，供社運人士聚會，但卻一天到晚有調查局的人來光顧，因此只好關門。一九七四年，呂秀蓮出版了她的女性主義運動代表作《新女性主義》。兩年後，她與幾位女性主義者一起創立了拓荒者出版社，致力於將西方女性主義著作翻譯並介紹給臺灣讀者。但她很快就發現這些翻譯作品並不夠。「我發現臺灣女性的文化背景與西方女性不同……於是我決定請人撰寫以臺灣女性經驗為主的書。」然而，拓荒者出版的許多本土原創書籍都被政府查禁，理由是這些書描寫了所謂「會引起社會動亂的社會黑暗面」，例如賣淫、性侵，乃至一位成功的鴇母。但這種無差別的全面性審查，也一併壓抑了臺灣農村女性與勞工女性的聲音，因為她們的故事也被收錄在同樣這幾本書中。

一九七六年，呂秀蓮和拓荒者以及國際青年商會的臺北分會在臺北舉辦了兩場特別活動，一方面紀念國際婦女節，同時也為臺北第一條女性求助熱線與首座女性資源中心籌募資金。第一項活動是一場男性烹飪比賽，目的在於「鼓勵分工合作，以謀取兩性社會的和諧」。主辦方邀請各年齡層的業餘男性報名參賽，共開放六十個名額，並特別鼓勵男女組隊：「歡迎夫妻、父女、兄妹、情人連袂參加。」每組參賽者必須在一小時內完成兩道十二人份的中式菜餚，主菜或甜點皆可，以「證明廚房不再僅是婦女的天地」。比賽當天，有近千名觀眾到場觀賞這場熱烈的賽事。

優勝者端出來的菜餚種類繁多，充分證明男性同樣能勝任廚房工作。總冠軍由七十一歲的周啟範奪得，他製作的沙鍋魚頭是江蘇菜。亞軍則是李栩的拿手料理——爆雙花（福建菜），這道菜需要精湛的刀工，豬腰上必須劃出細膩的刀紋，快炒時才會綻放成美麗的花形。趙水椿以糖醋排骨獲得季軍。有一對六十幾歲的夫妻李濟公和葉英秀攜手參賽，他們一起下廚已有四十年。至於年齡最小的參賽者是十八歲的劉志揚，他和姊姊一同參加，比賽前母親已將廚藝傳授給這對姊弟。

還有一位參賽者叫張有成，他是機械工程師，在美國留學時都自己下廚，婚後反倒是妻子向他學做菜。至於柳茂統則是手腳最快的選手，十分鐘內就把他的涼拌乾絲和滑蛋蝦仁送上了評審桌。

烹飪比賽開始之前，觀眾先欣賞了一場由十位小學生表演的歌舞，主題是男性在廚房中大顯身手。這首曲子原本是白景山於一九五二年在臺灣創作的，歌詞內容是為了替在大陸與共匪作戰的哥哥和爸爸加油打氣。但呂秀蓮巧妙地顛覆了這首歌的軍事氛圍與陽剛意象，把歌詞改成鼓勵男性參與家務。原歌詞有一句：「哥哥爸爸，家事不用你牽掛！」呂秀蓮把它改寫為一段鏗鏘有力的宣言，主張男性也能下廚：「誰說君子遠庖廚？／和媽媽一樣好！」她援引的是戰國時代思想家孟子闡述仁愛的經典語錄——孟子說，祭祀的時候，君子會不忍心看著原本活蹦亂跳的動物被宰殺，所以應該遠離廚房（遠庖廚）。然而，這句話後來卻被現代中國的男性沙文主義者拿來當成藉口，連廚房都不進去，更別說是做飯了。於是呂秀蓮改寫歌詞，讓哥哥爸爸不再是去抓共匪，而是奉命進廚房煮、炒、炸、燉。

這場顛覆性別角色的烹飪比賽共有五位評審，其中一位正是傅培梅。傅培梅對於這些下廚的男性是什麼看法呢？她的烹飪學校裡其實有不少男學生，但無論在臺灣還是在海外，這些男人學烹飪大多是為了開餐廳。而參加這場烹飪比賽的男性卻是業餘家庭廚師，做菜只是為了興趣，為了讓家人吃得開心。傅培梅曾稱讚藝術家張杰的蠔油牛肉，說它色、香、味俱佳。傅培梅是否曾經希望過——哪怕只是一點點——她丈夫程紹慶也能向這些樂於在家掌廚的男人學習呢？在她的自傳裡，她花了相當大的篇幅描述丈夫對食物的喜惡，卻從未提到他洗過一只碗，更別提做過一道菜了。另一方面，傅培梅對自己的廚藝十分自豪，也以自己能用這樣的方式來照顧家人為榮——她真的會歡迎丈夫進廚房嗎？正如藝術家張杰所言：「有些太太不喜歡丈夫進廚房，有的認為丈夫上廚房有損男性尊嚴；有的卻討厭先生礙手礙腳，搞得廚房一團糟。」

至於第二場紀念活動「廚房外的茶話會」，定位剛好與男性烹飪比賽相呼應。但茶會的觀眾比烹飪比賽少了許多，只有七、八十名較年輕的女性參加。這場活動的構想是邀請事業有成的傑出女性齊聚一堂，在輕鬆的氛圍下分享她們的經驗與成功原因。然而，這場茶會也凸顯了推動臺灣女性主義運動所面臨的所有挑戰。相較於老少咸宜、趣味橫生的男性烹飪比賽，這場主打的女性活動卻是在嚴肅討論除了烹飪以外的「一切」。更讓人錯亂的是，傳遞的訊息也矛盾混淆。例如有兩位女性心理學家一方面鼓勵女人，說「『性』並非汙穢而是維繫遺傳的神聖使命」，但又說「婚前性行為仍是不智的」。有一位女記者鼓勵念新聞學的年輕女性「不要害怕」開創自己的職涯，卻也提醒她們應把婚姻與家庭放在第一位。這些問題實在太複雜了——性別行為的雙重標準、工作與教育的機會平等、婚姻與家庭的矛盾……到底該從哪裡開始談起呢？

烹飪比賽和茶會結束後，知名家庭專欄作家薇薇夫人（本名樂茝軍）寫了一篇短評來釐清這兩場活動的整體意義，並消除可能的誤解。她向讀者解釋，這些活動的目的並不是要強迫男人進廚房、讓他們從此承擔所有煮飯的工作，也不是要把女人趕出廚房、堅持「新女性必須遠庖廚」。這其實是關於日常生活的實際面：

家務究竟該如何分配。樂茝軍寫道：「譬如妻子也是職業婦女，而且工作繁重，丈夫就不必固守他傳統角色的『任務』，坐在客廳看報等著下班回來累得頭頂冒煙的妻子做飯吃。」（只可惜這番話樂茝軍無法直接說給林語堂聽，畢竟二十年前，他曾描述自己悠閒地坐在客廳裡聽著妻子和女兒在廚房討論食譜。）真正的問題在於能不能「『活動性』的調配家事」，以維繫「現代夫妻的感情、維持現代婚姻的完美」。同時薇薇夫人也指出，參與茶會的女性中，「據我知道也沒有人因為廚房外的工作而不進廚房的」。答案同樣不在於絕對的取捨，而是彈性地互相配合。

一九七七年，也就是隔年，《家庭月刊》出版者與拓荒者出版社一起資助了一項新的研究計畫，旨在瞭解臺灣家庭主婦的日常生活與願望。當地大學的社會科學研究者和學生四處展開調查，訪問了近一千名臺北家庭主婦，年齡介於十九到五十四歲之間，教育程度從文盲到大學畢業都有。調查結果公布在《家庭月刊》主辦的「結婚以後」系列座談會上。這場座談會旨在幫助家庭主婦學習如何改善自身的生活狀況：「妳希望自己的婚姻生活更美滿嗎？妳想做個快樂幸福的家庭主婦嗎？妳瞭解婚姻的真相嗎？」在會上擔任講者的專家不乏男性學者，他們分享自己對各種議題的見解，包括自我犧牲的觀念、時間管理與效率、家庭預算管理、女性在社會及家庭中的地位、性與婚姻，以及家庭主婦的未來等等。

這場座談會最引人入勝的部分是每位專家演講結束後的問答時間。這些沒有腳本、自由討論的內容被刊登在月刊上，揭露了臺北普通家庭主婦對自己生活與角色的各種看法，而且用的是她們自己的聲音。與會的大多是家庭主婦，但也有少數丈夫出席。結婚五十多年的劉昭晴提出了他對離婚的看法，勸女人不要輕易走上這條路。談到婚外情時，他說：「我不是原諒男人，但是我希望女士們能忍則忍，不到最嚴重地步，不要離婚，否則一定會兩敗俱傷。」胡慶恆先生則在母親與妻子的陪伴下站起來——但接著卻是替她們發言，表達對女性自我犧牲的敬佩之情。

有一個議題引發了熱烈的觀眾辯論：「家庭主婦一定要『忘我』嗎？」也就是說，家庭主婦是否應該為了家庭而犧牲自己的需求？光譜的一端是蕭焱垚女士，她認為「如果做女人的，能為家庭子女犧牲，也是不錯的……一些沒有出去工作的家庭主婦，她們能夠好好教育子女……她們的成就，絕不輸給出外工作的婦女」。而光譜的另一端則是邱七七女士，她自我介紹時，說自己已經當了二十年的家庭主婦。（邱七七也是一位散文作家，曾擔任《臺灣日報》婦女週刊編輯，有多本著作。）邱女士認為，女性往往為了家庭犧牲自己，最後卻沒有人記得。她舉了一個例子：端出一盤雞肉給家人吃時，丈夫和孩子們總是吃掉最好吃的部分——雞腿、雞翅、雞胸，而她自己總是吃雞脖子和雞屁股。「你問孩子：『媽媽喜歡吃什麼？』他們會回答：『媽媽喜歡吃雞屁股。』媽媽真的喜歡吃雞屁股嗎？不是的，因為她把好的都給先生孩子吃了，才會造成這種錯誤的印象。」邱七七鼓勵在場的女性要更重視自己。「我們婦女一定要看重自己。如果我們不看重自己，做先生的就會漸漸忘記妳了。而兒女也會忽略了妳。」她告誡。

真正的臺北家庭主婦對於當時日漸高漲的女性意識也不是渾然無所覺。事實上，她們已開始質疑自己生活中的方方面面，也有大量可供參照的豐富親身經驗。甚至可以說，在這方面，她們其實早已提出許多鞭辟入裡的看法，例如邱七七的生活哲學，遠遠勝過那些高談闊論的學術專家（往往是男性）所提出的各種「改善」家庭主婦生活的建議。然而，就像今日一群女性隨機聚在一起時的情況，參與這場座談會的女性對於自身的需求與渴望並沒有共識。為家人精心準備食物，既是一種渴望、一個機會，可以展現自己對家庭的照顧，卻也可能成為一種吃力的家務重擔。努力尋求一種公平且恰當的家務分工方式，並不是要清清楚楚地區分職業婦女與家庭主婦的辛勞，也不是要簡單粗暴地把不情願的男士拖進廚房。所有這些旨在提高女性意識的活動，反而都凸顯了一個至今仍困擾著幾乎所有已婚女性的煩人問題：如何管理家務。

＊＊＊

女人究竟該穿上圍裙還是脫掉圍裙——要接受還是拒絕為家人做飯的責任——這個問題只是故事的一半。如果有一位女性脫下了家裡的圍裙，卻在外面的職業廚房裡穿上另一條圍裙呢？烹飪行為不只能展現一位家庭主婦對家人實質與情感上的照顧，也可能催生出一種全新的職業身分。畢竟，傅培梅自己就是從家庭廚房走上專業料理權威這條路的，而且並非出於計畫，也沒受過正式訓練。

在所有從傅培梅烹飪學校畢業並投身餐飲業的學生中，蘇綏蘭（Susanna Foo）獲得的公眾讚譽是最高的。一九八七年，她在費城開了家名為「Susanna Foo Chinese Cuisine／蘭苑」的餐廳，既是老闆、也是主廚，於二〇〇九年歇業退休。在她的烹飪職涯中，她曾被*Food and Wine*（《吃好喝好》）雜誌評選為美國十大最佳新人廚師之一、榮獲詹姆斯・比爾德基金會（James Beard Foundation）中大西洋地區最佳新人廚師獎、獲頒羅伯特・蒙大維（Robert Mondavi）烹飪卓越獎，並出版了兩本備受好評的食譜書。在所有關於她的報紙採訪中，蘇綏蘭從不忘提及，她在臺灣當家庭主婦時曾跟傅培梅學烹飪，這是她早期烹飪教育的重要基礎。然而，成為主廚並擁有一家成功的現代中餐廳，從來都不是蘇綏蘭計畫中的事。

蘇綏蘭告訴我，她年輕時從未想過要成為廚師：「我讀大學時，我們這一代和你們這一代是很不一樣的。我們想成為稱職的家庭主婦。我當時只覺得，應該學好廚藝，這樣等我嫁了個好男人，就可以照顧孩子、做飯、招待客人。我其實不太喜歡讀書，我只想當個家庭主婦。」蘇綏蘭第一次參加傅培梅的烹飪課是和她未來的婆婆一起——婆婆來自湖南，本身已是能幹的主婦與家常菜高手。結婚後，蘇綏蘭繼續在傅培梅的教室學烹飪，並且非常享受在自己家裡做飯招待客人。

從熱愛烹飪的家庭主婦轉型成專業廚師，對蘇綏蘭而言是一段痛苦的歷程。她是因為家庭責任才踏入餐飲業的。一九七〇年代初，她的公婆移民美國，在費城主線區附近開了一家中餐館。這家餐館很快就成為當地的知名餐廳。幾年後的一九七九年，她的公婆告知當時也已移居美國的蘇綏蘭與丈夫，說他們在費城市中心買下了第二間餐館，希望兩人來幫忙經營。令蘇綏蘭沮喪的是，她丈夫竟然答應了。「我當時難過極了，」她回憶。蘇綏蘭與丈夫負責前場接待，而她婆婆則掌管後廚。但生意不好。「所有食材都是冷凍的或罐頭的，所有的醬料也都是現成的，」蘇綏蘭回憶。「我很震驚他們居然使用那麼多味精。我這輩子從來沒有看過那麼多的味精。」

蘇綏蘭的人生因為遇到羅森塔爾（Jacob Rosenthal）而有了意想不到的轉折。羅森塔爾是美國烹飪學院（Culinary Institute of America）的前任院長，退休後搬到了距離他們餐廳只有兩個街區的公寓。每次他來店裡用餐，蘇綏蘭都會親自為他下廚，而羅森塔爾對她的廚藝讚不絕口。他對這對夫妻格外照顧，還親自帶他們走訪紐約市幾家最頂尖的餐廳，並鼓勵蘇綏蘭報名美國烹飪學院為期八週的法式烹飪技法課程。蘇綏蘭非常喜歡在那裡學習的時光，她形容自己站在圖書館內一排又一排的食譜書與專業廚房裡閃亮亮的器具前，就像《愛麗絲夢遊仙境》裡的愛麗絲。但她所面對的挑戰不只有每週往返紐約、每天從清晨六點上課到中午、下午還要實習這樣累人的行程而已。蘇綏蘭班上的同學全是專業的白人男性廚師，對她缺乏尊重，甚至不理解她為何要來上這門課。有一次，蘇綏蘭嘗試搬起一口沉重的高湯鍋，結果有個同學故意撞了她一下，害她失手打翻鍋子，燙傷了手臂。

回到費城後，蘇綏蘭又重拾家族餐廳日復一日的繁重工作。生意依舊慘淡，而她也怨公婆強迫她在餐廳工作：「我經常哭，因為廚房的工作實在太辛苦了。」（她當然也發現了這有多諷刺——自己總忙著為顧客下廚，卻不曾在家為自己的孩子做飯，最後反而是給他們錢去麥當勞買起司漢堡。）但蘇綏蘭還是決定一次一小步地做出改變，把她在美國烹飪學院學到的技術應用到餐廳原本的菜單上。她堅持自己做醬料，例如用法式技法調製宮保醬，並把醃製雞肉的準備流程標準化。她改買鮮魚，不再買冷凍魚，並停止使用味精。隨著時間過去，她逐步揉合了自己的中式口味與法式技法，創造出獨特的融合料理，例如野菇餃子佐雞油菌醬，內餡是香菇、帕瑪森起司和粉絲。

擁有自己的餐廳，而且還以自己的名字命名，對蘇綏蘭而言又是個意料之外的職業轉折。一九八〇年代，由於房地產價格飆漲，她丈夫的家人突然決定賣掉家族餐廳所在的那棟大樓。蘇綏蘭和丈夫只好在距離原址不到一英里的地方租下另一個店面（原本是一家牛排館），重新裝修、重新開業——並且重新命名。「我們當時想了很多名字：『御膳房』、『紫禁城』，甚至『蒙古山西菜』。但朋友說我應該用自己的名字，因為現在做的就是我自己的菜色。」蘇綏蘭不太想讓餐廳冠上夫家姓氏，因為他們多年來讓她吃足了苦頭，但一九八七年餐廳開業時，終究取名為「Susanna Foo Chinese Cuisine」（蘇綏蘭夫家碰巧也姓傅）。最初幾個月，餐廳門可羅雀，夫妻倆每天都擔心經營不下去。但接著《費城詢問報》（*Philadelphia Inquirer*）刊登了一篇評論，稱它為「市中心最好的中餐廳」，一位大廚新星就這樣橫空出世（這「橫空」其實是經過了漫長的八年）。毫無疑問，傅培梅一定能理解，這間餐廳與眾不同的名字背後，蘊藏了多少的血汗、淚水——以及驕傲。

***

除了象徵家事能力或職業成就之外，圍裙也可以傳達其他更刻意的訊息。早在一九七〇年代的臺灣，呂秀蓮就已證明她願意採用一些有創意、甚至是搞怪的想法，來為她的女性主義運動博取注意力與版面。她也把這份創意精神延伸到一九七八年她第一次競選公職時——她參選國民大會代表，國民大會的主要職責是選舉總統。呂秀蓮在自己的家鄉桃園參選。但儘管她在報紙上發表過女性主義文章，還創立了拓荒者出版社，不過相較於其他候選人，她的知名度並不算高。

呂秀蓮想出一個辦法來讓都市選民看見她的名字，就是直接到他們最常出沒的地方跟他們見面：傳統菜市場。她說：「為了增加吸引力，我設計了一件圍裙，上面印著臺灣島的圖案、『你好，鄉親』、『我愛臺灣』，還有我的名字。這個點子有點荒誕，但很吸睛。我還訂製了六千個印有類似標誌的大型購物袋，讓競選志工拿去菜市場發放。」大多數人都不知道她是誰，但都樂於接受這些免費贈品。「沒多久，攤販就開始穿著我的圍裙顧攤位，客人則提著印有我名字的購物袋走來走去，」呂秀蓮回憶。「看起來實在有點滑稽。」試問，除了一個理直氣壯的女性主義政治人物，還有誰會想到利用女性家務勞役的兩大象徵——圍裙和購物袋——來宣告自己參選？至少在這一點上，傅培梅與呂秀蓮會有共識：圍裙確實是「勤奮能幹」的象徵，無論是對臺灣懷抱理想的女性政治人物還是家庭主婦而言，都是如此。

但呂秀蓮終究沒能參加那次選舉。一九七八年十二月，美國總統卡特宣告正式承認中華人民共和國——這意味著美國勢必會在中國的逼迫下與臺灣的中華民國斷交。這造成了不確定性與動盪，因此臺灣總統蔣經國宣布，自一九七九年起，所有選舉活動將無限期暫停。同年稍晚，呂秀蓮在高雄參與發起一場人權示威，旨在推動島內的民主發展。但國民黨政府卻以這場示威為藉口，對反對派領袖展開鎮壓，呂秀蓮也因為在活動中發表演說而被判了十二年徒刑。她以政治犯的身分被關了五年半，最後在一九八五年獲釋。出獄後，呂秀蓮加入新成立的民主進步黨，並成功當選立法委員，隨後又當選桃園縣縣長。她在黨內一步步晉升，並於二〇〇〇至二〇〇八年間擔任臺灣第一位女性副總統，達到她政治生涯的巔峰。但臺灣女性從政的故事並未就此畫下句點。二〇一六年，也就是「拓荒者茶會」過後四十年，法學教授與貿易談判專家蔡英文大勝她的男性對手，成為臺灣第一位女性總統，締造了歷史。蔡英文和呂秀蓮一樣屬於民主進步黨，前者並於二〇二〇年總統大選中輕鬆連任，得票率甚至超越前一次。

我們是否可以這樣想：通往女性個人解放、職業成就、甚至是政治權力的路，至少有一部分是用圍裙鋪起來的？儘管傅培梅從未明白自稱為女性主義者，但她十分清楚社會對家庭主婦與職業婦女的期待，並且認真看待她們的需求、關懷與願望。她有一個務實的目標，就是幫助所有在廚房裡手足無措、不知今晚該煮什麼的女性。與蘇綏蘭一樣，傅培梅也是橫跨家庭與公共舞臺的烹飪者。她以家庭主婦與母親的經驗為基礎，闖出一條屬於自己的道路，成為一位成功的烹飪老師與電視名人。

圍裙確實可以把女性束縛於廚房，讓她難以擺脫家中兩性分工的常態。但同時，它也能提醒女性不忘記母親過去的犧牲奉獻，以及這一代代傳承下來的女性力量。當它以白色大廚服裝的形式出現時，更能讓一位不情願的餐廳主廚搖身變成地方名人，善用社會對女性下廚的期待，開創屬於自己的事業。誰知道呢？當家庭主婦與職業婦女攜手合作，共同改變她們身處的世界，圍裙甚至可能成為從廚房通往國家最高公職的橋梁。

廚房對話 職場母親

在密西根州的米德蘭（Midland）時，我們每年都會舉辦農曆新年聚餐，所有的母親都會帶著各自拿手的中式料理前來，而王乃珍（Catherine Chen）一定會帶一道經典的中西部美式料理，也是孩子們永遠的最愛：「小豬包毯」（把熱狗包在現成的可頌麵包裡烤）。她烹飪時最在意的事就是節省時間。儘管她一再強調自己「不是美食家」，但在訪談開始前，她仍親手為我們準備了一頓五道菜的午餐：蔥爆牛肉、木耳胡蘿蔔炒蛋、胡椒蝦、魚丸湯和一道綠色時蔬。我認識王阿姨一輩子了——她和她丈夫與我的父母早在一九六〇年代初於明尼蘇達大學念研究所時就成為朋友。我之所以想採訪她，正是因為她一直把主要的精力放在職業發展上，從來不愛煮飯。她最初在一間當地學院擔任兼職的參考圖書館員，後來一路晉升，先是成為圖書館館長，接著是學術院長，最後當上教務長——大學裡職位第二高的行政人員。即使如此，在數十年的家庭生活中，她還是天天煮飯，為家人張羅三餐。

妳覺得自己是個什麼樣的廚師？

我都隨便做，能吃就好！妳媽媽是個好廚師，她會做一些精緻的菜，例如七層的沙拉。但我一層就夠了！妳陳叔叔〔我對她丈夫的稱呼〕廚藝比我好很多。他比較有耐心，一道菜需要多少時間，他就願意花多少時間去做。他會放音樂，一邊唱歌一邊做飯。但他做飯都要花很多時間，還會弄得亂糟糟！〔笑〕我沒什麼耐心啦，只想把所有東西丟下鍋快炒完事。所以這些年來，我接手了廚房，簡化一切，進入省時模式。我可以用一個鍋子搞定所有東西，但他做的菜是比較好吃，這點我承認。

妳是怎麼學會做菜的？

我小時候從來沒進過廚房。我外公在當時算是非常先進的，他規定他的女兒絕對不能學做飯，因為他不希望她們去伺候別人吃飯。但這對我們來說其實有點虧，因為我媽媽完全不會做飯！他的女兒全都上了大學，這在那個年代相當罕見。我來到美國後，和另外十個女孩一起住在南加州大學（USC）的一間姐妹會宿舍。我們輪流做飯，每個人都要負責煮給大家吃。這對我來說可是個大問題！我心想：「怎麼辦？」我連個白米飯都不會煮，結果燒焦了。幸好我們有地方可以倒垃圾！不過宿舍裡有一個來自香港的女孩教會了我怎麼煮飯。我有時候乾脆就買冷凍蔬菜和冷凍漢堡肉，把它們煮在一起，加點醬油了事。我都這樣吃。我爸媽其實有寄黃媛珊的食譜和《電視食譜》給我，後來也寄來了傅培梅的食譜，但都是最簡單的版本。

妳都煮什麼給孩子吃？

孩子還小的時候，我會讓他們選：美式還是中式。我會問：「你們想吃什麼？」他們通常都說：「義大利麵。」所以我就做義大利麵或千層麵。我也學了幾道中華料理，像是獅子頭或牛肉麵。

妳是怎麼開始工作的？

一九七〇年，我們才剛在米德蘭買了房子，這時密西根大學正好需要一位中文講師，就聯繫了我。我帶著Jim〔她的大兒子〕去了安娜堡（Ann Arbor），妳陳叔叔則留在米德蘭工作。我早上會去圖書館寫論文，Jim則去保姆家。

所以有一年的時間，妳基本上是一個人，同時要寫論文、工作、照顧吉姆，還懷孕。聽起來很辛苦！

是啊，確實辛苦。但妳知道嗎？我當時根本忙到不會覺得辛苦。冬天常常下雪，我們每次都得從公車站一路走回公寓，路程很長。我當時懷著John〔她的二兒子〕，肚子已經很大了！每一輛經過的車都會停下來問我要不要搭便車〔笑〕。實在很尷尬。我從來也沒上車。我都說：「沒關係，我們家就在前面而已。」整天走來走去，也算運動了！

妳可曾覺得身為女性擔任管理職位不容易？

我根本沒感覺。我猜高中念女校對我有幫助，我們從小就很有主見。我們那所大學〔在密西根州米德蘭〕和三大汽車公司關係密切，我經常得和那些高層主管開會，討論如何改善商業課程、爭取資源、募獎學金等等。有一次我去開會，那些會議上總是清一色又高又壯的白人男性，大家都在會議桌旁站著。所以我也跟著站在那裡。過了一會兒，我問旁邊的人：「大家怎麼站這麼久？」結果他說：「他們在等妳坐下。」〔笑〕

妳覺得今日的職場女性處境如何？

現在的年輕人辛苦多了。競爭更激烈，科技雖然帶來許多便利，卻也讓生活變得更加複雜。妳必須不斷給自己升級。我覺得我的姪女們做得很好，她們必須具備很強的組織能力、力量和決心才行。她們得訓練孩子們適應一個固定的日程，否則還能怎麼辦？我覺得看到這些雙薪家庭努力奮鬥是很棒的事。想想，多年來有多少女性的潛力被浪費掉——假如所有少數族裔和所有女性的潛力都有充分開發，我們可能老早就上火星了！男性的支配心態是自私的，而且已經存在太久太久了。

第六章

世界烹飪大使

傅培梅於一九七四年與中華民國行政院院長、蔣介石長子蔣經國會面。蔣經國後來擔任兩屆中華民國總統，從一九七八到一九八八年。

核桃酪為「改變世界的一週」畫下了甜美的句點。一九七二年二月，中美為了兩國關係正常化而進行了為期一週的歷史性談判，而在北京人民大會堂的閉幕晚宴上，這道湯品是壓軸菜。宴席上，美國總統尼克森與中國總理周恩來互相舉杯敬對方代表團，一邊享用豆苗鵪鶉蛋湯、蛋白燴三珍（海參、嫩雞、蝦球）、五香鴨丁、素什錦（香菇、竹筍、荸薺、蠶豆），以及每場宴席都少不了的糖醋松鼠魚。而除了核桃酪之外，還有一些沒列入菜單的點心：蒸餃、芝麻球、米粉糕等。儘管美中要到一九七九年才正式建交，但尼克森的訪中之行絕對是一場政治上（以及美食上）的成功。尼克森在人民大會堂小心翼翼用筷子夾起一道道精緻中式菜餚的畫面，透過電視直播，傳送到十三個半時區外、邊吃早餐邊看電視的美國人眼中，從此深深烙印於他們心底。

那道所謂的核桃酪，其實完全不含奶製品，只是把油炸過的碎核桃與糖、鹽、水簡單混在一起，再以太白粉勾芡。《紐約時報》刊出了這道濃稠甜湯的做法，供「有興趣仿作閉幕晚宴菜色的讀者」參考。這份食譜取自傅培梅三年前才出版的《培梅食譜》第一冊。美國讀者只要寄兩塊半美元到傅培梅在臺北的郵政信箱，就能購得這本食譜書。

在中美兩國坐下來吃飯談和前，傅培梅早已因為出版了她那本中英對照的食譜書而在追尋「正宗中國菜」的美國人心中留下了印記。可惜的是，那本書只在臺灣發行，因此只有少數幸運的內行人才買得到。美食評論家索可洛夫（Raymond Sokolov）曾於一九七一年在《紐約時報》上介紹中國各地飲食風格的差異，並稱傅培梅為「中菜界的茱莉雅．柴爾德」。他寫道：「中國四大菜系之間的差異，就如同法國料理和義大利料理一樣迥異。」然而在美國，一般中餐館提供的菜色根本無法讓人領略這些地方風格有什麼不同。「部分問題在於，根本沒有一本真正稱得上權威的英文中餐食譜。當然，除非你在臺灣。幾年前臺灣出版了《培梅食譜》，可惜也只有臺灣有。」索可洛夫寫道。

傅培梅的食譜被刊登在《紐約時報》，她的食譜書還被形容成「最具權威的中國菜食譜」，這對她而言本應是無庸置疑的榮耀，反映了她日漸提升的國際聲譽。

她的食譜登上《紐約時報》確實是個成就，但卻是出現在尼克森歷史性訪中之行晚宴的相關報導中，這反而凸顯了在全球背景下，傅培梅推廣「現代中國菜」所面臨的隱憂與危機——畢竟那趟訪問代表美國與臺灣原有的外交關係即將終結，而臺灣在國際舞臺上的地位也即將衰微。

在她的整個職業生涯中，傅培梅始終有意識地為中華民國臺灣扛起「美食大使」的責任，宣揚臺灣是正統中華料理的最後堡壘。這與中國大陸的中華人民共和國形成鮮明的對比——大陸數十年的文革幾乎摧毀了傳統中華文化，包括飲食文化。人們常說，蔣介石一九四九年撤退來臺時，帶走的不只是中國中央銀行的資金與最珍貴的故宮文物，還有中國最頂尖的廚師，這些人本身就是國寶。然而，外國記者似乎對這些重大的政治差異渾然不覺，談到傅培梅與食物的時候幾乎隻字未提。對大多數外國人而言，中國菜就是中國菜，沒有「中華民國的中國菜」與「中華人民共和國的中國菜」之分。

即使到了今日，美國的美食作家還是經常懷念尼克森與周恩來的晚宴，視之為美國人味蕾覺醒的關鍵時刻，至少在中華料理方面是如此。當年的電視觀眾目不轉睛地看著尼克森總統在北京品嘗一道又一道陌生的中式珍饈，紛紛希望在美國也能吃到這些菜色。在那場晚宴之前，美國人只知道吃雜碎和炒麵；晚宴之後，則變成了北京烤鴨和四川宮保雞丁。但從臺灣的角度看，這些盛宴的後續發展卻顯得截然不同。一九七〇年代，臺灣正一點一滴失去在國際餐桌上的席位，被一位分量更重的賓客取而代之，而這位新客也愈來愈有自信地要求重新安排座位表，甚至更改菜單。

***

中國人自古以來就常把食物與國家大事連上關係，無論在實際層面還是隱喻意義上皆是如此。成書於公元一世紀的經典史書《漢書》即有云：「王者以民為天，而民以食為天。」換句話說，百姓福祉是君王最重要的事，而吃飽是老百姓最重要的事。所以王者必須時時確保百姓有飯吃——尤其他不希望百姓造反的話。這句古訓在二十世紀有了新的詮釋：中華民國國父孫中山（1866–1925）把帝王的角色換成了國家本身，在其一九二四年的代表性政治宣言《三民主義》中寫道：「國以民為本，民以食為天。」

生於中國大陸的臺灣政治人物宋楚瑜，曾為傅培梅二〇〇〇年出版的回憶錄寫序，他在文中引用了這句中國古訓，並指出傅培梅的烹飪事業所具有的內外政治意涵。「當中華民國的外交處於艱窘之時，培梅女士以精湛的廚藝為國民外交開啟了新頁，不僅桃李滿天下，中華美食更名揚四海。」宋楚瑜還帶著幾分遺憾地補充道：「如果當今的政治人物也能如傅培梅女士廚藝一般調和鼎鼐，則國家社會必可步上祥和康莊的大道。」倘若真能如宋楚瑜所想，僅憑飲食便可改變外國人的心意與思想，那該有多好。

宋楚瑜也提醒讀者一個歷史悠久的儒家觀點：家庭是社會秩序的基本單位，也是國家的重要根基。成書於西元前五世紀的儒家經典《大學》中如此解釋：「欲治其國者，先齊其家……家齊而後國治，國治而後天下平。」宋楚瑜認為，傅培梅透過她在廚藝上的貢獻，改善了無數家庭的生活，也可謂為治國出了一份力。

傅培梅本身也樂於擔起烹飪大使的職責，這個角色十分符合她父親早年對她的期許。傅培梅的父親欣賞日本女演員山口淑子（中文名李香蘭），她出生於日據時期的滿洲，能說中文、日文和英文。傅父因此將傅培梅送進日本小學就讀，希望她將來能成為一名翻譯，走上國際舞臺。傅父確實沒有錯估女兒的潛力。中華民國的許多政府機關——例如外交部、僑委會、新聞局與觀光局——都意識到傅培梅是寶貴的資產，時常邀請她參與海外的文化展示活動，以「宣揚中華文化」。同樣的，每當有外國記者來臺，這些政府單位也會安排他們採訪傅培梅，好讓他們進一步瞭解中華飲食文化。

和她那一代許多忠誠的外省人一樣，傅培梅也積極宣揚一種想法：唯有臺灣保存了正統的中華飲食文化。這個觀點與國民黨更宏大的主張密不可分：延續傳統中華文化的只有臺灣，共產黨接管了中國大陸後就摧毀了中華文化。例如，一九七六年傅培梅受邀於美國洛杉磯主廚協會五十週年年會發表主題演講時，就「不忘做做國民外交，強調歡迎他們來訪中華民國臺灣寶島，以享受正宗的中華美食」。傅培梅在演說中也特別強調飲食在保存國家認同、促進跨文化情誼與理解上所扮演的重要角色。

在當時，國民黨那些氣勢恢宏的主張其實也不是毫無根據：傅培梅事業起飛的那幾十年間，大陸人還在煩惱如何填飽肚子、如何在政治動盪中求生存。無論在財務上還是政治上，他們都沒有那個條件去追求布爾喬亞式的美食享樂。毛澤東一九二七年就曾說過一句名言：「革命不是請客吃飯。」在中共的語境中，食物被視為亟待解決的群眾民生「問題」，而非評鑑或品嘗的對象。一九三四年，毛澤東就曾要求共產黨幹部「深刻地注意群眾生活的問題，從土地、勞動問題，到柴米油鹽問題」，以便動員農民、推動革命。一九四九年中國共產黨掌權後，毛澤東就認真展開了全面性的土地改革。但悲劇的是，這些改革操之過急、方向錯誤，帶來一九五八至一九六一年「大躍進」期間一連串災難性的經濟、工業與農業政策，最終導致大規模饑荒，造成數千萬人死亡。

中華人民共和國在大躍進期間推行的諸多「進步措施」之一，就是讓日常生活的方方面面都集體化。每個人都屬於某個農業人民公社或城市工作單位，在公共食堂集體吃飯。餐食免費，且不鼓勵家庭自己做飯吃。同樣的，幼兒也由集體托兒所照顧。如此一來，人民公社等於接管了家庭主婦的兩項主要職責：煮飯與照顧孩子，好讓女性能加入革命、外出工作。一開始，政策鼓勵工人盡情吃飽——諷刺的是，這反而導致食物浪費，使人民公社的存糧消耗得比正常快，進一步加劇了後來的饑荒。某些地方的公社，僅二十天就吃掉了六個月的存糧。在一九五九年，也就是大躍進的高峰期，曾有一本專為公共食堂編寫的食譜出版，書中說：「公共食堂的主要任務是如何把人們的吃飯問題解決得更好。在公共食堂裡集體吃飯是改變人們幾千年來的生活習慣的大事情。為了培養人們在集體生活中的新習慣，就必須使人們感到在公共食堂吃飯，確實比在自己家裡做飯吃更好。」當時還有一張宣傳海報，將上述理念濃縮為一段朗朗上口的四句順口溜，用以鼓吹這項政策：

公社食堂強
飯菜做得香
吃著心如意
生產志氣揚

雖然大躍進政策最終遭到廢止，中國的政治動盪卻未就此平息，緊接而來的是一片混亂的文化大革命（一九六六至一九七六年）。文革早期，忠於毛澤東的青年學生團體（稱為紅衛兵）發動自主革命，起而批鬥各級權威。後來由於暴力失控，紅衛兵被下放到農村，接受勞動改造，協助農民生產。在這段時期，食物採取配給制度，只能憑所在單位發放的糧票購買。成長於一九六〇年代廣東的食譜作家龔小夏回憶，那是「一個中國傳統飲食文化幾乎完全消失的年代。物資短缺是日常，而在任何一個日子，只要你吃進的熱量能與你一天消耗的熱量相抵，就算走運……人們有什麼吃什麼，東西幾乎從來都不夠分。」

在這樣的背景下，中華民國於冷戰的那幾十年間宣稱自己保存了中國傳統飲食文化，其實並非毫無根據，而《培梅食譜》正是強而有力的佐證。這套食譜書成為中華民國政府向世界推廣中國飲食文化的最佳利器。傅培梅曾自豪地表示，食譜第一冊榮獲政府正式表揚，說它「內容充實」且「具有發揚中華文化之作用」，也屢屢獲選參加國際書展。確實，在那個年代，大多數新出版的中菜食譜都出自臺灣或香港，只有極少數是在北京、上海或其他中國大陸城市印行的。毛澤東時代的大陸烹飪書都遵循當時的政治正統，採用例如《大眾菜譜》（一九七三年）這樣的書名。這些大陸烹飪書的目標讀者是必須做飯供二、三十個人吃的餐廳或食堂，而不是只需要煮給一家人吃的主婦。在戰後的數十年間，世界對於中華飲食的認識，主要是由中國大陸以外的食譜作家所塑造——而傅培梅無疑是其中的先驅與旗手。

***

傅培梅對中華飲食的整體構想，可從她最著名的三冊系列《培梅食譜》（一九六九至一九七九年）窺見一二。這套食譜之所以格外引人注目，部分原因在於它的出版時機，正好碰上國際間將外交承認自臺灣的中華民國轉向中國大陸的中華人民共和國之際。因此，她於一九六九年出版的第一冊中所展現的自信語調與對中華料理的頌揚，恰可反映當時中華民國的國際影響力仍處於高峰。在那個時刻，傅培梅還能毫不猶豫地主張，中華文化有一條強調飲食重要性的歷史與政治傳統，可從中華民國國父孫中山一路追溯到春秋時代的哲人們。「我國有五千年的悠久歷史，各方面之文化均優於其他各國，」傅培梅寫道。早在古代，「即已知道如何運用刀法，講求火工，使各種食物發揮其最高效能，達到爽心快口、健壯體魄的目的。」

短短兩年後的一九七一年十月，中華民國就被聯合國除名，改由中華人民共和國取代，國際間的支持從此迅速轉向。美國曾試圖爭取讓中華民國保留聯合國席位，同時接納中華人民共和國，但中共及其盟友拒絕接受「兩個中國」的安排。

在投票前幾個月，也就是一九七一年六月，尼克森總統私下指示美國駐中華民國大使馬康衛（其夫人曾為傅的食譜撰寫前言）執行兩項敏感的任務。其一是向盟友臺灣保證美方會支持他們，其二則是提出預警，告訴臺灣政府他們的地位恐有變化。「我們的中國政策是絕對不支持將中華民國逐出聯合國的任何提案……這點我們會堅持到底。」尼克森說。

「但是，」他補充：「臺灣政府也得準備好面對接下來的事實，那就是我們會一步步與對岸——中國大陸——建立較正常的關係。這是迫於我們的國家利益。不是因為我們喜歡他們，而是因為他們的存在是無法忽略的事實。」

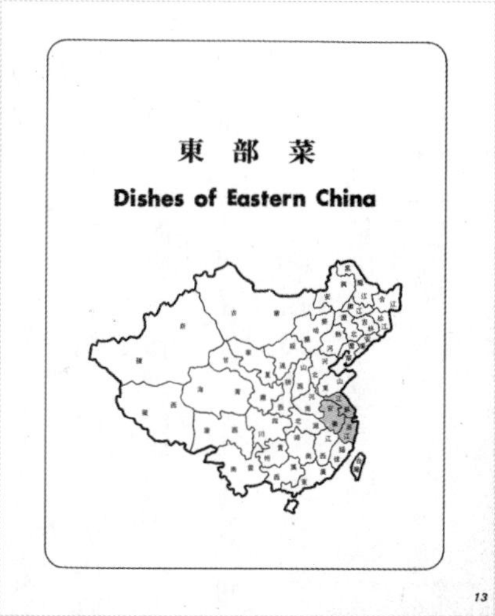

《培梅食譜》第一冊（一九六九年）的中國東部菜地圖。傅培梅的地圖畫的是一九四九年之前的中華民國領土範圍，而不是大家今日較熟悉的中華人民共和國領土範圍。

但結果顯示，翌年二月尼克森總統前往北京破冰、拉開美中關係正常化序幕時，唯一兌現的只有第二點。至於美國在聯合國是否真的堅定支持中華民國，早已無關緊要：聯合國投票決定讓中華人民共和國取代中華民國，最終票數是七十六票贊成、三十五票反對、十七票棄權。

美中和解後，在一九七四年出版的《培梅食譜》第二冊中，傅培梅更加直白地指出中華民國在政治與物質生活上的成功——雖然沒有說破，卻是在跟大陸的貧困與動盪對比。她在中文版的前言中寫道：「居住在中華民國三民主義模範省臺灣的國民，由於經濟的高度發展，社會的繁榮進步，人人均處在一片安寧富足的美好環境中……最顯著的表示，則是在『食』的方面，國人已由『足食』的基本需要，進而努力於講求『精食』與『美食』的高度享受。」以當時的經濟情勢而言，臺灣人的日子確實過得比中國大陸人好得多。正如馬康衛曾提醒尼克森的，一九七〇年臺灣的對外貿易總額有「三十億美元，比中共的進出口貿易總額還略高出一些」。當時誰也沒料到，中華民國與中華人民共和國的相對經濟格局，居然會在之後短短幾十年間，發生劇烈而徹底的轉變。

一九七九年《培梅食譜》第三冊（也是最後一冊）出版時，臺灣的國際地位已經大不如前：就是在這一年，美國轉而與中華人民共和國建交。毛澤東於一九七六年去世後，鄧小平迅速鞏固權力，展開一連串重大經濟改革，讓中國人得以實踐當時的新口號：「致富光榮」。鄧小平於一九七九年到美國進行國事訪問，與美國總統卡特正式建立外交關係，也是自蔣宋美齡在二戰期間（一九四三年）訪美以來，首位訪問美國的中國領導人。鄧小平戴上牛仔帽、品嘗小牛排，還參觀了可口可樂總部。《培梅食譜》第三冊的英文版前言，就反映了中華民國開始受到打壓的政治地位。她不再提及臺灣具爭議性的政治主張，僅從文化層面來談她的國家，將其描繪為縮小版的中華料理天堂——至少在她的英語讀者看來是如此：「At present, it is only in Taiwan that the pleasure of eating authentic Chinese food from all parts of China can be experienced.....In Taiwan there are people from every part of China, and thus there are restaurants representing each province.（目前，唯有在臺灣才能品嘗來自中國各地的正宗中華料理……臺灣集合了來自中國各省的人，因此這裡有各省的代表性餐館。）」（值得注意的是，中文版前言的意涵卻大不相同：「來臺後，由於各地人口薈萃，交流頻繁，彼此之習性、口味，亦逐漸接近，傾向融合貫通之狀態，各菜館業在菜餚之口味、花式方面，均互相模仿抄襲，除極少數之傳統菜品之外，名稱雖別，實則大同小異，甚少變化了。」）

如第四章所述，傅培梅在第一冊中就已按照東南西北四個方位把中國分成四大菜系，並依此把菜譜分成四個章節。每個章節前都附有一張地圖，標出這個方位所涵蓋的省分。例如，東部涵蓋江蘇、安徽與浙江；南部有福建與廣東；西部有四川、貴州與湖南；北部則是山西、河北、山東與河南。

但對今日的讀者而言，這種地域區分方式並不是傅培梅的菜系地圖中最有趣的特徵。你若仔細看，傅培梅的中國地圖輪廓並不符合我們今日所知的中華人民共和國領土範圍。（請拿它與本書開頭的地圖做比較。）傅培梅一九六九年出版的食譜所附地圖，描繪的是一九四九年以前的中華民國領土範圍，三十五省的行政區劃皆完整保留（包括一些早已廢省的地區，如熱河），並納入當時國民政府宣稱擁有主權的領土（如已獨立的外蒙古）。

儘管擁有高遠的政治抱負，但就地理現實而言，中華民國就只有臺灣島——而這些料理地圖便以一種獨特的方式揭露了兩者之間的落差。國民黨在一九四九年敗給共產黨之後，仍長期自稱是中國真正的合法政府，即使他們對中國大陸的任何一塊領土都不再握有實質的統治權。這樣的政治虛構之所以能延續，是因為「國民大會」還在——這是一九四七年在中國大陸選出的各省代表所組成的機構。國民大會在一九四九年隨著中華民國政府撤退來臺，但由於無法在大陸舉行新的選舉，這些代表也就一直無法更換。因此，這些省籍代表持續在國民大會中任職，一當就是幾十年，彷彿他們仍在治理整個中國，即使他們早已與其號稱代表的人民完全脫節。此外，真正生活在臺灣、受中華民國統治的人民，在國家統治機構中的代表權卻極不對等，遠不足以反映他們的實際人口。直到一九九〇年代進行政治改革後，第一屆國民大會中的最後一批大陸代表才被迫退休，而國民大會本身也在二〇〇五年廢除，由新的制度取代。

雖然國民黨政府已無法對中國大陸任何地區行使實際的政治權力，但在文化層面，他們仍自認有資格且實際上也主張自己才是權威，承襲了正統中華文化的精髓。也正因如此，當時的中華民國格外重視文化事務，重視的程度在外國人看來甚至近乎異常。傅培梅的食譜從來都不是一部價值中立的「中華料理」介紹：由於中華民國與中華人民共和國之間橫亙著一道政治鴻溝，任何對「中華料理」的討論都難免會觸及「中華／中國」的文化身分與政治身分究竟該由誰代表的根本問題。傅培梅與其他在臺外省籍人士承襲原鄉料理傳統的做法，無疑與當時的正統政治論述完美契合。但看在現代讀者眼裡，一九六九年傅培梅書中的地圖，是一種一廂情願的看法，或至少是一種自我安慰式的否認——否認國民黨政府流亡後所必須面對的領土現實。有趣的是，在《培梅食譜》第三冊（一九七九年）中，雖然她仍以料理區域為架構，卻沒有出現中國地圖。也許到了一九七九年，中華民國的地理現實，與其快速凋零的政治抱負之間的落差，已經大到讓這種地圖顯得過於牽強，不再能被輕易掩蓋。

十多年後，一九九三年，中華民國國軍邀請傅培梅到他們新成立的「陸軍食勤訓練中心」教做中華料理。所有從事軍中膳食工作的人員都必須去受訓，目的是提升官兵的伙食品質。經歷數十年的經濟快速發展後，臺灣的士兵也和一般民眾一樣，不再滿足於「吃得飽」，而是開始追求「吃得好」。課程內容涵蓋廚房物資調度、菜單設計、營養學與衛生管理。傅培梅負責教做菜，每天要講授六堂課。

無論是對先前的主婦學員還是後來的軍中學生，傅培梅的教學始終以一種地理導向的方法來介紹中華料理，細細介紹每個地區獨有的特徵、技巧與風味。她總會在課程的第一天，請一位軍中學生上臺，在黑板上畫一張中國地圖。那個人總是「畫得四不像，似鴨又似瓜，惹得全班哄堂大笑」。接著傅培梅就會利用這張亂七八糟的地圖討論中國的地理、省分，以及中華料理在不同地區的特色與風味。但到了一九九三年，也就是國民黨從中國大陸敗退來臺已經超過四十年之後，人們難免好奇：那張地圖之所以畫壞，究竟是因為畫功不好，還是因為他們對「中國」的印象其實是變形而模糊的？可以確定的是，傅培梅腦海、心底與記憶中的那張中國地圖，跟這些從未踏足中國大陸的年輕阿兵哥所想的絕對不一樣。

***

傅培梅在一九七〇、八〇和九〇年代的海外旅行，屬於一場烹飪魅力的外交攻勢，目的是透過中華料理擄獲可能的外國盟友的胃——以及他們的心。隨著聲名日上，傅培梅走訪了菲律賓、日本、新加坡、香港、南韓、馬來西亞、澳洲、南非、美國與荷蘭，教外國觀眾做中華料理。然而，傅培梅為了讓外國旅人對中華民國的食物留下美好印象而付出的種種努力，其實早在她坐上飛機之前就開始了。一九七三年，中華民國的國營航空公司中華航空找上她，請她協助改善國際航線上的飛機餐，這是她眾多對外顧問工作的開始。她設計了幾個套餐，必須能承受飛行途中嚴苛的條件與限制，包含一道熱的肉類主菜（在狹小的飛機烤箱中加熱很容易變得太乾）、一道涼拌菜或沙拉，主食則是米飯或麵條，全部裝在一個九乘十五公分的小托盤上。主菜有腰果雞丁、油麻雞腿、玉蘭牛肉及紅燒牛肉。可惜的是，舊金山、檀香山和東京的第三方機場廚房員工「對中國菜十分外行，甚至連炒飯都做不好」，因此傅培梅親自飛到這些地方去指導。舊金山的廚師是一群來自瑞士的彪形大漢，站在傅培梅旁邊，身高落差極大。她試圖教他們做滾筒肉捲，但他們的手指太粗，沒辦法做出三條精緻小巧的肉捲，只好退而求其次，改成兩條粗胖的版本。

傅培梅在世界各地旅行時，總是念念不忘自己為中華民國盡一份心力的責任。一九八五年，她到佛羅里達探望移居美國的小女兒，這本是一趟私人旅行，卻在旅途中接到駐紐約臺北經濟文化辦事處（中華民國實質上的駐美代表機構）打來的電話，懇請她上電視談談中華料理。辦事處處長遊說她：「為國家做事嘛！借重您的專長宣傳臺灣呀！」傅培梅十分樂意在美國各地的晨間節目上亮相，藉此「為政府做點國民外交的工作」，也十分驕傲自己可以透過展現中華烹飪藝術來協助達成中華民國新聞局的「最終目標」。

雖然傅培梅從來不曾在中華民國的外交體系中有過任何正式職位，但臺灣媒體似乎認為，她在海外亮相不僅有助推廣臺灣獨特的文化與料理傳統，也對海外觀眾推銷了臺灣的外交訴求。例如一九七二年傅培梅第一次去菲律賓示範烹飪時，《中國時報》就刊登了一篇文章，大力讚揚她在國外的影響力，說她做到了新聞報導不曾做到的事，也就是引起大家對臺灣的正面關注：

> 在菲律賓的英文報系向來對我國的有關報導不予重視，而在傅培梅訪菲期間，包括《每日鏡報》、《馬尼拉每日公報》、《每日快報》、《馬尼拉大晚報》及《星期周刊》在內的四家英文大報，都以大幅的照片和重要篇幅報導菲華婦女們上課、學習的熱烈情況，這是一次成功的「吃」的國民外交。

傅培梅有時也會以更明確、更具體的方式為中華民國的外交訴求發聲。例如她為日本的富士電視臺主持原創的中華料理節目時（這個節目在一九七八至一九八三年之間以日語播出），只要有機會稱讚臺灣的農產品與食品工業製品有多優越，她就絕對不會放過：

在日本當地買的豆瓣醬，顏色沒有臺灣的豆瓣醬好看，傅培梅只好在電視上告訴日本觀眾：「在我們臺灣，做這道麻婆豆腐，看起來漂亮多了。」不得不用油菜代替青梗菜的時候，她說：「在我們臺灣，用又肥又嫩的青梗菜，就更好吃了。」做乾煸四季豆時，她說：「這時候在我們臺灣，四季豆的價錢只有這兒的十分之一。」無形中不斷在替我們寶島做了許多宣傳。

在宣傳臺灣農產品優點的同時，傅培梅也致力於糾正外國人對中華料理的錯誤看法。說到在全球各地嚴格維護中華烹飪技藝的卓越標準，傅培梅從不拐彎抹角。一九七二年前往菲律賓的旅程中，傅培梅就提出：「菲律賓的華僑們，雖然保持家鄉傳統吃的是中國食物，但他們懂得的，僅僅是單調的廣東菜與閩菜的混合。這樣的食物甜甜酸酸又鹹鹹的，實在不很好吃。」她堅信「只要由專人指導如何利用當地現有的材料，替代烹製，一樣可以燒出純正口味的中國菜，改善僑胞們的飲食生活」。踏上這趟旅程時，傅培梅特地在行李箱裡帶了一百支擀麵棍和五十個濾盆去送給學生，因為她聽說這兩種用具在馬尼拉買不到。

傅培梅也曾在一九八四年應澳洲肉品與畜牧協會之邀訪問澳洲，指導一群澳洲烹飪專家，其中有些人甚至斗膽教外國人做中國菜。（她對澳洲食物的評價也不高，直言它「沒什麼特色。也許是畜牧業發達吧！他們都是大塊大塊的吃肉，無論什麼肉，都以烤為主，然後澆上各種不同的作料」。）在這些自詡為專家的外國人中，最糟糕的莫過於瑪格麗特．富爾頓（Margaret Fulton, 1920–2019），臺灣媒體稱她為「澳洲傅培梅」。富爾頓長期為《女性日常》雜誌（*Women's Day*）撰寫每週烹飪專欄，也出版了十三本食譜書，包括一本綜合性的烹飪百科和一本她自己編寫的中國菜食譜。她最知名的事蹟就是讓澳洲人的餐桌國際化，不再只有「肉加馬鈴薯」，而她之所以認為自己精通中國菜，只是因為她去過幾次香港、臺灣和中國大陸。

臺灣有一家雜誌洋洋得意地寫道，傅培梅此行最大的成果就是給這些對中國菜根本只是一知半解的澳洲人上了一課——尤其是傅培梅的「澳洲影子」富爾頓。雖然這些女性都對中國菜有興趣，但她們對傅培梅提出的問題都「外行得很」。她們對中國菜的地方差異似乎一無所知，對中華烹飪技巧的理解也十分有限，而她們所謂的「中菜食譜」裡也幾乎只有油炸類和快炒類。此外，光是從她們食譜書裡的照片，傅培梅就能看出她們的「刀法看上去不怎樣高明」。與傅培梅交流過後，就連心高氣傲的富爾頓也不得不承認，中華料理還有很多她要學習的地方。

然而關於傅培梅的海外行程，臺灣媒體這些充滿讚譽的報導卻顯得天真，根本不夠瞭解外國人會如何詮釋傅培梅在國外的烹飪示範。即使提到臺灣或臺灣產品，外國人仍只把傅培梅視為「中華／中國」料理（Chinese cooking）的代表人物。例如一九七二年她訪問菲律賓時，當地的英語報紙確實有報導，也附上漂亮的大幅照片

——但只出現在《馬尼拉日報》（*Manila Daily Bulletin*）與《菲律賓每日快報》（*Philippines Daily Express*）的社交版面上。《菲律賓每日快報》的照片說明只稱她為「中華／中國廚師」（Chinese cook），對臺灣隻字未提，而《馬尼拉日報》也只在一處提及她在臺灣的烹飪學校。傅培梅出訪的影響力始終只限於女性版、美食版或社交版，從未登上頭版。外國記者無一例外，只聚焦於傅培梅和她的食物，完全避開了中華人民共和國與中華民國之間錯綜複雜又彼此對立的歷史脈絡與政治意圖。

***

從許多角度來說，傅培梅作為媒體名人，在海外推廣一種吸引人又可口的「中華文化」形象，某種程度上也預示了臺灣近幾十年來強調「軟實力」的發展方向，也就是在非政治、非軍事、非經濟的領域拓展全球影響力。泰國為了推動泰式餐廳在海外拓點並促進觀光，於二〇〇二年展開了「全球泰國」（Global Thai）計畫，此後包括臺灣、南韓、馬來西亞與祕魯等擁有豐富飲食文化的中型國家也紛紛跟著推出自己的美食計畫，以強化國際間對他們國家品牌的認知並拓展軟實力。就連美國也跟著這些國家走進了廚房——國務院於二〇一二年啟動「美食外交夥伴計畫」(Diplomatic Culinary Partnership)。許多美國名廚受邀參與國宴、到海外參加美食旅遊團與示範教學，並接待訪美的外國名廚。這些美食外交計畫都是建立在同一套邏輯上：要交到朋友、影響他人，一個絕佳的方法就是征服他們的胃。

傅培梅在冷戰期間出版的食譜與美食外交任務，都凸顯了臺灣以美食作為外交工具所面臨的特殊挑戰，且即使到了今日仍是如此。當外國觀眾對中華人民共和國與中華民國這兩個政體之間複雜又分歧的政治歷史幾乎毫無概念，對臺灣內部的分歧也幾乎一無所知時，究竟什麼才最能代表臺灣的美食傳統？立刻浮現腦海的例子之一，就是風靡全球的珍珠奶茶。這種飲品於一九八〇年代發源自臺灣，在亞洲移民社群與臺灣企業家的努力推廣下，已迅速在世界各地流行起來。最基本的形式是加入Q彈黑色粉圓的加糖奶茶，但如今已經發展出幾十種變化版，包括水果風味、起司奶蓋等各式創意配料。

對臺派人士而言，珍珠奶茶源自臺灣這件事意義重大，如今，這款飲品經常被當作國族象徵來宣傳，出現在各式各樣代表臺灣的觀光紀念品上。「時代力量」是主張臺灣民族主義與獨立的新興政黨，在二〇一四年太陽花學運的背景下崛起，該黨曾於二〇二〇年舉辦一場護照封面設計比賽，想把護照上的「中華民國」直接改成「臺灣」。在一二七件視覺化臺灣認同的設計圖中，有六件以珍珠奶茶為主題。其中一件是以一杯珍珠奶茶為基座，上面堆疊著其他代表性的臺灣符號——包括臺北一〇一、平溪天燈與中正紀念堂。另一件作品則是讓臺灣的國鳥「臺灣藍鵲」戴上一頂風格活潑的珍奶帽。還有一件作品以傳統水墨風格描繪珍奶的特寫，淺褐色的奶茶與底部圓圓的黑色珍珠清晰可見。

但一般美國人或其他外國消費者會知道或在乎珍珠奶茶確切的發源地嗎？北卡羅萊納的教堂山，也就是我現在居住的大學城，現在已有五家珍珠奶茶專賣店，全都是過去這幾年間開張的。其中有三家從校園走路就能到。大學生似乎覺得去哪一家買都可以，但也似乎少有人知道這些店家的背景有什麼不同。「Cha House」是教堂山的第一家珍珠奶茶店，於二〇一六年開業，業主來自臺灣，並且驕傲地宣示自己的臺灣身分，稱Cha House為「一間融合臺灣風味與文化傳統的亞洲風茶館」。除了珍珠奶茶外，店裡也賣臺灣常見的街頭小吃，例如鹽酥雞和滷肉飯。第二家是「Yaya Tea」，這是個連鎖品牌，二〇〇八年創立於紐約。該品牌的網站並未提及珍珠奶茶來自臺灣，賣的食物則以日式點心為主，例如飯糰。教堂山最新的珍奶店則是二〇二一年開幕的「愿茶Möge TEE」。這家店隸屬於一個龐大的連鎖品牌，二〇一四年於中華人民共和國成立，光是在中國就有三百多家分店，在世界其他地方也有幾十家。Möge TEE的官方網站自稱「靈感來自數千年的中國傳統茶文化」——儘管珍珠奶茶實際上是一九八〇年代由臺灣的街頭小吃創業家發明的，非常現代。

消費者在選擇要光顧哪家飲料店時，最該在意的究竟是什麼？是珍珠的Q彈口感，還是店主的背景？從三家手搖飲店在Yelp上的評論看來，大多數顧客都不瞭解、似乎也不在意珍珠奶茶的起源或每家店鋪背後的故事。不意外，顧客比較關心的是飲料本身的品質或服務水準。

當年傅培梅透過中華料理的烹飪示範在世界各地為中華民國爭取外交利益時，臺灣的街頭小吃攤上甚至連珍珠奶茶的影子都還看不到。但如今，這種飲料已被廣泛視為臺灣的國家象徵，行銷全世界。想像傅培梅用專用的超胖吸管喝珍珠奶茶的畫面——無論有多怪誕，這樣的畫面卻能串起臺灣飲食文化的過去與現在，也凸顯出兩者共同面臨的矛盾。（傅培梅本人在世時從未喝過珍珠奶茶，但她女兒說她一定會樂於嘗試，因為她對所有新潮的食物和飲品都一貫地充滿好奇心。）無論是想促進中華民國的利益還是臺灣的利益，如果目標受眾無法領會訊息，那一切都是白忙一場。傅培梅的食譜能登上《紐約時報》，本該是一項外交成就；同樣的，今日一般美國大學生把珍珠奶茶當成他們的下午茶飲料，也應該算是一種成功。然而，傅培梅那個年代的美國人並沒有區分中華民國與中華人民共和國（兩者在他們眼裡都是「中國」），今日的美國人也不會區分不同的珍珠奶茶店

(反正在他們眼裡都是「亞洲風」)。在美食外交中,料理的美味有時會掩蓋其背後的文化訊息。

第七章

十七分鐘內做好晚餐

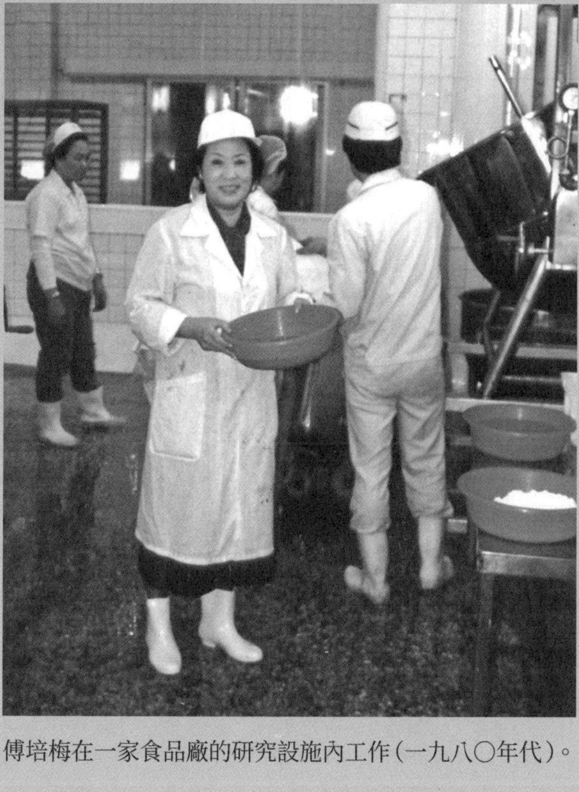

傅培梅在一家食品廠的研究設施內工作(一九八〇年代)。

每次傅培梅走過那條可以俯瞰工廠作業區的玻璃走廊時，她都會放慢腳步，偷偷看著那些閃亮的機械在組裝線上精確地運作。那是一九七九年，傅培梅受日本山森（ヤマモリ）食品公司之邀擔任顧問，協助改良他們開發的中式即食料理包，因為這一線的產品上市後反應不佳。山森的創辦人三林專太郎在十九世紀末以釀造醬油起家，並於一九六九年設立了日本第一座即食料理包高溫殺菌設施，可將預煮食品封入軟式鋁箔袋中，只需放入滾水中加熱，打開即可享用。傅培梅對這條生產線的高效率著迷不已。整條線分成相連的六條「長龍」。食物先在巨大的鍋爐中煮熟，再經由管線吸入、按精準分量注入袋中，最後封口、殺菌，全程都不需要人類的雙手介入。「動作之規律準確，嘆為觀止，擁合了這許多項特性設計的先進機器，我在當年確是第一次看到。」傅培梅回憶。

如果說工廠作業區的生產線完美展現了精準、衛生、自動化的效率，那傅培梅實際參與食品開發的小型研究室，則是截然不同的景象。每張工作桌都擠了兩位研究人員，房間中央放著一口冒著蒸氣的老舊殺菌大鍋，還不時發出刺耳的哨音。

室內沒有空調，悶熱得令人窒息。傅培梅的工作，是以傳統方式烹調中式料理，必須決定每一種食材、調味料與化學成分的精確用量。「以往我寫食譜調味料都是用量匙計算分量，到了研究室改成用公克為單位……分量量得要十分精準。」研究團隊面臨的主要難題是：殺菌過程會對食物本身的外觀、口感和味道造成負面影響。「色澤退去，彈性消失，黏稠度減少，葉綠素破壞殆盡，變黃、變黑。」許多用澱粉勾芡的東西加工後會回復成液態，變得湯湯水水。此外，由於這類食品是以室溫保存，放久了氣味和味道也會變。為了解決這些問題，研究團隊在必須進行殺菌處理的種種技術限制下反覆試驗，絞盡腦汁，「舌尖也早已試得麻木，」傅培梅寫道。

傅培梅雖然是因為在臺灣電視臺教授家常菜、享有「家庭料理宗師」美譽而打響知名度，但在她自己看來，參與即食食品的開發和這個身分並不矛盾。她一向熱中於掌握最新的食品科技動態，對任何新鮮事物都充滿求知欲。她樂於在實驗室中迎接各種挑戰，也不畏繁瑣的試驗過程，為了改良一道料理可以一次次地嘗試。更何況，擔任食品顧問也能帶來額外的收入，何樂而不為？傅培梅認為，冷凍食品與即食料理包，只不過是中國人長久以來為了保存食物所做努力的最新演變。這項傳統在過去千百年來已出現過各種不同形式。「從原始古老的風乾、煙燻、鹽漬、油泡、醬醃等等之方法……到了近代發明了用金屬罐或玻璃瓶裝少量體積經高溫殺菌後，延長了保存時間，在二十世紀後期對於熱食的東西，我們開始用軟性的鋁箔袋去替代罐裝食品。」此外，還有其他更新的保存技術可以用於不需要加熱的食品，例如真空包裝，或以氮氣等惰性氣體排除氧氣。

在她職業生涯的後期，傅培梅與多家食品工業公司、速食連鎖餐廳、食品業機構，以及一家商業航空公司，多次合作，展現了她對中華料理一貫的前瞻思維。傅培梅並不是真的想用即食加工食品或餐廳料理來完全取代家庭烹飪，但對於現代女性生活與中華料理之間的平衡，她的態度相當務實。例如，即食料理包既簡單又方便，當她在一九七〇年代訪問日本期間初次聽說料理包這種東西時，她就想：「如果將好吃但費時的中國菜也如此做好，可省卻不少家庭主婦備餐的麻煩。」

二十年後，隨著加工食品蓬勃發展、外食選項大幅增加，在家從頭到尾自己做飯的需求也急劇下降。在一九九二年的一場訪談中，傅培梅提到她的烹飪課要繼續開下去有多困難，因為有興趣報名的女性愈來愈少。到最後，她甚至開始教授可以預先準備、下班後快速加熱的料理。「這就是社會現在的需要啊，」她嘆道。「現代女性又要當主婦又要上班，太忙了，哪還有餘力去培養對繁複耗時的中華料理的興趣？再說，做飯的油煙會破壞居家生活環境。現在很多年輕人甚至不在家裡開伙了。」她說。

戰後幾十年間，加工食品與新的廚房科技徹底改變了臺灣女性採買和烹飪的方式，就和在美國一樣。各式各樣的罐頭食品、冷凍食品、瓶裝醬料和料理包源源不絕地流入市場，只要去一趟新建的超市就可以全部買齊，因此所謂的「在家做飯」有時就只是打開罐頭、放入鍋中加熱而已。有了附冷凍庫的冰箱，忙碌的主婦就不必再天天上市場買菜，可以一次購足好幾天所需的肉類和蔬菜，甚至是幾週、幾個月。瓦斯爐也提供了一種更安全、潔淨、便利的加熱方式，取代了以木柴、木炭或煤球為燃料，操作起來既骯亂又低效的陶製爐灶。到了一九七〇年代末，微波爐問世，又比瓦斯爐更快速、乾淨，烹調時也不會產生油煙。這些由臺灣蓬勃發展的食品加工業和家電製造業推出的產品，無一不以「節省時間」、「減輕主婦負擔」為宣傳訴求。然而，傅培梅投入各種食品顧問工作，究竟是加速了家庭料理的式微，抑或只是順應了食品工業化這股不可逆轉的社會趨勢？戴著髮網、穿著實驗袍的傅培梅，是否也在無意中讓昔日手握菜刀和炒鍋的自己丟了工作？

***

其實傅培梅在事業發展早期，就已意識到下廚需要的是快速與簡便。她刻意設出適合忙碌現代生活的食譜。《培梅食譜》第一冊著重於中國各地代表性菜餚在她心目中的「傳統」呈現方式，但她後來的食譜就更注重年輕主婦的需求——菜式新穎、容易上手、分量較小，且依照主要食材或基本烹調方式分類。傅培梅在《電視食譜》第三冊（一九七〇年）的自序中說明，書中收錄的菜餚多採用煎、炒、煮、炸等快速烹調法，而不是「較為細膩精緻」的慢火技術，例如燉或煨。「吾人已再無上一代人往往為煨燉一盅銀耳而守候終日之閑。」盛傳銀耳湯（銀耳、蓮子、紅棗、枸杞加上冰糖熬煮）是楊貴妃（719–756）最愛的甜湯，可養顏美容。但對現代女性來說，這種耗費數小時熬煮的閒情，是一種奢侈。

傅培梅十分清楚職場女性所面臨的額外時間壓力，因為她們必須兼顧事業和家庭管理。她對她們的困境感同身受。雖然她白天都在教室或電視臺教導其他女性如何烹調美味的中式菜肴，但做飯給自己的家人吃卻是另外一回事。一九七一年有記者在一篇傅培梅的專訪中這樣寫道：「傅培梅則因為她全付精力放在烹飪上，而無暇照料家庭和孩子，誰都不會想到，她家裡的餐桌上擺的經常是些最簡單、最隨便的家常小菜。」文章還引述了傅培梅的話：「還好我的公婆並不注重『吃』的藝術。」該篇報導題為〈傅培梅女士和速成中國菜〉，傅培梅坦言，雖然吃上一頓精心準備的中國菜確實是一種享受，但「過分講究、烹調費時的中國菜，在一切要求速度的現階段來說，卻是落伍了」。她曾想像有朝一日，一家人到郊外野餐時，可以「帶著一份經過特別處理的塑膠盒裝速成餐點」。等到大家肚子餓得咕嚕作響、準備開動時，媽媽只要「即刻取出速成餐，以最簡單、快速的加熱過程後，一家就可圍坐一起享受一段香噴噴的快樂時光」（至於如何加熱，傅並未說明）。

你可以說，傅培梅想像中那種簡便又快速的中國菜在十年後確實成真了，而那正是她最成功的一次產業合作成果：與統一企業聯手推出的泡麵「滿漢大餐」。統一企業是個龐大的食品集團，總部位於臺南。之所以取名「滿漢大餐」，是為了讓人聯想到清朝時，滿族統治者與漢族官員同桌共饗的那種帝王級盛宴，暗示這款泡麵是「豪華升級版」，除了麵條、湯粉與調味油包之外，還附上一包加工肉塊。泡麵是一九五八年由安藤百福（原名吳百福，1910–2007）在日本發明的，他是個於日治時期出生在臺灣的臺灣人，年輕時移居日本，後來創立了日清食品公司。而一九六七年成立的統一企業則在一九七〇年推出臺灣的第一款本土泡麵。

統一企業的高層主管於一九八二年邀請傅培梅擔任顧問，協助開發新的中式食品。由於她曾與日本的山森公司合作，熟悉高溫殺菌與包裝流程，因此非常適合這個工作。她每個月都會前往臺南，到統一企業的小型實驗室，實驗室裡配備了那些她早已熟悉的工具：一個大型烤箱、一個發酵箱、一個爐子、大小冰箱、大小攪拌機、一臺包裝機，以及好幾櫃子的調味料與量具。她在抵達現場之前從來都不知道當天的任務會是什麼，因此每次工作都像「上戰場」。「遇到不常做的主題，手邊又沒有參考資料時，往往得絞盡腦汁去想去創造。」

一開始的六個月裡，傅培梅參與開發了二十種不同口味的泡麵調味包。和當年山森公司的產品一樣，最大的挑戰是要讓成品維持適當的稠度與口感，因為食物經過高溫殺菌後，往往會變得糊糊爛爛或湯湯水水。團隊嘗試使用不同部位的牛肉，最後發現較多筋的部位更耐煮，吃起來也更有嚼勁，還有助固定瘦肉，避免肉塊煮散。其他配料也經過同樣嚴格的測試，包括要切多大塊、調味料的理想用量，以及最佳烹調順序。在開發出來的二十種口味中，研究團隊挑選了六種，提交給公司各部門主管進行評估，以盲測的方式試吃。他們的評價包含了文字敘述與數字給分。評審會寫下他們看到、聞到、嘗到了什麼，再給每項特質分別打分數。

他們先在暗室中品嚐，只專注於味覺的判斷，之後再移到明亮的房間，對產品的外觀、色澤和整體滿意度進行檢視。接著這些口味又進入新一輪的測試與改良，直到每個細節都達到令人滿意的標準。

滿漢大餐系列泡麵於一九八三年在臺灣首次上市，結果大獲成功，第一年的銷售額就達到三百萬美元。它共有六種口味，其中以珍味牛肉麵、東坡珍肉麵和筍干排骨麵這三款最暢銷。整個系列主打奢華享受，並因附有一包真材實料的肉塊，而被視為泡麵的「第二代升級版」，因為先前的泡麵都只有調味粉包。據傅培梅說，「珍味牛肉麵」賣得出乎意料地好，統一企業還因此不得不從日本緊急訂購一套自動化生產線來應付需求。（在設備升級前，這些醬包全是由工廠人員手工烹煮與包裝。）最早的包裝上還印有傅培梅的照片，標榜產品是由她「親自指導調配」，旁邊則是一碗熱騰騰的麵。（不過有些糟糕的是，產品的英文名稱竟翻成「President Imperial Big Meal」，聽起來反倒比較像那種會讓人消化不良的東西。）

灣區的美食作家蔡光裕（Luke Tsai）還清楚記得，一九九〇年代他們家造訪臺灣時，全家人總是很期待吃他們所謂的「傅培梅牛肉麵」。「我們家只買那個牌子，」他說。就是因為有那包肉塊，這款泡麵才顯得比其他品牌高級，至於麵本身，「其實並不特別」。此外，這款泡麵的口味也很重。「它還有一小包橘紅色的辣油，這就是它好吃的原因，」他說。蔡光裕還記得每次回美國時，「我們都會偷偷帶一些上飛機，因為裡面有真正的肉塊包。」如今「滿漢大餐」的包裝上已經不再有傅培梅的肖像，但因為真材實料的肉塊包還在，這系列泡麵依然是統一企業在臺灣泡麵市場上維持領先的主力。

傅培梅在工業食品開發上的失敗其實和她的成功一樣有意義。她曾在多家冷凍食品公司擔任顧問，不斷努力說服臺灣消費者冷凍食品不僅方便，營養與風味也不輸新鮮食材。像濃縮柳橙汁、魚條和火雞電視餐等冷凍食品自一九五〇年代起就廣受美國主婦歡迎，但這類產品於一九七〇年代進入臺灣市場時，臺灣主婦卻不大買單。在一九七八年《家庭月刊》的一篇美食專欄中，傅培梅大力讚揚冷凍食品的優點。「一提起冷凍食品，很多人可能會嗤之以鼻，認為它不但不好吃而且沒有營養。事實上，不好吃是因為對冷凍食品的解凍和烹調方法不得當的關係。」傅培梅在文中分享了幾道食譜，包括（冷凍）芥藍菜炒魚片、（冷凍）豌豆紅蘿蔔素什錦沙拉、乾煸（冷凍）四季豆、（冷凍）菠菜翡翠飯，以及（冷凍）花菜炒牛肉等。

儘管有傅培梅背書，但冷凍食品在臺灣國內市場還是多年都未能獲得普遍接受。《臺灣評論》（*Taiwan Review*）一九九二年的一篇報導指出，當時的臺灣每人每年平均冷凍食品消費量只有六公斤，遠低於美國的五十一公斤與日本的十一公斤。記者總結：「很多人覺得，這些冷凍食品不管多好吃，都還是缺少現煮家常菜的味道。」這樣的看法或許可以解釋，傅培梅在一九九〇年代參與開發的日商味之素冷凍中華料理系列為何會失敗。她先以傳統方式烹製了十五道調味複雜而獨特的中式佳餚供味之素的高層試吃，再從中挑出四道投入商品化：魚香肉絲、咕咾肉、辣子雞丁和紅燒牛肉。但即使投入大量資源進行研究開發，味之素的這幾款冷凍中華料理始終未能在臺灣市場打開銷路：銷售量連續下滑三年之後，味之素決定讓工廠轉而為日本市場生產冷凍日式煎餃。

***

冷凍食品會引進臺灣國內食品市場，是因為家用冰箱開始普及。一九七七年針對臺北家庭主婦所做的調查顯示，當時已有九成的城市家庭擁有冰箱。但冰箱仍相對新穎，《家庭月刊》還因此刊登了一篇由記者袁明倫撰寫的〈使用冰箱的奧妙〉。袁明倫在文中提到，她弟弟和弟媳新婚搬進自己的公寓後，第一筆共同的大型開銷就是買了一臺冰箱，還是分期付款。這臺新冰箱就擺在大門邊，好讓每位進門的客人都能看見它，讚賞一番。在那之前，這對夫妻只能靠罐頭、饅頭、麵包、泡麵與其他乾糧過活，因為下班回家時，附近的市場都早已打烊了。他們週末會回夫家吃飯，彌補平日都沒能吃到現煮食物的遺憾。

然而，擁有一臺新的廚房家電，也意味著必須學會新的保養方法與使用責任。這對年輕夫妻只能透過經驗學到不要在冷凍庫裡塞太多食物，否則會妨礙空氣流通、導致冷凍功能失常。如果冰箱底部的排水孔被堵住，蔬果抽屜裡的馬鈴薯就會發芽，蔥也會發黑枯萎。他們也得開始購買塑膠袋、鋁箔紙與塑膠蓋之類的東西，以便妥善保存食物，免得氣味互相混雜。家政學教授鄭美瑛提醒：「在採購前，應先行檢視冰箱，將剩下的食物取出食用，避免新鮮的食物買回來放在表面，舊的就被擠入內層，而遭遺忘，終致不能食用，這是不必要的浪費。」她因此建議每兩週就要徹底清理冰箱一次，還可以用剩下的牙膏擦拭冰箱外殼，「既有效又省錢」。

新型加工食品出現，加上冰箱可以延長鮮食的保存期限，使人們也改變了採購食物的方式。雖然一九七七年的臺北主婦調查顯示大多數家庭都已有冰箱，但還是有多達五八%的主婦表示每天都會出門採買。大部分主婦還是去傳統市場買菜，那裡都是獨立攤販，賣的東西從蔬菜、肉類到海鮮都有。新的超級市場雖然如雨後春筍般在城市各處冒出來，閃亮亮的冷凍櫃裡裝滿了冷凍食品，還有大量的罐頭與各種加工食品，但消費者還是沒有立刻受到吸引。作者曉暉曾在一九七七年為《家庭月刊》寫過一篇文章，解釋自己為什麼依舊偏愛熟悉的菜市場，而不是隔壁新開張的亮麗新超市。在超市裡，「環境清潔，冷凍玻璃櫃一塵不染，光可照人，菜肉魚類很齊全，價錢也很公道。」但店裡卻沒什麼人。同時，幾步路之外的普通菜市場——髒亂、擁擠、嘈雜又臭氣熏天——則是人聲鼎沸。

曉暉受傳統市場吸引的主要原因是裡頭滿滿的人情味：顧客跟熟悉的攤販之間已建立起溫暖的情誼，有真實的人際互動。她說，許多主婦喜歡討價還價、貨比三家，看哪一攤的價格最好、食物品質最佳，買到便宜又好的東西會讓她們感到很滿足。熟悉感會帶來舒適與信心，因為你「知道那家的魚丸新鮮脆，那家的肉鬆是剛出鍋的，那個菜攤子的菜洗得乾淨，貨色齊全，那個肉案子賣的是宜蘭殺的黑毛豬」。攤販有時可能還會讓熟客賒帳，因為有些人月底才領薪水，有些人則可能因為那個月家裡來了特別的客人而不小心超支了。

但除了經濟上的好處外，曉暉最珍視的是那份人情味，展現在攤販與顧客的交流互動中。熟客往往會受到老朋友似的招呼，尤其是有一陣子沒見面時。婦女可能會在她常去光顧的攤位上說：「老闆，有蔥嗎？給幾根蔥來。」而攤販可能會大方地塞幾根到她的袋子裡，不收錢。或者他也可能會說：「哈！對不起！蔥沒有了。」但還是換一小塊薑或幾根辣椒給她。婦女也可能抱怨：「太貴了，便宜些吧？」而他可能會回答：「太太，沒法度啦，南部落大雨，菜都被水淹，沒菜啦！好啦，老主顧，便宜賣妳，沒賺錢啦。」

攤販往往也都很會做飯，因此可以推薦蔬菜和肉類的不同煮法。有些攤販也接電話訂單，把菜送到家，為忙碌的職業婦女省時省力。曉暉回憶，有個菜攤的老闆娘不僅送蔬菜，還「常把該揀的菜揀清潔，該削皮的削了皮，使我在趕時間時減少很多工作，不致手忙腳亂」。現在回想起這些事，她仍感動不已。「這就是菜場裡賣菜老闆的人情味——重情意輕金錢。」曉暉如此總結。基於上述原因，她和其他許多主婦都寧願去又髒又亂的傳統市場，跟熟悉的老攤販說說笑笑，「而不願意到那整齊寬敞的超級市場，去面對店員小姐那冷若冰箱的冷面孔。」

即使許多（年長）女性選擇維持她們熟悉的購物習慣，但願意擁抱其他廚房新科技的年輕消費者也不在少數。一九七〇年代末，微波爐開始在臺灣亮相，被宣傳成一種充滿魔力的烹飪機器。美國利烹（Litton）公司於一九七九年為自家新型微波爐打了一則廣告，宣稱這是「一按鈕飯菜就跑出來的機器」。設計師以充滿想像力的筆法，描繪出一位面帶笑容的女子，站在一臺方方正正、看起來很像烹飪電腦的綠色機器後方，準備按下其中一個按鈕。烹飪電腦的一邊放著一排尚未烹調的新鮮蔬菜：洋蔥、甜椒、紅蘿蔔、高麗菜、蔥，另一邊則跑出一盤盤亮麗奪目的菜餚成品。每則廣告都強調微波爐不但快速（「比舊式烹調節省四分之三以上時間！」），還很乾淨（「沒有油煙，您可以衣著入時的出入廚房！」），功能也多樣，可以做出各種中式、日式與西式菜餚。

但若說真有哪個按鈕被廣告商觸動了，那就是職業婦女心中那股揮之不去的罪惡感，覺得自己沒有好好照顧家人。國際牌宣稱自家的「速烹器改變婦女生活！」（但改變顯然很有限，因為大家還是普遍認為每天晚上為家人做飯的主要責任應由女性承擔。）其中有一條廣告寫道：「六點下班回家，六點半享受熱騰騰的晚餐！」廣告詞還說：「如果您是職業婦女，更不用再為孩子到外面吃飯而感到內疚；或花錢請傭人，吃不到合胃口的飯菜而煩惱了！只要您擁有國際牌速烹器，不用揮動鍋鏟，不必翻動照顧，幾分鐘內，一桌原色、原香、原味俱全盛餐便可上桌，方便省時又營養！」

這些早期的微波爐廣告最值得注意的地方，在於它們的行銷手法並不只是把這項科技當成加熱剩菜或溫一杯豆漿的好用工具，而是一種更先進、更乾淨、可以取代瓦斯爐的全方位烹飪設備，號稱能執行各種困難的中式烹調技法。例如聲寶牌「天廚」微波爐的廣告就宣稱，它「煎、炒、蒸、煮、燉、溫、烤、樣樣皆能！」敢這樣說在當時也不無道理。畢竟，從一九五〇年代末到一九七〇年代末，瓦斯爐已慢慢取代臺灣的其他廚房燃料，像是木炭、煤球或煤油。黃媛珊一九五四年的那本食譜書中還特別推薦使用木炭、捨棄煤或煤油，因為木炭的火勢是最旺的。在那個年代，臺北的巷弄間仍「常常可以看到蹲在地上搧爐子的主婦。爐子上滾動的濃煙，染黑了雙手，薰紅了眼睛，汙染了廚房，也汙染了空氣」。甚至到一九六二年傅培梅首度在台視節目上亮相時，她都還自己扛著一個炭爐進攝影棚。但到了一九七〇年，傅培梅的身影已出現在瓦斯爐的平面廣告上，標語寫著：「炊事不再是苦差事了!!」

所以，微波爐為何不能成為大受臺灣主婦歡迎的另一項創新，用它整潔密閉、充滿科學能量的構造，徹底取代滿是油煙的瓦斯爐呢？微波爐製造商也確實盡了最大努力，試圖說服臺灣女性，微波烹飪其實具備多樣化的料理潛力。國際牌還成立了自己的「速烹中心」，專教女性如何用微波爐搞定一頓飯。其他食譜作家也迅速跟進，味全烹飪教室的伊莉莎白．黃（Elizabeth Huang，譯音）即是其一，出版了一本專門介紹中式微波料理的雙語食譜。利烹微波爐的一則廣告更宣稱，只要十七分鐘就能做出一桌四菜一湯加上一道甜點的「完整」中式家常餐，菜單與烹調時間如下：

牛排：二分鐘

番茄炒蛋：二分鐘

素炒菠菜：二分半鐘

鼓汁魚片：三分半鐘

玉米濃湯：四分鐘

椰子球：三分鐘

而倘若這家人依傅培梅的建議，採用事先切好的冷凍魚片與冷凍蔬菜，每道菜的準備時間還能進一步縮短。

利烹微波爐的廣告照片中，一位笑容滿面的父親像愉快的服務生般，高舉菜餚走向餐桌；一旁的母親也面帶微笑，正把另一道完美的菜端上桌。兩個孩子（一男一女）坐在桌前，伸出筷子準備大快朵頤。然而，在這幅展現完美家庭與完美料理的視覺畫面中，最令人錯愕的元素莫過於那隻北京烤鴨。它靜靜地躺在敞開的微波爐裡，鴨皮閃閃發亮，呈現完美的焦糖色澤，看上去酥脆可口。微波爐確實能烹製許多東西，甚至能做出一頓像樣的家庭晚餐，但……一隻完美的北京烤鴨？儘管如此，一些熱中微波料理的華人食譜作家還是堅稱這種「奇蹟」並非不可能，例如海倫・趙（Helen Chao，譯音）曾於一九八四年在《華盛頓郵報》上提供了一份微波版北京烤鴨的食譜。（事實上，海倫・趙的食譜並沒有完全省去原本的繁複工序，只是在送進傳統烤箱之前先用微波爐加熱過，以縮短整體烘烤時間。）

就是在微波爐這裡，傅培梅劃下了她烹飪的底線。她可以接受料理包和泡麵，卻無法擁抱微波科技，將之視為瓦斯爐的合理替代品。（她的大女兒程安琪告訴我，傅培梅完全可以坐下來吃一碗簡單的泡麵，尤其是她一個人吃飯、不必為任何人下廚的時候。）雖然傅培梅在一九九二年的一場訪談中不甚甘願地承認微波爐可能「更乾淨」，她卻不太相信微波爐有辦法產生足夠的熱（也就是最重要的火候），來妥善烹製中式料理。「烹煮正統中華菜所需的步驟是非常複雜的，」傅培梅堅持。「不能草草帶過，也不能使用劣等食材，否則就會失去食物的色、香、味。」換言之，在中華料理上，速度與簡便確實有其極限。

***

一九九二年，傅培梅做了一個困難的抉擇：關閉她的烹飪學校。她說有幾個原因。其一是她想多陪陪身體不好的丈夫。但或許有個更實際的原因，就是她的烹飪課愈來愈難招生。「職業婦女形態之轉變，大都不愛下廚房，新建築的廚房，也變成與客廳相通的開放式設計，怕油煙，又懶清掃，使得婦女紛紛遠庖廚。」傅培梅解釋。

在臺灣，外食的選擇五花八門，也代表了家庭烹飪的終結。戰後初期餐廳很少，大家也沒什麼閒錢上館子。後來到了一九七〇和一九八〇年代，隨著經濟起飛，不僅供應中國地方菜的高檔餐廳暴增，人們對異國食物也愈來愈有興趣，包括西式速食連鎖店。麥當勞於一九八四年在臺北開了第一家分店，同一條街上還有賣「韓式烤肉、港式海鮮、義大利麵、日式咖啡」的餐廳。十二年後，全臺各地總計已有一百三十一家麥當勞加盟店。但即便是在麥當勞還沒進駐臺灣之前，臺灣人對西式速食就已經不陌生：有一個仿冒的當地品牌叫「麥當樂」，在臺北火車站前熱熱鬧鬧地賣了超過十年的漢堡、薯條和飲料，之後臺北才終於開了一家真正的麥當勞加盟店。

人們對西方或西式食物（尤其是速食連鎖）的反應主要因年齡層而異。年輕人似乎很愛，年紀較大的人則覺得不好吃或超難吃。一九八四年一篇關於臺灣西式速食連鎖店的報導引用了一位四十歲婦女的話，她家的三個學童都愛「炸雞、漢堡、三明治、奶昔、可樂」。她說：「每次看他們吃炸雞、漢堡狼吞虎嚥，一客不夠還要再來一客的樣子，我心裡就想，在吃的口味方面，我跟他們有『代溝』。」另一位小伙子則代表他那一代的速食迷發言，讚美速食餐廳的服務速度，以及可以事先知道分量大小、價格和味道有哪些好處。「不像中菜，光是點菜就很麻煩，有時候只看菜名根本搞不清楚是什麼東西，有些繁雜的菜一等就要半天，浪費時間。」

***

傅培梅究竟身處這條代溝的哪一側，答案非常明顯。在一九九七年的一場訪談中，傅培梅解釋說二十年前還沒有這麼多餐廳可讓人外食，因此很多人都想學做菜，但如今她則指出，「現在外食的情形大增，又引進了大量西方的菜式及速食，一般人不再講究要吃中國菜、熱食，一切以方便為考量，尤其年輕人，口味大多非常西化，所以學燒菜的人愈來愈少了。」傅培梅並不反對速食本身——速食產業講求快速方便的模式在忙碌的現代生活中十分合理。她反對的只是西式速食對中式味蕾的侵害。

傅培梅決心放下她的烹飪課，因為她「發現有更好的方法推廣中國菜」——跟食品公司合作開發工業食品。「因為現代生活的需要，中國食物必須改變原有的烹調方式，改製成低溫食品、冷凍食品、罐頭食品等。」即便如此，她依舊堅持這類轉型必須「保持它原來的美味」。此時的她是全心全意地投入了這些計畫。「這是一種變通之策，至少能讓中國菜一直保留下去，不至於全部被西方食物取代。」她持續最久的一次顧問工作是跟日本連鎖餐廳 Ringer Hut 合作，這家餐廳賣的是各種日式與其他亞洲風味的麵食。他們什錦湯麵的大部分食材——豬肉、木耳、豌豆莢——都從臺灣進口，因此傅培梅的工作是要監督這些麵食的烹製過程，之後再快速冷凍、送往日本各地的加盟店。

傅培梅雖然不在她的烹飪教室親自授課了，但她還是持續透過電視節目進入家家戶戶的客廳，且依然受歡迎。上了三十年的節目，她本想在一九九二年從電視臺退休，但台視高層說服她繼續做下去。傅培梅本人認為她的節目之所以能夠這麼長壽，是因為「內容變化多，可看性高」，再來就是她坦率的個性，也就是「知無不言，言無不盡的解說」。她動作很快，而她對刀工和火候的掌握也是真才實學。「我的努力、我的認真、直爽的誠意，相信經過這麼多年，觀眾都已感受得到的。」她的廚藝都是憑藉多年經驗辛苦累積下來的，但也許到了那個時候，這些已經不重要了：此時收看節目的，已不再是前幾十年那些真心想學做紅燒海參、生日蛋糕或其他特殊料理來讓家人開心的家庭主婦。到了她職涯的尾聲，傅培梅已是個電視偶像，觀眾收看她節目的理由也已不同——是把它當成一種身歷其境的娛樂節目，看她這個溫暖的媽媽角色那天會示範什麼樣的美味料理。看完大家就開心地前往最喜歡的麵攤去買一碗牛肉麵，或者更省事——打開一包傅培梅的泡麵，在他們光潔無垢的廚房裡享用。

第八章

她獻給餐桌的一切

二〇一七年台視電視劇《五味八珍的歲月》宣傳海報。左邊提著購物籃、身形較矮的女演員（孫可芳）飾演虛構的傅培梅幫傭阿春，右邊較高的女演員（安心亞）則飾演傅培梅。

二〇一七年，一齣改編自傅培梅生平的電視劇在臺灣開播。中文劇名直接取自她的自傳《五味八珍的歲月》，但英文劇名則改為「What She Put on the Table」（她獻給餐桌的一切）。劇情設定在傅培梅尚未成名前的歲月，其中最引人注目的設計，是加入了一位完全虛構的人物：傅培梅的臺灣幫傭阿春，她後來成為家中不可或缺的一員，也是傅日後登上電視大獲成功的重要功臣。這齣劇所有宣傳海報上都可見飾演傅培梅與阿春的兩位女演員，劇集的漫畫版甚至隨書附贈兩張角色收藏卡，分別是傅培梅與阿春的肖像插畫。

在電視劇中，是阿春教會傅培梅怎麼包水餃才不會漏餡，也是阿春教會她如何在市場跟攤販殺價；她會在後院棚子裡開烹飪課，是因為阿春鼓勵她；市場裡到處買不到黃花魚時，是阿春幫她找到了貨源。當她在電視攝影棚裡猛然發現自己忘了帶菜刀的危急關頭，又是阿春立刻衝去餐廳借來一把替代品，成功救場。可以說，英文劇名中的「她」指的不僅是傅培梅一人，而是她與阿春兩人共同為全臺灣餐桌貢獻的一切。

對於熟悉臺灣當代政治的人而言，將虛構人物阿春納入傅培梅的故事，絕非僅為強化兩位女主角之間的對話與戲劇張力。這其實也反映出在當前政治與社會語境下，傅培梅作為一位外省菁英的成功故事，已不足以回應當代觀眾的期待。雖然臺灣在一九四九到一九八七年間處於國民黨的威權統治與戒嚴陰影下，但自一九七〇年代開始的數十年間，臺灣邁入高速民主化時期，不僅實現了普選制度，也出現如民主進步黨等反對勢力。與此同時，在文化與社會領域，認同自己是臺灣人並以臺灣為傲的意識日益高漲，這一現象常被稱為「本土化」，逐步顛覆由外省人長期支配多數本土族群的社會階序。

電視劇的製作人把傅培梅和阿春一起放上螢幕，藉此傳達外省人與臺灣人在戰後共同走過的歷史。電視劇官網闡述：「阿春的生命歷程相當於那個時代臺灣女人的縮影，她與傅培梅主僕關係，從天差地遠出身背景開始磨合，到最後相知相惜切磋廚藝，成為彼此中重要生命伙伴。」（在劇中這展現在她們常常一起哭。）

相處了十年後，阿春準備離開程家，因為她終於要嫁人了。隨著音樂高昂，傅培梅哭著對阿春說：「謝謝妳一路陪我走過來……以後這廚房沒有妳，我肯定不習慣的。以後也不能指使妳，『阿春啊，幫我煮水。阿春，火生好了沒有啊？』也沒有人會陪我去菜市場幫我殺價。我做了菜，不好吃，也沒有人會給我加油鼓勵了。」阿春則回答（同樣淚眼婆娑）：「是我要謝謝太太才對啦……其實學最多的是我哪，我也沒有付學費給妳……妳一直把我當成自己人，從來也不會對我大小聲的呢。」值得注意的是，就在兩人情感最深刻交會的這一刻，傅培梅用臺語對阿春說了「謝謝」，而阿春也用清晰的國語跟傅培梅道謝，雖然在那之前，這兩個女人通常都只用各自慣用的語言說話。

雖然電視編劇企圖讓這兩位女性的人生顯得對等，但改變最深的還是阿春的人生。剛出場時，她是個沒受教育的鄉村農婦，蹲在地上笨手笨腳地用湯匙挖東西吃。後來她就學會了認字，是一位心向共產主義的臺灣米店老闆教她的。最後她嫁給一個外省人，原本是國民黨的軍人，後來改行賣北方餃子和饅頭。離開程家結婚後，阿春有了自己生意興隆的小餐館（以傅培梅的名字取名為「梅珍味」），供應傅培梅所有的經典招牌菜，例如她的餃子（來自中國北方）和松鼠魚（來自江蘇）——全都是大陸特色菜，不是蚵仔煎或刈包之類的典型臺灣小吃。

這份言明的互相敬重、高潮迭起的故事情節，以及阿春最後的幸福結局，仍無法讓部分觀眾感到滿意，因為阿春的角色設定令他們感到不快。臺灣評論家管仁建指出，「劇照中很清楚就是兩個年輕女生是主僕關係，因此一白一黑，一高一矮，而且高的還穿高跟鞋要顯得更高，矮的反而穿平底的女用反攻大陸鞋……一挽皮包一提菜籃，一穿裙一著褲。請問這兩人誰是主子？誰是奴才？看照片就不會還有人猜錯吧。」就算盡了最大的努力，電視劇的製作團隊不僅沒能擦去、反而還凸顯了外省人與臺灣人關係中的階級遺緒，而這讓某些觀眾惱怒。當我告訴一位臺灣朋友說我正在研究傅培梅時，她對這齣電視劇和傅培梅的事業都嗤之以鼻：「她對我來說什麼也不是，」她輕蔑地說。

***

剛開始教課時，傅培梅想的既不是臺灣料理，也不是那些尚未出現的臺灣電視觀眾。她的動機是為了幫助那些和她一樣離鄉背井、來到一座風土與家鄉迥異的熱帶島嶼上的外省同胞。從蔬果到魚肉，所有可以取得的農產品都和他們在家鄉吃的不一樣。傅培梅想幫助外省人瞭解可以用哪些臺灣當地食材做出他們最愛的、熟悉的家鄉味。「當時我周遭的友人、家庭，幾乎都是逃難來的，十個有九個不會做菜。所以我想，如果我教人家學會做菜，讓每個人可以吃到自己的家鄉菜，讓每個家庭都很幸福，不是很好嗎？」傅培梅回憶。當然在這個過程裡，很多臺灣人（例如一九七一年加入傅培梅烹飪教室的助教陳盈舟）也學會了別具特色的外省家鄉菜、地方風味菜。「我是本省小孩，」陳盈舟說：「我是從鄉下來的，所以我們以前鄉下人就只有吃一些家鄉菜，小菜。那宴客的中國八大菜系的上海啊、福建啊、廣東啊、四川，這種宴客菜我們在鄉下就很少見到……那傅老師教的都是中國各大省分的名菜，所以那時候我大開眼界，就覺得這個菜怎麼這麼的別致這麼的特別。」但這樣的烹飪教學一開始只是單向的，只有傅培梅在教人，因為她開創烹飪事業時，並不是從瞭解臺灣人原本吃什麼、怎麼煮開始的。

她的教學取向在當時並不奇怪。那時候外省人，甚至很多本省人自己，都不認為臺灣文化（包括料理）稱得上精緻或高雅。「一九四九年之後的那幾十年間，臺北政權對全世界宣稱自己才是中國真正的合法政府，共產政權出現以前中國的一切輝煌成就，都被宣稱在臺灣社會中獲得保存，」美食作家克魯克（Steven Crook）和洪惠文說。「以食物來說，這就表示他們推崇一九四〇年代末由難民廚師與家庭帶來臺灣島的飲食習慣，而當地人在幾百年甚至幾千年間發展出來的飲食習慣則受到忽視。」我母親是個典型的外省人，至今仍對臺灣菜存有成見。「到臺灣去，起先就覺得說，我們習慣吃的東西都沒有……也不大習慣吃臺灣的口味，」她說。「就覺得口味比較淡，而且都是煮的不是炒的。」無論你是否同意我母親的看法，臺灣料理的口味確實比較清淡，跟口味較重、偏辣偏鹹的四川菜和北方菜大相逕庭，而我母親吃得最習慣的就是這些菜。除了在臺灣人家裡吃到一些家常菜，大多數外省人會接觸到的臺灣本土食物，頂多就是街邊小吃。

傅培梅很清楚外省人和臺灣人在料理方式上的差異。《培梅食譜》第二冊（一九七四年）的翻譯妮姬・克洛根回憶，傅培梅當時急於出版這本食譜書，是為了搶在黃淑惠的雙語版《中國菜》之前上市。和《培梅食譜》第一冊很像，黃淑惠的食譜書也收錄了中國各省市的菜餚，例如四川、廣東、上海、北京等地。但與《培梅食譜》第一冊不同的是，黃淑惠的食譜書更加入了許多臺灣菜。黃淑惠是臺灣人，味全食品公司的千金，這間公司也有自己的烹飪學校和出版社。因此，傅培梅的較勁心理並不只是為了爭奪市占率：她似乎認為自己所整理的中國地方菜系食譜比她的臺灣對手黃淑惠更正宗。「我認為她覺得她的版本才是最標準的，」克洛根回憶。「她們的風格很不一樣。另一位比較強調臺灣味。傅培梅的食譜書則更偏向未受臺灣影響的中國傳統菜餚。」

後來臺灣本土意識抬頭，臺灣人也愈來愈關注自身的文化認同——包括語言和飲食，這樣的趨勢與一九七〇至一九九〇年代的民主化進程以及臺灣本土政治力量的崛起息息相關。國民黨一九四九年就在臺灣頒布實施了《戒嚴令》，禁止有反對黨存在，政府也全面審查媒體。在政治領域之外，為了整合來自中國各地的戰後移民與曾受日本殖民統治的臺灣居民，國民黨宣布以國語為官方語言，學校和大眾媒體都只能使用國語，臺語和客語等方言則被邊緣化。對母語為臺語或客語的人來說，這樣的語言政策帶來了巨大的衝擊。想進入政府機關工作或擔任長官，國語就必須說得流利，這讓來自中國的外省人在公職與政界占盡優勢。成功的本省人都掌握了兩種語言：在學校或工作場合講國語，在家裡則講臺語或客語，但很多國語沒辦法講得流利的人在政府單位幾無晉升希望。因此，臺灣人只能轉而投入中小企業，在私有經濟中打拚致富。

從一九六〇年代開始，無論是本省人還是外省人出身的政治運動人士都開始提倡改革，但這些人很快就遭到監禁或被迫流亡。到了一九七〇年代，挑戰國民黨一黨專政的行動開始變得更有組織。雖然戒嚴時期禁止成立新政黨，但無黨籍候選人還是可以參與地方選舉，也確實曾有人當選。這些所謂的「黨外」人士開始互相串聯，彼此支援選舉活動。一九七九年，高雄發生美麗島事件，國民黨政府強硬鎮壓提倡人權的民主抗議活動（女性主義社運人士呂秀蓮也有參與），結果引發強烈反彈，讓民眾反而更加支持民主改革。一九八六年，許多黨外人士集結起來，正式成立民主進步黨（民進黨）。國民黨政府不得不做出回應。這一次，為了避免引起更大的反彈，政府選擇不再鎮壓，而是逐步鬆綁，並於一九八七年宣布解嚴。隨後，民主改革陸續展開，包括一九九六年首次舉行的總統直選。

在這波民主改革浪潮的幾十年間，本土的臺菜擁護者也相繼出現，積極推動臺灣料理的普及與正名。一九七七年，李秀英創辦欣葉餐廳，堅持只做地道的臺灣家常菜。當時有不少評論者嗤之以鼻：「怎麼家常菜也端到餐廳桌上來？要吃家常菜，在家吃就好了，何必來餐廳？」但李秀英堅持不懈，最終打造出一個成功的餐飲帝國，在臺北有四間分店，在中國福建的廈門也有一間，此外還有其他多種餐飲事業。如今，欣葉已是主打臺灣本地特色料理的高級餐廳中最知名的一家，其中一間分店最近更獲得米其林之星。李秀英自己也出了好幾本臺菜食譜。

隨著事業發展，傅培梅也變得更關注她身邊臺灣鄰居的飲食習慣。一九七九年出版《培梅食譜》第三冊時，傅培梅對於中國菜系的分類方式，已不同於她十年前所提出的版本。她原本只專注於中國大陸的幾大菜系：川菜、粵菜、江浙菜、魯菜，但在第三冊裡，她又新增了湘菜、閩菜，以及臺菜。傅培梅解釋，閩菜與臺菜之所以不同，與臺灣自身的特殊歷史有關。閩菜主要以福建省省會福州的菜色為代表，但臺菜還受到了日本的影響，因為臺灣經歷過五十年的日本殖民統治——只是傅培梅在書中並未言明。她寫道：「『臺菜』在口味方面深受閩菜影響，淡雅、清鮮、卻又重甜酸，而烹調方法則承襲日本料理之遺風，多採炊、煮、炸、烤、生食等單項烹調過程，亦頗講求餐盤之裝飾與色調之美感。」

二十年後，傅培梅終於在大女兒程安琪的協助下，寫成自己的臺菜食譜書《美味臺菜：古早味與現代風》（一九九八年）。傅培梅在書序中表示，基於職業與個人興趣，她早在十年前就想認真研究臺灣料理，從早期的起源到最新的菜式，並將她多年來在烹飪節目中邀請無數臺灣名廚與專家所學到的知識，分享給大家。透過這部作品，傅培梅也加入了一九九〇年代臺灣興起的食譜出版風潮，不再聚焦於「中國」料理，轉而重視「臺灣」料理。歷史學者潘宗億曾簡明扼要地指出：這樣的轉變標誌著食譜出版界已從一九六〇至一九八〇年代的「傅培梅時代」，進入一九九〇年代至今的「阿基師時代」。「阿基師」是鄭衍基的暱稱，他是臺灣知名廚師、烹飪老師、食譜作家與電視名人，在一九九〇年代以一系列強調臺灣味的食譜與節目走紅。

飲食史學者陳玉箴提醒我們：一百多年來，臺灣料理在多重影響下持續演變與轉型。日治時期，日語中的「臺灣料理」一詞首次出現在出版品中，當時泛指在宴席上為接待日本賓客所準備的、較為講究的臺灣或中國菜。後來，在國民黨戒嚴統治時期，「臺菜」普遍被像傅培梅這樣的外省人視為中國眾多地方菜系之一。「臺菜」這個中文名稱，也符合中國各地方菜系以兩字縮寫的命名慣例，例如川菜（四川菜）、粵菜（廣東菜）等。但自從臺灣在一九八〇至一九九〇年代民主化以來，臺灣料理逐漸被視為一個獨立的料理體系，並愈來愈常以「臺灣菜」這個全名來稱呼，以彰顯其獨特性。臺灣菜融合了本地閩南人、客家人、外省族群及原住民族的飲食傳統，同時也受到各種餐飲形式與風格的影響，包括餐館、街頭小吃和家庭料理等。

不意外的是，關於臺灣料理，我們可以在中國學者趙榮光主編的《中國飲食文化史》（二〇一三年）這部百科中看到一種截然不同的觀點。書中將臺灣菜歸類為中國東南沿海菜系的一支，與海南菜並列討論，理由是兩座島嶼在地理與文化上皆處於中國大陸漢人核心地區之外的邊緣地帶。趙榮光和編輯群並未強調臺灣料理的獨特性或特殊歷史背景，反而著重於十七世紀閩粵移民來臺後對臺灣飲食習慣造成的影響，完全沒提到二十世紀初日本對臺灣長達五十年的殖民統治。對這些中國學者而言，飲食文化就只是另一個可用來進行政治暗示的領域，用以強調臺灣與中國之間的連結，最終也將屬於中華人民共和國。

儘管傅培梅後來確實努力納入本地菜色，但她本人始終未以臺灣菜聞名，反而更常在節目中邀請本地專家示範臺灣料理。「要學臺灣菜，我不會看她的食譜，」當代美食部落客與中華料理食譜作家許建南（Kian Lam Kho）說。「傅培梅的料理不是真正的『臺灣菜』，而是外省菜。她是第一位介紹外省菜或中國地方菜的食譜作家。她有影響力也是因為這樣。」

但並不是每個人都認為外省菜和臺灣菜之間有如此明確的界線。飲食文化研究者劉盈瑩(Tiffany Liu)成長於臺南一個本省中產階級家庭，全家人在一九九三年她十三歲時移民到加拿大。雖然她理解為什麼有些臺灣人會因為傅培梅是外省人而心生反感，但她自己並沒有這樣的感覺，因為她說她們一家人和外省人關係很好。她父親的上司與導師就是外省人，對他相當照顧。他們的鄰居來自山東，常請她吃包子和餃子。他們家的人在臺南最喜歡的餐廳是一家川菜館。後來在加拿大，她交過一位外省家庭出身、祖籍上海的男友，男友的母親廚藝高超，還教了她幾道上海菜，包括糖醋魚、菜飯(鹹豬肉與青菜拌飯)，以及烤麩(紅燒麵筋配竹筍)。

劉盈瑩小時候並未接受太多政治方面的啟蒙。「我們家不大關心政治。我們不會去談外省人、本省人的差別。當然，我們知道他們說國語的口音不一樣，而我們在家裡說的是臺語。但我們不覺得這些差異有什麼大不了。」但比她小十五歲的弟弟在學校受到的政治教育就很不同了。「現在學校會談到很多臺灣認同的議題，也會講二二八。現在甚至有二二八紀念日，還會放假。」她所說的「二二八」，即是指一九四七年發生的屠殺事件，當時政府出動大批軍警武力鎮壓反政府抗議群眾，有成千上萬人被殺害或遭監禁、淪為政治犯。此後數十年間，無人敢再提二二八，直到中華民國總統李登輝於一九九五年首次代表政府公開道歉，開啟了臺灣社會對國民黨長年主導的白色恐怖進行深刻反省的重要契機。劉盈瑩成長於一九八〇年代，當時學校完全沒教過這些事，她是到了加拿大以後才知道的。

雖然現在的她已清楚意識到這些政治與社會上的分野，但這並不妨礙她享用外省菜或使用傅培梅的食譜。她說自己的口味受到外婆做的臺灣菜，以及她與各種外省人的互動經驗共同影響。她的外婆出身貧苦的臺灣鄉村農家，不會說國語，只會臺語和日語。劉盈瑩一家人還在臺灣時，外婆就住在隔壁，經常煮飯給孩子們吃。「她做的菜是十足的本省味。我記得有很多的胡蘿蔔炒蛋、很多的魚乾——因為比較便宜，她從來不煮鮮魚或昂貴的魚。她還喜歡煮排骨湯、菜頭、地瓜葉、地瓜粥。」

但劉盈瑩也自行學會了怎麼做外省菜。二〇〇〇年回臺灣時，還是高中生的她就買了傅培梅的家常菜食譜。當時她在加拿大必須照顧妹妹，因為雙親都回臺灣工作了。她覺得這本食譜書既然以雙語出版，應該就是為像她這樣的海外華裔寫的。最後劉盈瑩又買了兩本傅培梅的食譜。她認為做菜和吃飯，不必受政治分歧影響：「我會做外省菜，也會做本省菜。」

***

我自己是到了很晚才真正認識臺灣料理。當時是二〇一三年，我作為一群美國學者的一員，到臺灣參加了一趟由中華民國外交部贊助的研習之旅。我們參觀了臺南的國立臺灣歷史博物館，臺南一直是臺灣本土意識的重鎮。這座美麗的新博物館與臺北的國立歷史博物館形成了鮮明的對比——後者是國民黨從中國大陸撤退來臺後，於一九五五年建立的第一座博物館。臺北的歷史博物館展出的文物大多來自中國大陸的考古發掘，讚頌的主要是中國古代的輝煌歷史。而二〇一一年在臺南開幕的新博物館，講述的則是距今較近的臺灣多元文化發展，包括原住民族群，以及被明朝遺臣鄭成功當成獨立抗清據點的時期。就連日本殖民時期也沒有被妖魔化，而是作為臺灣島歷史的一部分，細細檢視。中英雙語展覽的策展品質及其勇於提出一種臺灣史的新敘事，都令我印象深刻。

我們午餐時去的餐廳以新穎的方式處理南臺灣的特色菜，例如擔仔麵（這是一道結合肉類與海鮮的麵食，名字中的「擔仔」意指漁民在淡季時用扁擔挑著麵沿街叫賣的方式）和碗粿（一種鹹米糕）。我從未嘗過這些臺灣菜，因為我在家與外省籍父母一起吃飯時從來沒吃過這些，我們也不曾全家人一起造訪臺灣。每道菜的美味程度與用心程度都令我驚豔。我怎麼會這麼晚才發現這些料理？

我們參觀時，有一位年輕的博物館職員告訴我：「我不覺得我是中國人，我覺得我是臺灣人。」他這番話讓我深刻感受到臺灣人對自身身分的自豪，以及與中國劃清界線的意識。那是我第一次聽到有人如此直接地表達這樣的想法。隨著歲月流逝，這種認同感愈來愈強烈，認同的人也愈來愈多。根據政治大學選舉研究中心在二〇二〇年所做的一項民調，有六七％的臺灣人認為自己是「臺灣人」，創下紀錄，而自認為是「中國人」的僅有二．四％。另有二七．五％的人表示自己「既是臺灣人也是中國人」，這個比例在過去三十年間持續下降。這樣的趨勢也很合理——隨著時間推移，外省人子孫與中國之間的個人連結只會日漸淡薄，主要的身分認同自然逐漸偏向臺灣。如今，「臺灣人」這個詞所指的不再僅限於祖先世居臺灣的閩南人或客家人；對許多人來說，它已成為一種國族認同，涵蓋所有生活在這座島上、並日益感受到來自中國大陸壓力的人們。

要凸顯身分認同的複雜性，或許可以從許多臺灣人的混合背景談起：不少人本身就有跨族群的血統——父母一方是外省人、一方是本省人，或祖父母來自不同族群背景。最能展現當代中國／臺灣身分複雜性與彈性的人物，大概非籃球員林書豪莫屬。他在二〇一一至二〇一二年NBA球季爆紅，掀起「林來瘋」熱潮，震驚眾人；而在此之前，他長年因為亞裔美國人的身分而不被看好。他父親的家族原籍福建，自一七〇七年起就在臺灣落腳，已有八代之久；母親的外祖母則是浙江人，一九四九年隨國民黨遷臺。林書豪的父母皆擁有中華民國與美國雙重國籍，而他本人則是在美國出生長大。二〇一三年，當記者第無數次問起他的身分認同時，林書豪笑著巧妙回應，一次性地認領所有標籤：「我的祖父母、曾祖父母來自中國，我的父母在臺灣出生長大，我自己則是在美國出生長大。這裡面有很多歷史。」

對美國的美食作家與他們的讀者而言，釐清這些區別也已變得十分重要，因為愈來愈多人開始認識到臺灣料理有多美味，也意識到他們在談論這些料理時，必須具備分辨臺灣歷史背景的能力。美食作家、部落客與播客主持人陳凱琳（Cathy Erway）為她的臺灣料理食譜 *The Food of Taiwan*（《臺灣的食物》，二〇一五年）尋找出版社時，就曾遭遇困難。「有兩年時間，這本書都沒人要出版，因為當時根本沒有先例。大家只覺得困惑……還出現過一些令人尷尬的對話，因為他們顯然不知道臺灣是什麼。他們會問：『妳是說泰國嗎？』」陳凱琳認為，正是因為有一批年輕一代的臺裔美籍文化領袖嶄露頭角，包括籃球選手林書豪、時尚設計師吳季剛，以及主廚兼電視名人黃頤銘，才終於讓出版社理解她這本食譜的價值。如今大眾對「臺灣人」與「中國人」的身分差異已有更清楚的認識，「這是一種文化轉型，」她說。

陳凱琳刻意將她的食譜命名為《臺灣的食物》(*The Food of Taiwan*)，而非《臺灣菜》(*Taiwanese Food*)，以便涵蓋外省料理。「我想做一本呈現當代臺灣完整飲食風貌的書，談談那些共同形塑今日臺灣料理內容的各種影響。」陳凱琳的外祖父母是一九四八年從湖南來臺的外省人，她的母親則是在臺灣出生。她自稱是「在美國出生的半個臺灣人」。(有趣的是，在她家裡，《培梅食譜》的頭號粉絲反而是她父親——他既不是中國人，也不是臺灣人。他在康乃爾大學念書時發現傅培梅的食譜，至今仍常照著書做菜。例如他做番茄醬炒蝦仁時，一定會精準地加入半茶匙的太白粉，「因為培梅說要這樣做」。)

另一位美食作家魏貝珊(Clarissa Wei)則更直截了當地稱自己為「臺裔」而非「華裔」美國人。她出生於洛杉磯，如今則定居臺北。她的家族來自臺南，父親有部分原住民血統。魏貝珊也曾出版一本介紹現代臺灣料理的食譜。「我這本食譜的基本立場是：臺灣料理是獨立的料理體系，不是中國菜的一個分支，」她說。魏貝珊認為，相較於傅培梅所處的戰後時代，「你現在已經不能再說這裡的菜是中國菜了，因為這會惹毛大家，而且這裡的料理，從〔傅培梅的〕時代以來，早已變了非常多。」她目前的計畫之一是思考臺灣認同對她及她這一代的人來說代表什麼。小時候在洛杉磯，魏貝珊沒多想，覺得自己就是另一個「華裔美國人」，那樣說比較省事，也比較容易解釋自己的身分。而且當時的她認為，「中國人」和「臺灣人」在某種程度上是「可以互換」的說法。

但自從搬回臺北後，魏貝珊就開始認同自己是臺灣人，也認為臺灣料理是一個獨立的分類，採用自己的亞熱帶食材、有自己獨特的調味料，以及除了中國大陸以外的其他影響力，包括日本與原住民族文化。「我們自成一個民族，而我以前不會這樣認為，」她說。對她而言，臺灣真正的美食之都不是臺北，而是島上歷史最悠久的城市：臺南。她發現，美國許多所謂的「臺灣餐廳」往往「過度聚焦於外省菜」，而這些餐廳的老闆通常也具有外省背景。她目前正在努力學臺語，想找回自己的根，她說很多她這一輩的臺灣人也都在做這樣的事。但最諷刺的是，她為美國讀者寫了一本介紹臺灣料理的食譜，她在臺北的朋友卻幾乎沒有人會下廚。找房子時，她甚至很難找到有廚房的公寓。「大多數人都不開伙，如果能吃到家常菜，通常是因為家裡有阿嬤同住，」魏貝珊說。

雖然不是每個人都會同意，但對我而言，「中國人／華人」這個身分並不局限於一種國族標籤，而是一種更為廣泛的文化認同，凡是擁有漢人血統的人，無論身處世界何地，都有可能自認為是「中國人／華人」。此外，認同這種文化意義上的「中國人／華人身分」，和支持中華人民共和國或中國共產黨的政治立場，是完全不同的兩回事。或許最能說明這種想法的，是我從一位學生那裡聽來的一句話。大學畢業後，我曾在湖南省的長沙市教了兩年英文。學生們常會在午休時找我們聊天，藉此多練習英文。在一次對話中，一位聰明又認真、英文名字叫 Brandon（布蘭登）的高中生鄭重地對我說：「你是炎黃子孫。」黃帝是漢族神話中的文化始祖，與炎帝並列，自二十世紀初以來，華人常被稱為「炎黃子孫」。

無論是中華人民共和國的領袖（例如鄧小平）還是中華民國的領袖（例如馬英九），都曾策略性地運用像「炎黃子孫」這種模糊曖昧的語言，目的是將海峽兩岸的「中國人／華人」團結起來。毫無疑問，這個概念也有它的隱憂，因為它容易過度強調血統的重要性。但在我看來，不該讓政治人物主導這個詞語的適用範圍與使用方式。對我來說，它最吸引人的地方在於連結的潛力，而不是排他。稱我為「炎黃子孫」，是布蘭登表達他與其他白人美國老師所沒有的連結的一種方式。同樣的，這種連結也能把我與臺灣、香港、新加坡或世界任何地方的朋友連繫起來，無論他們是澳洲華裔、加拿大華裔、德國華裔還是巴西華裔。而就像任何一個大家族，成員之間一定會有許多爭論與分歧，不是每個人都能處得來，甚至不是每個人都願意跟彼此說話。但最重要的是，比起土地（因為散居各地）、語言（因為方言太多）、歷史（因為內戰頻仍），真正能將我們連繫在一起的，可能是食物。如果黃帝真的在天庭設宴，我們大概永遠也吃不到那張長桌的盡頭。

＊＊＊

在台視主持了將近二十五年的節目之後，傅培梅終於在一九八七年有了自己的冠名節目：《傅培梅時間》，這是台視第一個以主持人的名字命名的節目。這個節目連播了十六季，是她最廣為人知的電視代表作。以今日的標準來看，節目布景仍顯得儉樸，走實用風格，背景裡只有兩個盆栽，傅培梅則拿著砧板和菜刀站在臨時搭建的流理臺後。但至少她有瓦斯爐可用了，菜名和食材清單也能透過電腦輸入，直接顯示在電視畫面上，而不是用粉筆寫在黑板上。其他的革新還包括那首讓人印象深刻、輕快活潑的主題曲——金斯利（Gershon Kingsley）一九六九年的暢銷金曲〈熱爆米花〉（Hot Popcorn），這首曲子完全使用合成器創作而成。對傅培梅而言，最令人欣喜的改變是節目背景上那塊寫著「傅培梅時間」的看板。經過幾十年的努力，她對這項成就十分自豪：「有史以來首次以個人姓名為招牌，當作節目名稱的，就像美國強尼卡森或歐普拉以及瓊芳登的個人Show那樣。」

儘管傅培梅很自豪能擁有自己的冠名電視節目，但這份榮耀其實不如表面上看來那樣風光。最初六年，《傅培梅時間》每天播出五分鐘，每週播出五天。這樣的安排對她來說極為辛苦，因為她必須在很短的時間內源源不斷地想出新菜色來示範，不能重複。壓力之所以特別大，是因為她想在每一季開播時都出版一本食譜書，讓觀眾能跟著節目內容操作。這意味著她必須事先寫好一百二十道菜的食譜，並進行更謹慎的規畫。她得仔細思考哪些食材可以省略，哪些步驟需要預先準備，以便在節目中呈現整個簡化過的烹調過程。現在她每兩週要錄十集節目，所有食材與器具也還是都得自行搬運。這表示她必須瘋狂地同時處理多種食材、半成品、成品以及各種會用到的廚房用具，確保一切安排妥當。幸好她的長女程安琪與媳婦林慧懿在準備工作上幫了不少忙。由於節目時間有限，她常常無法仔細說明烹飪技巧，雙手的動作常常也太快，攝影機跟不上。觀眾也不喜歡這種縮短的節目形式，紛紛寫信抱怨說他們連食材都來不及抄。

傅培梅以這麼緊湊的節奏做了六年，示範超過一千兩百道菜，但這樣的工作模式讓她身心俱疲。一九九三年，她在電視臺工作已有三十個年頭，想在事業的高峰退休。她成功應對了短時段節目的挑戰，但長此以往實在吃不消。台視高層與她進行多次協商與勸說，最後她同意繼續製作節目，但條件是恢復到每週播出一次、每集三十分鐘的早期形式。這讓她有更多時間籌備每週的內容，也能邀請更多廚師上節目。傅培梅又主持了十年，二〇〇二年才終於退休，結束了連續四十年的電視生涯。她的右手會發抖，而且當時她已經七十一歲，覺得累了。「我現在要開始為我自己活，」她說。她告訴大女兒，下輩子如果可以選，她想當個服裝設計師而不是烹飪老師——因為沒那麼累，還能穿得漂漂亮亮，不必搞得滿手都是油，也不用一直吸油煙。

即使在傅培梅退休之後，台視還是持續播放她的烹飪節目，無論是在國內重播還是在海外市場發行。傅培梅本人卻沒多少時間安享晚年。兩年後的二〇〇四年，她就因為肝癌去世。報紙上立刻湧現大量粉絲（多為女性）的投稿，追憶她對自己人生帶來的深遠影響。有人從自身在廚房中的掙扎談起，描述自己為了讓家人吃得開心，努力變出各種美味菜餚。也有人回憶起第一次在電視上看到傅培梅時，心中留下的深刻印象。

二〇一四年傅培梅逝世十週年之際，臺灣美食作家陳靜宜撰文緬懷她，綜合指出傅培梅之所以吸引人的各個面向：她一貫穩定可靠的電視形象、她的菜餚間接帶來的滋養感，以及她介紹的諸多臺灣少見的外省地方菜。陳靜宜也提醒我們，傅培梅的崛起正是在臺灣女性大量進入職場的那幾十年間。

放學回家後，最常做的事就是坐在電視機前看「傅培梅時間」，她從不遲到也不黃牛，當作是自己媽媽實況做菜，食材最後被做成了看起來很好吃的菜，好像自己也吃到了一般，心滿意足地關上電視，腳步輕快地到巷口吃麵。

陳靜宜的親生母親總是在外工作，因此家中就由讀大學的姊姊暫代母職。有一次，姊姊做了「北平蛋餃」——不是臺灣菜，而是中國北方的外省菜，如其名所示。「是看《傅培梅食譜》做的啦。」姊姊告訴她。隨著姊姊的廚藝日益精進（全靠看傅培梅的節目），她甚至讓陳靜宜自己翻食譜點菜。「那些陌生而又遙遠的滋味，竟就與我們生活結合在一起，」她寫道。「當年在臺北攝影棚忙著教做菜的傅培梅，或許沒想到她的一舉一動，牽引了在臺南老公寓裡住的一位小女孩。」陳靜宜對傅培梅的懷念不只是出於一種強烈的口腹之慾，更重要的是一種情感上的渴慕。對她和其他許多人而言，傅培梅最重大的意義反而不是她做出來的菜餚本身，而是電視上那個溫暖慈愛的母親形象所留下的記憶。

吳雅歌（Ya-Ke "Grace" Wu）是另一位對電視上的傅培梅有深刻記憶的臺灣女性。吳雅歌是家中五個孩子中的老三，一九七〇年代末到一九八〇年代間在臺北一個貧苦本省家庭中長大。她的父母生活困難，沒受過什麼正式教育，連維繫家庭都很勉強。她父親曾入獄兩年，母親則靠幫人打掃房子和煮飯撐起一家人的生計。悲傷的是，吳雅歌和她的兄弟姊妹從小就一直受到父母肢體、語言和情緒上的虐待。如今年紀漸長的她已對父母少了憤怒、多了憐憫。「在那樣的生活壓力之下，他們也只會用那種方式對待孩子。」

還小的時候，吳雅歌就已隱隱意識到外省人與本省人之間的階級差異，從學校允許使用的語言到學生帶的便當都加深了這樣的分野。當時學校禁止學生講臺語，吳雅歌因此總是活在恐懼中，深怕一不小心就脫口說出臺語。有一次，有個倒楣的同學無意間說了幾句臺語，結果遭到懲罰，被迫掛上寫著「我是狗」的牌子。此外，來自外省家庭的孩子帶的便當往往很豐盛，有雞肉、白飯、青菜，營養均衡，而吳雅歌的便當常常一半都是空的，只有白麵條充數。

吳雅歌的成績很差，上學總是蓬頭垢面。她討厭念書，老師們也早已放棄她。「我就是『本省小孩』的經典形象：制服髒兮兮、頭髮亂糟糟。我還一天到晚忘記帶課本。」她清楚記得，有一次老師把她叫到教室前面，對著全班說：「吳雅歌以後注定失敗，她不可能成功。她會待在社會的最底層。你們都要引以為戒。不要變成像她這樣。」吳雅歌深感受創與羞辱，但當時的她既無法回嘴，家裡也沒人能幫她撐腰。

吳雅歌至今仍清楚記得，她在那段混沌不安的歲月裡收看傅培梅電視節目的感受。「我記得我大概一、二年級的時候，放學回家都是自己拿鑰匙開門。爸媽和其他兄弟姊妹要到晚上七、八點才會回來。所以有幾個小時，家裡就只有我一個人。」在那幾個小時裡，吳雅歌總是守在電視機前看傅培梅的烹飪節目。她覺得傅培梅是「電視上一位非常優雅的女士」，活在一個碗盤餐具各安其位、食材也都切得整齊有序的世界裡。

然而，吳雅歌對傅培梅的節目最深刻的印象卻不是食物——她其實根本不記得傅培梅做過哪些菜。那個節目是她暫時逃離混亂家庭生活的一種方式。對她來說，傅培梅「代表一種超越我人生現實的力量」。

> 我渴望擁有像傅培梅那樣的人生……她的世界看起來好完美，無憂無慮。他們從來不會挨餓。他們從來不必害怕會有人半夜三點來敲門，拿著武器威脅父親拿出錢。每次看她的節目，我心裡總會浮現一個聲音：我一定要逃離這

亂七八糟的一切……而不知為何，我就是知道我可以走出一條不一樣的路，擁有我想要的人生。

儘管一路困難重重，吳雅歌確實成功了。十五歲那年，她離家就讀護理學校，那是她從原生家庭中脫身最便宜、也最直接的途徑。畢業後她當了十二年的護士，其中七年是輪值夜班，之後她前往美國攻讀博士學位，最後成為北卡羅來納大學教堂山分校的護理學教授。

直到多年以後，吳雅歌才回過頭來思考傅培梅登上台視頻道所代表的更深層政治意涵。成年後的她意識到，台視當年「是在為來自中國大陸的人塑造正面形象。傅培梅在這個節目中其實被賦予了很大的政治功能」。然而，當時的吳雅歌對「外省人與本省人之間的政治角力」一無所知。她只是以一個小孩的眼光，全神貫注地收看傅培梅的節目，凝視著「電視上一位非常優雅的女士」。

若要完整講述現代臺灣的歷史，不能不提傅培梅這位外省人的成功故事，但同樣不能遺漏的，還有臺灣女孩吳雅歌的童年記憶——她幾乎在各方面都與傅培梅截然不同。她們的故事確實有交集，卻遠非近來那齣電視劇所粉飾的糖霜童話——劇情刻意在外省人傅培梅與虛構的本省人阿春之間營造出一種不存在的美好關係。傅培梅和吳雅歌在社會地位、經濟條件、語言背景與政治權力上的差距，才是這段故事真正不可或缺的一部分。如今已成為成功大人的吳雅歌，回望自己孤單的童年，那些記憶為過度明亮的傅培梅形象投下了一層微妙陰影。傅培梅的身影在電視螢幕上閃爍不定，而唯有當我們可以設身處地想像年幼的吳雅歌，是如何在一個混亂家庭裡難得的寧靜時刻，獨自凝視著她，這身影才顯得格外動人。小女孩吳雅歌著迷於傅培梅的從容氣質，也被她所代表的那個遙不可及的未來深深吸引——那是一個她只能夢想有朝一日能夠擁有的生活。

廚房對話・異鄉新手

劉瑞枝（Christy Fu）是我朋友的母親。她來到美國後全靠傅培梅的食譜學會做飯，我得知這件事後就很想採訪她。她是客家人，出生在臺灣苗栗。客家人是臺灣第二大方言族群（占一五％），僅次於說閩南話的人（占七〇％）。採訪之前我們從沒見過面，而劉瑞枝一開始似乎很拘謹、有所保留。我一度懷疑這次採訪將無功而返。但聊了兩個鐘頭後，劉瑞枝就變得坦率放鬆，跟我回憶起她已故的丈夫。這位頭髮花白的華人女性比外表看起來更加堅強，也更有韌性。她出身平凡，憑一己之力為自己與家人在美國搭建起生活，這讓我深受感動。她的經驗也讓我想起第一次接觸到傅培梅食譜的時候——除非深入翻看內頁，否則難以領略它們真正的價值。

妳是在哪裡出生的？

我出生在臺灣苗栗。我們是客家人，吃的多半是客家菜。我們的食物很平凡，很清淡。非常的基本。就是鹽巴啦，蔥啦，那一類的東西。我媽媽會煮雞湯，加入竹筍和蘿蔔。就是客家人的家常菜，不像傅培梅那麼精緻繁複，也沒有用那麼多種食材。

你們在家說客家話嗎？

我小時候家裡說的是客家話。我父母都是在臺灣出生長大的，但他們受的是日本教育。我七歲以前，他們在家都說日語。我們家有很多日本雜誌，也聽日本的廣播電臺。我大概七歲的時候〔一九五七年〕，臺灣政府一夜之間就把這些東西全都禁掉了。廣播電臺沒了，雜誌也進不來了。一切都變成了國語。你去上學，學校教的也是國語。他們發現我父母那一代人很抗拒學國語，二戰都已經結束十二年了，還是這樣。他們就是很不想學。一九四〇年代，他們說的是日語。到了一九五〇年代，為了跟他們的外省客人溝通，他們只好開始學國語。他們開了一家五金行。但他們的國語講得不好，因為他們大部分時間講的還是客家話。苗栗都是客家人。

妳怎麼會想要來美國？

我一九六八年去讀護理學校，當時大家都想去美國。我們護理組一共有五十八個學生，每一個都選擇申請去美國。當時美國的規定是，只要你有一技之長，在美國找到工作，你就可以申請簽證。

來美國最困難的部分是什麼？

我那時候一個英文字都不會說。第一年真的很難熬。後來我媽媽告訴我：如果把妳寫的信翻出來看，會發現第一年妳真的很後悔去了美國！我所有的信都在抱怨。我很寂寞，而且哪裡也去不了，因為我不會開車。我看了很多芝麻街的節目，從裡面學會了一些基本的英文。我在神經內科當護士助理，看到很多中風的病人。他們常常無法表達自己。我有時候能懂他們的意思，有時候就沒辦法。不過護理這工作本來就是做一些基本的事，像是餵病人吃東西、幫他們起身、幫他們洗澡、扶他們走路，也不需要說太多話。所以我就這樣撐過來了。

妳來美國之前有聽說過傅培梅嗎？妳有看過她的電視節目嗎？

我之前沒看過她的節目。那時我在當私人看護，忙到根本沒空看電視。但我有聽過她的名字，大家都知道她是誰。她的食譜第一冊我印象中是從臺灣帶來的，但第二本我確定是在美國買的，因為上面的價格標籤還在！八塊九毛五美元，是在芝加哥的 Goh 市場。

妳剛來美國時，最懷念臺灣的什麼？

喔，當然是食物了。我會去翻傅培梅的食譜，八成就是這個原因。我想念臺灣的食物。並不是說我原本就常吃傅培梅食譜那種風格的菜，而是整體而言，我就是懷念中國風味的食物。我在臺灣時從沒煮過飯，一天都沒有，家裡都是我媽媽做飯。念大學時，我不是去學生食堂就是去外面吃。我跟姊姊一起住在臺北時，都是她在煮。當時〔在美國〕，你不可能每天晚上都出去吃飯，因為根本沒地方讓你去。而且天天外食實在太花錢了，所以你只好學習自己煮點東西。

妳是如何開始的？

一開始我連肉都不會煮。我不懂溫度，也不知道怎麼處理肉。後來我看了傅培梅的食譜，才學會用玉米澱粉醃肉。我常常看她的食譜，尤其是一開始。她的食譜書裡有一道青椒牛肉，我會把青椒換成香菇或洋蔥，或是花椰菜。我從她那裡學會了基本原則，例如怎麼調味。然後我就慢慢開始替換一些食材，自己做實驗。

有沒有什麼妳懷念的客家菜是妳沒辦法做的，因為《培梅食譜》裡面沒有？

有些食材我在這裡買不到。像韭菜，我就買不到，有些我真的很喜歡的蔬菜也買不到，這邊就是找不到，連大白菜都沒有。我常常會缺一、兩種食材，所以只能有什麼煮什麼，或有什麼加什麼。不管做哪一道菜，味道都不一樣。

妳有沒有哪一刻覺得：「好吧，這裡現在也算是我的家鄉了」？

喔，沒有，這裡從來沒讓我有家的感覺。

即使到了現在還是這樣嗎？

我到現在都還是懷念臺灣，在臺灣比較舒服。兩年前我和兒孫一起回去了一趟。我覺得很自在。有些地方我是得找找，但我知道自己在找什麼，所以我想去哪裡都沒有太大問題。食物也吃得比較習慣。一切都很方便，你到哪裡都有東西吃。臺灣就是個小地方。

以前住在臺灣的時候，我去上學都要騎腳踏車，大概要五到十分鐘。那時候我總想：「天啊，真遠。」（笑）有一年我回苗栗看爸媽，我從苗栗火車站一路走回老家，結果只花了五或十分鐘不到。那距離甚至不到密西根大道（在芝加哥）的四分之一！我就想：「天啊，好近！我以前為什麼一直覺得好遠？」

第九章

每個行李箱裡附帶的食譜

（由左至右）我哥哥、還是嬰兒的我、我母親和我姊姊，正在吃一頓美國華裔家庭的晚餐，有漢堡肉（沒有夾麵包）、烤馬鈴薯、青豆和果凍沙拉。拍照的人一如往常是我父親。一九七三年，密西根州米德蘭（Midland）。

小時候，我母親經常單槍匹馬為特別的客人做一整桌中式筵席，有七、八道菜。她會翻閱她的烹飪書（包括傅培梅食譜）尋找靈感，設計出一份在色彩、食材、風味與口感上都精心搭配的菜單。她做的每一道菜——例如青豆炒蝦仁、紅燒排骨、素什錦豆腐、煙燻魚冷盤、豆包捲香菇、蝦米白菜、豆沙年糕等常見菜色——都需要花很多時間、精神和步驟才做得出來，而且要這麼多樣化，代表至少一天前就得開始準備。華人朋友一定讚不絕口，但對母親手藝最是佩服的，卻是那些非華人客人。他們似乎很少遇到這種水準的廚藝與待客之道，但對我們來說，這卻是稀鬆平常的事。家常菜在當時已成為母親的光榮勳章，對我們社區的其他許多華人母親來說也是如此。李阿姨、張阿姨、竇阿姨、王阿姨都是出色的家庭廚師，我們在家庭聚餐中總是開心地大啖她們最新的「拿手菜」。

我很容易忘記，我小時候，母親那手看來彷彿渾然天成的中華廚藝，其實是從一次又一次失敗中磨練出來的。她還記得自己第一次嘗試做出一頓像樣的中餐，是在一九六六年，她在愛荷華州迪科拉市（Decorah）的路德學院招待十位共事的圖書館員時。這些女同事都很想嘗嘗中國菜，但當地沒有中餐館，因此她們懇求母親下廚。「妳一定很會做中國菜！」她們一口咬定。母親很熱心，也想討大家歡心，於是就答應了——即使當時她根本沒什麼做菜經驗，每天都在學校餐廳吃飯，早餐則是沖泡Tang牌果汁粉來喝。她已經記不得那天燒了哪些菜，但仍清楚記得自己嘗試用扁尖（一種用鹽水煮過後煙燻風乾的竹筍）做一道湯。那是她母親從臺灣寄來的昂貴食材。「我也沒有用過扁尖。那我想，我要招待客人我絕對不可以小氣……我想，要多用，我就通通把它丟到湯裡面去。」她說。她先用整隻雞熬出高湯，再加入二十來顆扁尖。「我就看這一坨一坨，我就咚咚咚下來煮湯。」她比劃著說。一開始她忙著做菜，沒和客人一起用餐，但最後總算能坐下來吃飯了。結果一喝到那鍋雞湯，她就嚇壞了。「等我後來出來一嘗，哎呀！那個湯啊，鹹得像是打翻了鹽罐那麼鹹！我說，不是不是，這個不是這個湯的味道……我覺得很難為情。」她當時並不知道扁尖要先泡水好幾回，去除鹽分，而且放幾顆就夠了，不是二十幾顆。最後湯裡的扁尖全脹成了一團團糊爛又鹹死人的東西。「那就是我第一次正式下廚的經驗，」她總結道。

一九七〇年代，傅培梅的食譜開始傳入美國，是那些捨不得離開熟悉家鄉味的臺灣留學生帶來的。當時常有人說，那些年所有臺灣留學生的行李箱裡都有兩樣東西：一臺大同電鍋，以及一本傅培梅的食譜。我們家也不例外，兩樣東西都有，分別放在廚房的流理臺和食譜書架上，成為廚房中不可或缺的存在。儘管關於美國中餐館、雜碎和幸運籤餅的歷史已有不少著述，卻極少有專書探討華裔美國人的家庭料理與餐桌文化所反映的生活世界。我一直覺得這很奇怪，因為大多數華裔美國人吃中餐的地方都是在家裡，不是在餐廳。中華料理不只是對每個家庭都有不同意義，更是形塑華裔美國人社群的重要基礎。傅培梅的食譜為我們提供了進入這個世界的窗口，是二十世紀海外華人飲食認同的不朽象徵。

***

我母親於一九六三年來到美國，在明尼蘇達大學念圖書館學研究所，傅培梅的食譜是我外婆幾年後從臺灣寄給她的。「為什麼這本食譜有一點特別呢？因為它有彩色照片，跟別的食譜不一樣。而且還有英文，因為有的時候那個中國的幾斤幾兩跟美國用的制度不一樣。」她說。我母親和那些在一九七〇年代來到美國的臺灣留學生不同，行李箱裡沒有傅培梅的食譜，因為她來的時候傅培梅還沒寫出這些書。她帶的是一九五〇年代臺灣知名食譜作家黃媛珊的《媛珊食譜》第一冊（一九五四年）和第二冊（一九五七年）。我們在第二章已經介紹過這位作家。但到最後，我母親最常用的還是傅培梅的食譜，每次宴客前都會翻閱一番，寫下待辦事項。她後來陸續收齊了傅培梅的三冊代表作，也入手了傅培梅早期出版的小開本《電視食譜》第一至三冊。

雖然出版時間只差了十年，但黃媛珊與傅培梅的食譜卻屬於截然不同的兩個年代：黑白對上彩色、默片對上有聲電影。黃媛珊的食譜是輕薄易破的平裝本——典型的老式中文書——只在第一冊中附了幾頁毛筆畫的廚具插圖。反之，傅培梅每一本厚重的精裝書都附了幾十張鮮豔的彩色照片，有菜餚成品、餐桌擺設、食材，以及傅培梅在世界各地旅行的留影。最重要的是，黃媛珊的讀者只限於懂中文的人，而傅培梅的中英雙語食譜則能傳遍世界。對不懂中文的讀者而言，黃媛珊的書既沒有彩色照片、也沒有古怪的英文菜名能吸引他們。事實上，我小時候從來沒注意到母親的食譜書架上有黃媛珊的書，甚至不知道那幾本書是食譜。

當時美國也有其他的中菜食譜是我母親可以參考的。楊步偉（1889–1981）在一九四五年出版了《如何烹飪與享用中華料理》（*How to Cook and Eat in Chinese*）。楊步偉生於南京，後來到日本學醫，但一九二一年和語言學家趙元任結婚後就放棄了行醫。夫妻倆於一九三八年移民美國，趙元任先是在哈佛教中文，後來又成為加州大學柏克萊分校的語言學教授。在當時雜碎與炒麵風行的美國，楊步偉率先將更多中國菜介紹給當地民眾。一般也認為，「stir-fry」（炒）和「potsticker」（鍋貼）這兩個英文單字由她首創（更準確地說，應該是她丈夫，因為書由她女兒翻譯成英文，再由她丈夫編修）。以小說《大地》（一九三一年）獲得諾貝爾文學獎的作家賽珍珠是趙家的朋友，她在這本食譜的序言中寫道：「本書沒有一道菜是美國主婦做不出來的，不必擔心難度問題。」楊步偉的食譜大受歡迎，在接下來的幾十年間多次再版，修訂二版於一九四九年出版，修訂三版則在一九六三年推出。

廖家艾（1917–1994）是另一位戰後在美國成名的華人移民，因為她在波士頓地區開了幾家中國北方菜餐廳，由她自己擔任主廚。她和家人在一九四九年從北平移居美國，並於一九五八年開了第一家「Joyce Chen」餐廳。她原本自費出版《家艾食譜／Joyce Chen Cook Book》（一九六二年），印量只有六千冊，但由J.B. Lippincott出版社再版後，全美銷量最終突破了七萬本。一九六六至一九六七年間，她也在波士頓的公共電視臺WGBH主持中菜烹飪節目《家艾廚房》(*Joyce Chen Cooks*)，與同臺茱莉雅·柴爾德的《法國主廚》共用同一套布景。後來廖家艾還為她設計的一系列適用於美國電爐上的平底炒鍋申請了專利，並以「Joyce Chen Foods」為品牌名稱，推出一系列調味好的中式瓶裝醬料。她對美國飲食文化的影響也獲得美國郵政署肯定，在二〇一四年發行的「永遠的名廚」紀念郵票套組中，就有一款是她的肖像。

然而，儘管楊步偉和廖家艾都因為教美國觀眾做中國菜而得到應有的讚譽，她們的食譜書卻從來沒有出現在我母親的食譜書架上。畢竟，她們的目標讀者並不是我母親這樣的人。楊步偉和廖家艾的書顯然是寫給說英語的美國主婦（也就是白人），而不是講中文的華人移民，她們的食譜書內容也反映了這一點。這兩本書都有一個教人使用筷子的章節，附有詳細的說明與插圖。兩本書都附有標了中文字的食材清單（廖家艾的版本還可以撕下來），方便讀者直接帶去唐人街拿給店裡的中國老闆看，請他找出正確的材料。廖家艾建議：「如果你可以根據我的描述和圖片認出你要的東西，就指給店員看，說我想買那個。如果店裡看不到你要的東西，就拿出你的中文購物清單，請店員幫忙找。」這兩本書也都說明了典型的中式飲食習慣，並與美國的飲食習慣進行大量對比。例如楊步偉就坦言，自己移居海外多年後，喝熱湯或吃麵時常會猶豫不決，不知道該像中國人那樣稀哩呼嚕地吃，還是該像美國人那樣盡量不發出聲音。

對我母親以及其他像她這樣的華人移民來說，中文才是他們的母語，用英文食譜學做中國菜總覺得有些荒謬，畢竟那些食譜是特意從中文翻譯成英文，語言轉換的過程本身就已經費了一番工夫。（廖家艾曾對女兒說她的食譜是「用血汗與愛寫成的」，尤其因為「要跟我的破英文搏鬥」。）所幸廖家艾的食譜附上了每道菜的中文名稱，但楊步偉的卻沒有。她丈夫趙元任故意把許多菜名翻譯成不合文法的中式英文，例如「Sweet Peppers Stir Beef Shreds」（青椒炒肉絲）、「Cucumbers Stuff Meat」（黃瓜鑲肉）或「Beef Emit-Silk」（牛肉吐絲）等，「因為覺得美國人比較喜歡這樣，」楊步偉哀嘆。相較之下，中文讀者閱讀傅培梅的雙語食譜，就不必忍受這類明顯的語言扭曲，可以直接找到自己想要的東西：簡單明瞭的中文食譜，教你做出全家人都愛的熟悉家常菜。

對大多數美國主婦而言，中國菜永遠只是個新奇的玩意兒，偶爾為了招待客人、展現多元品味才會做一次，並不屬於日常飲食的一部分。儘管WGBH製作單位曾期望廖家艾的節目能有跨族群吸引力（宣傳資料甚至將她的節目與茱莉雅·柴爾德的節目相提並論，向觀眾保證：「別擔心，你就算看了廖家艾，也仍然可以忠於茱莉雅」），但無論是楊步偉還是廖家艾，都始終未能像茱莉雅·柴爾德那樣成為美國飲食文化的寵兒。對主流美國電視觀眾（以及企業贊助商）來說，一個說英文時帶著口音、只教中國菜的華人女性所主持的烹飪節目，似乎稱不上有看頭：廖家艾的節目僅播出一季、共二十六集就喊停了。直到一九八二年，才終於有另一位華人——甄文達（Martin Yan）主廚——獲得在美國電視上主持烹飪節目的機會，憑著他在《甄能煮》（*Yan Can Cook*）中活力四射的風格，成功打破族群藩籬，贏得白人觀眾的喜愛。

在傅培梅所處的年代，唯有她能透過在台視長達四十年的電視生涯與幾十本食譜，在臺灣達到可與茱莉雅·柴爾德媲美的烹飪成就與影響力——這樣的高度是她在美國的華人同輩所無法企及的。你甚至可以說，傅培梅的食譜與名聲傳得比茱莉雅·柴爾德還要遠，憑藉雙語內容所具備的天然優勢，成功跨越國界，吸引了跨國讀者。楊步偉、廖家艾與傅培梅三人職涯軌跡的差異，說到底並非取決於她們的廚藝、天賦、企圖心，甚至與她們的食譜是否足夠「正宗」也無關，而是她們各自面對的觀眾群不同：戰後的美國觀眾單純就是還沒準備好，不願意接受一位華人女性成為烹飪明星。由於傅培梅的對象首重華人主婦，其次是外國人與海外留學生（這些人爭相購買她的食譜），所以她從不覺得有必要費力去推銷中國菜。對她的讀者而言，這些菜本來就好吃，自然會想每天（或幾乎每天）都煮來吃，作為日常飲食的一部分。

***

從明尼蘇達大學的研究所畢業後，我的父母搬到了密西根州的小城米德蘭，因為父親在那裡找到工作，擔任陶氏化學公司（Dow Chemical）的化學研究員。米德蘭是一座典型的企業小鎮：我母親在葛瑞絲·陶紀念圖書館（Grace A. Dow Memorial Library）擔任兒童服務部的全職主管，我和哥哥姊姊則就讀赫伯特·亨利·陶高中

(Herbert Henry Dow High School)。我們的對手學校是米德蘭高中，那裡的學生綽號「化學仔」(Chemics)，學校吉祥物是一個原子符號。米德蘭的人口幾乎全是白人，包括我在學校的朋友、老師，以及我父母的同事。雖然我們的職業與公共生活都處在一個白人的社會，我卻一直覺得自己有另一個祕密的華人人生，與我的白人同儕毫無交集。我們家的社交圈幾乎清一色全是華人，由十來個家庭組成，他們也都是因為自己父親在陶氏化學或它旗下的子公司上班而來到米德蘭。這種華人的雙重生活，以千百種細微的方式滲入我們的日常節奏：與不會說英文的祖母同住、見到長輩一律稱「阿姨」「叔叔」、在家穿拖鞋、抱怨週末還得上中文課、櫥櫃裡囤積著大袋大袋的米，以及每天晚餐必定要吃白飯。

我們家那臺白色的大同電鍋擁有熟悉的矮胖鍋身，搭配黑色的圓形手把，因使用多年而略顯陳舊，是無數美國華人廚房裡的標準配備之一。大同公司自一九六〇年開始在臺灣生產電鍋，一段時間過後，我外婆寄了一臺給我們。電鍋正面印著「大同」，有很多年，它們都是我少數能確實辨認的兩個中文字。等到我夠大時，煮飯就成了我每天放學回家、媽媽下班前的固定廚房工作。基本電鍋的科技直到今天都還是和六十年前一樣：用一個小塑膠量杯量出需要的米量，倒進內鍋，再把水加到對應的刻度，然後按下開關。等到水分蒸發完、米飯煮熟後，內部溫度就會升到攝氏一百度以上，讓開關自動跳起來。每次都能煮出完美的白飯。如果我要求添第二碗飯，媽媽都會笑著叫我「小飯桶」。

對我們來說，社交就是和其他華人家庭一起參加家庭聚餐，每次都在不同的人家裡舉行，一定會有一個大人桌和一個小孩桌。餐點由十幾個華人家庭輪流準備：光是姓李的就有好幾家（不是親戚）、姓王的也一樣，此外還有竇家、張家、陳家、黃家、高家、周家、孫家、田家、趙家、施家、童家、俞家、程家，以及永遠精力充沛的羅阿姨。這些聚餐是我們一家人社交生活的核心，在我父母一九六六年剛來到米德蘭的時候就開始了，當時我甚至還未出生。「就是大家週末吃飯還有打牌，」我母親說。起初是在一座當地公園聚會，因為大家都是租房子，沒有足夠的空間請客人到家裡。每一家都會帶簡單的家常菜來分享：炒麵、燻魚、滷味之類的。除了食物，家庭間——特別是媽媽們——也會交換各自適應新生活的心得。「因為每個人對環境也不熟，可以交換資訊。」我母親回憶道。身為新移民，大家身邊都沒有其他親人可以依靠，所以他們就彼此扶持。

隨著華人家庭愈來愈多，有人提議整理一份包含電話地址的通訊錄，方便彼此聯繫。後來到了一九七〇年代，這個非正式的團體有了正式的名稱：「三城華人聯誼會」（Tri-City Chinese Association），成員主要來自密西根中部的三個城市：貝城（Bay City）、薩基諾（Saginaw）及其周邊地區，還有米德蘭（Midland）。當時協會已有八、九十戶會員，每年主辦好幾場整個華人社群都能參與的節慶活動。無論是什麼節日，這些聚會總是圍繞著「吃」，像是在米德蘭社區中心舉辦的農曆新年盛席，或是端午節在普利茅斯公園（Plymouth Park）舉行的粽子野餐。有時也會有好幾個家庭相約一起去霍頓湖（Houghton Lake）或希金斯湖（Higgins Lake）露營。就算是露營，重點也還是食物：我們家會睡在Starcraft折疊式露營車上，晚上大家就圍著營火，品嘗我父親烤的水果派。

在米德蘭與其他華人家庭定期聚餐，是刺激我母親精進廚藝的動力。她清楚記得早年到一位女士家中吃午餐的情景。當時，施家暄（Therese Shih）邀請了我母親、我外婆，以及幾位米德蘭的華人阿姨一起到她的小公寓作客。進門後，她們全都困惑了。完全沒看到食物，也沒有任何料理食物的跡象。「我們交頭接耳：『她不是請我們吃飯嗎？怎麼沒有看到飯？乾乾淨淨的。欸，好奇怪。』」後來施家暄站起來，說聲失陪就走進廚房做菜，而後端出一道又一道早已預先完成了一半的美味佳餚。「好有模有樣！哇！我們都看呆了……乾乾淨淨的，好漂亮的擺出來。起先你根本看不出她要請客。原來還能這樣請客啊，不像我們都弄得亂七八糟的。」

由於當地沒有華人超市，米德蘭的華人會特地開車到底特律、加拿大安大略省的溫莎，甚至是六小時車程外的多倫多採買食材。「米德蘭連醬油都買不到，」胡瑩珍（Jane Tou）阿姨回憶道。她和丈夫杜先生於一九六五年來到米德蘭，正好比我父母早一年。每次去多倫多朝聖，我們都會滿心期盼地尋找港式飲茶餐廳，因為我們的生活圈附近完全沒有港式飲茶，而這種料理也沒人會在家做。我們會吃得很撐，時時留意何時會有服務生推著點心車過來，車上全是我們最愛的小吃：蘿蔔糕、鮮蝦腸粉、芝麻球、蛋撻。吃飽後我們就直奔華人超市。那時的華人超市大多是家族經營的小店，一進門就能聞到熟悉的味道：有點陳舊、帶點藥草味、夾雜著一絲神祕氣息，偶爾還有些魚腥味。這股氣味代表著許多令人期待的好東西：山楂餅、大白兔奶糖，以及我最愛的、剛補貨的肉鬆（名字聽起來不怎麼樣，但真的非常好吃）。有一次，我爸媽買了一整箱新鮮芒果，那可是在米德蘭當地超市買不到的。他們用一條毯子蓋住箱子，叫我坐在上面，就這樣把芒果偷渡回美國的密西根。

我父母剛搬來時，米德蘭和附近的城鎮都沒有中餐廳。唯一的例外是弗里蘭（Freeland）的「羅迪徹中國餐廳」，光聽名字就知道不是華人經營的。原本的老闆名叫李歐・羅迪徹（Leo Rodeitcher），曾在惡魔島服刑，還與黑幫老大艾爾・卡彭（Al Capone）是朋友。他在一九四〇年代僱了一位華人男性到家裡幫忙，後來就在自家餐廳的菜單上添加了中國菜，可能因此造就了密西根州的第一家中餐廳。胡阿姨記得這家餐館供應「美式中餐：雜碎、幸運籤餅、糖醋料理」。後來米德蘭也開了一家中餐廳，叫「Shanghai Peddler」（上海船夫），但這家也是白人開的。直到一九八〇年，周達和鄭亞珠（Carl and Evangeline Chow）夫婦才成為最早在米德蘭開起中餐廳的華人，餐館名為「Bamboo Garden」（竹園）。（後來我發現，我有個白人高中同學，他們一家人每週都去光顧，是那裡的常客，我覺得很不可思議。雖然味道還算不錯，但我們家很少去那裡吃飯——明明在家就能吃到一樣好、甚至更好吃的中國菜，還比較便宜，何必花錢去外面吃？我們家的外食首選是龐德羅莎牛排館，因為有吃到飽的沙拉吧。）

一九六〇年代晚期，曾在臺灣學過家政的胡瑩珍開始在米德蘭的成人教育中心教授中華烹飪。她就這樣教了二十多年，還在一九七九年自費出版了一本她自己寫的食譜書《瑩珍家常食譜／From a Chinese Kitchen》。她很自豪她的食譜不仰賴特殊的中式食材，因為當時要買到這些材料實在太難。「你去哪裡找海參？」她說，「去哪裡找金針、木耳、香菇？那時候米德蘭的人根本沒聽過這些東西。所以我盡量用當地超市買得到的材料來做中國菜。這就是大家喜歡的原因。」例如她的炒飯食譜就用了冷凍的混合青豆和紅蘿蔔丁。雖然胡瑩珍說《瑩珍家常食譜》的內容都是她自己設計的，但她撰寫這本書時還是參考了傅培梅的食譜。她請她母親從臺灣來看她時幫她帶一本過來。「我聽說她很有名，」胡阿姨回憶道。「我一開始都是照自己的方法做，後來才拿她的食譜書來參考。我也沒有完全照著做，但她的做法真的很不錯。」

胡阿姨記得，她剛搬到米德蘭時曾經去當地的穀物批發中心Cohoon's採購，那裡販賣小麥、豆類和其他穀物。她在找乾黃豆，因為想自己做豆腐，這是當時買不到的另一樣重要食物。成熟的黃豆在店裡是當作動物飼料在賣的，所以櫃臺後的男子問她：「妳養的是什麼動物？」她告訴對方，其實她是要買來做豆漿的。（做豆漿是製作豆腐的第一步，豆漿做出來後再加入凝固劑並壓製，過程有點像做起司。）對方問她：「豆漿？那是什麼？」但這些問題都沒有讓胡阿姨氣餒。她最引以為傲的，就是連那些最抗拒中餐的美國人，最後也被她一一征服。「在米德蘭，有些人會說：『我才不要吃中國菜。』你有遇過這種人吧？尤其是在早年。他們連一口都不吃。」她記得有名男子原本特別排斥中國菜，結果參加了一場烹飪示範後，跑回來告訴她說中式快炒改變了他的人生，讓他吃得更健康，不必再依賴奶油。還有一位上過她烹飪課的大學生告訴她，他從小到大只吃漢堡、熱狗和綠花椰菜。但上完她的課之後，他說：「我打開冰箱，總是可以找到東西來快炒。」胡阿姨說：「這就是一種成就。」

***

非華人往往會把「美國華裔」或「華人移民」視為一個單一的群體，擁有共同的歷史，但這個身分所涵蓋的人群其實極為多元，由不同時期的移民潮形塑而成。第一波華人移民是在十九世紀末、二十世紀初來到美國的，也就是美國的《排華法案》（一八八二至一九四三年）實施前後。這些十九世紀的華人移民幾乎全部來自中國東南岸的廣東省。歷史學者徐元音（Madeline Hsu）指出，令人驚訝的是，在一九六〇年之前，「美國的華人有超過一半都來自廣東省的一個縣」：臺山。當時的移民大多是男性，在十九世紀中葉以勞工的身分來到加州和美國西部其他的州，在金礦坑工作或參與建造橫貫大陸的鐵路。這些工作機會消失後，有些人改行當洗衣工、廚師、中餐館員工，或者開起小雜貨店。定居在美國各地唐人街的主要就是這些廣東移民，是他們賦予了唐人街那些為人所熟悉的飲食習慣和聲響，並為美國人的味蕾創造了炒雜碎與炒麵。舊金山的唐人街創立於一八四八年，是全美國第一個唐人街，但其他的大都會地區也火速跟進，包括紐約市、波士頓、費城、芝加哥、洛杉磯、西雅圖、波特蘭、檀香山。

食譜作家楊玉華（Grace Young）和譚榮輝（Ken Hom）的家族是在二十世紀前半從廣東移民到美國，因此兩人都承襲了廣東的飲食傳統。他們各自的食譜回憶錄——楊玉華的《中華廚房的智慧：慶祝與療癒的經典家常菜》（*The Wisdom of the Chinese Kitchen: Classic Family Recipes for Celebration and Healing*，一九九九年）與譚榮輝的《美國華裔童年的簡易家常菜》（*Easy Family Recipes from a Chinese-American Childhood*，一九九七年）——也都穿插了許多粵語詞彙的音譯，例如jook（粥）或sik fan（字面意思是「吃飯」，但常用來表示「開飯囉！」）。他們的回憶也與童年時在城市唐人街的生活緊密交織。楊玉華在舊金山的唐人街長大，父母每天都做廣東菜給她和弟弟吃。「無論是簡單的平日晚餐，還是比較講究的週末大餐，」她寫道：「父母都希望我們知道為什麼廣東人會被視為全中國最好的廚師。」（從楊玉華的食譜也可看出，在所有中國地方菜系中，粵菜最講求融合傳統中醫觀念，將食物性質分為溫熱與寒涼，並以湯品作為調養身體的方式。）譚榮輝則回憶，芝加哥唐人街的範圍就是他小時候的全世界。他的母親獨自扶養他長大，做菜時「始終堅持粵菜做法（沒有比這更好的了！），從未嘗試過中國其他地方菜系」。

值得注意的是，楊玉華和譚榮輝都會把「粵式」和「中式」這兩個詞互換使用，後者常常用來代替前者。譚榮輝在描述他的童年時寫道：「我們只看中文電影，只讀中文雜誌和報紙，只吃中式食物。」但他指的實際上是粵語電影、粵語雜誌、粵語報紙，以及粵菜。這種難以察覺的替換——廣東就是中國、中國就是廣東——反映出一個很重要的現象：無論來自何處，幾乎所有華人移民都會將自己的身分與經驗視為唯一的「中國移民經驗」。對楊玉華和譚榮輝來說，這是很自然的事：在二十世紀中葉的唐人街，他們從小到大遇見的每一個華人，應該都是廣東人。因此，楊玉華回憶她家的「中華廚房」，譚榮輝分享他的「美國華裔童年」食譜，也就合情合理了。

但並非所有的美國華人都和第一波移民一樣以廣東人為主。第二波大型的華人移民浪潮（包括我父母），發生在戰後的幾十年間，尤其是一九六五年之後。美國在一八八二年通過《排華法案》（*Chinese Exclusion Acts*），基本上禁止華人移民美國，直到一九四三年才終於廢除，因為美國意識到自己有必要與戰時的盟友中國維持比較好的關係。已經身在美國的華人可以歸化為美國公民，但新移民的法定配額卻極為有限：每年只允許一〇五個華人合法移入。美國移民政策在數量與理念上真正發生改變，是在一九六五年的《移民與國籍法》（*Immigration and Nationality Act*）通過之後。這部法律取消了原本對北歐與西歐移民較有利的嚴格國別配額制度，改以「家庭團聚」與「招募受過教育的技術勞工」為重點。此一變革讓愈來愈多來自非洲、拉丁美洲與亞洲的移民得以進入美國，每個國家均享有每年兩萬名的固定移民配額。正如歷史學家徐元音所說，二十世紀美國對華人和其他亞洲人的移民政策從「限制」轉向「篩選」，帶來了關鍵性的影響：原本對「黃禍」的恐懼，逐漸轉化為視亞洲人為「模範少數族裔」的新社會迷思。

在二十世紀中葉這段期間，來自中國大陸的華人移民極為稀少，因為一九四九年共產黨掌權後，中國大陸人民無法自由出國或移民海外。戰後的華人移民反而大多來自中國大陸以外地區，主要是臺灣，其次是香港（當時仍是英國殖民地）和新加坡（馬來半島上一個剛獨立不久、以華人為主的城市國家）。由於這些從臺灣去的戰後移民很多都是外省人，包括我父母和他們的朋友，因此他們的主要語言是國語而不是粵語，偏好的地方菜系也不一樣。一九六六到一九七五年間，美國接納了超過二十萬華人移民，主要來自臺灣；一九七六到一九八〇年間，又有大約十二萬五千人移入。一九七九年美國與中華人民共和國建交後，中國大陸也獲得了每年兩萬名的移民配額。到了一九八〇年代後期，尚未回歸中國大陸的香港同樣得到兩萬名獨立配額。

這些戰後的華人移民大多受過高等教育，具備專業技能，前往美國是為了攻讀理工領域的研究所學位，例如我父親就是為了攻讀化學博士而來的。此外，這些機動性強、有專業能力的移民，不再局限於大城市中的傳統華人聚居地——唐人街，而是根據自身的社會經濟條件與就業機會，散居於各地郊區。加州的蒙特利公園市（Monterey Park）就是這類「郊區唐人街」最早且最知名的案例之一，於一九八〇年代在廣大的洛杉磯郡內發展而成，其繁榮的市中心商業區被暱稱為「小臺北」。北加州和紐約的都市衛星型華人社區（如皇后區的法拉盛）也逐漸發展起來，以類似模式吸引大批亞裔居民遷入聚居。而第二波移民潮的其他華人，例如我在密西根州米德蘭的父母，則選擇定居於美國中西部和南方的中小型城市，遠離沿海的族裔聚落與大型華人社區。

傅培梅的食譜在一九七〇、八〇和九〇年代，陪伴著臺灣移民來到他們在美國各地的落腳處。住在蒙大拿州比林斯的愛麗絲．許（Alice Hsu，譯音）告訴《比林斯公報》（*Billings Gazette*）的讀者，她最喜歡的食譜是《培梅食譜》第一冊，打算從中挑選菜色，在無親無故的異地慶祝農曆新年。印第安納州布盧明頓「黃龍」餐廳（Yellow Dragon）的經理凱文．簡（Kevin Chien，譯音）將《培梅食譜》列為自己最愛的十本書之一，與《戰爭與和平》、《飄》、《三民主義》以及《餐飲業衛生》（*Foodservice Sanitation*）並列。維吉尼亞州威廉斯堡「豪美」餐廳（Dynasty Restaurant）老闆葛瑞絲．劉（Grace Liu，譯音）則在當地報紙上建議讀者，若有天被困荒島，最好帶一本《培梅食譜》：「這本書寫得非常非常清楚，所有的中文菜名、材料與成分都有，英文也翻譯得很好。書中還有漂亮的圖片，並涵蓋各大菜系，從前菜到最後一道菜，一應俱全。」其他來自臺灣的中菜烹飪老師與餐廳老闆，也都以曾在臺北跟傅培梅學藝為榮，例如田納西州默弗里斯伯勒（Murfreesboro）的泰瑞莎．唐（Theresa Tang，譯音）、南卡羅來納州哥倫比亞「東方」餐廳（The Orient）的路易絲．鄧（Louise Teng，譯音），以及加州卡利斯托加（Calistoga）「蘇園」餐廳（Soo Yuan）的方珊（Shan Fang，譯音）。

獲獎名廚、電視名人與食譜作家蔡明昊（Ming Tsai）成長於一個來自臺灣、屬於第二波華人移民潮的家庭。他爺爺原本是大學行政人員，國共內戰結束後，於一九五一年從中國大陸經澳門輾轉逃到臺灣。他父親蔡維倫（Stephen Wei-Lun Tsai）赴美就讀耶魯大學，最後在俄亥俄州戴頓（Dayton）的萊特—派特森空軍基地（Wright-Patterson Air Force Base）擔任工程師。他母親李朴虹（Iris Lee）則在戴頓的一座街邊商場開了一家名為「中華廚房」（Mandarin Kitchen）的中餐廳，蔡明昊就是在那裡學會如何經營餐廳。在二〇一四年美國公共電視臺（PBS）《尋根》（*Finding Your Roots*）節目的某一集中，他跟主持人蓋茨二世（Henry Louis Gates, Jr.）談起在戴頓這座華人極少的城市長大是什麼感覺：「我們家有個笑話，說只要另外那兩三戶華人家庭來我們家作客，我們家就是唐人街了。我們總是被食物包圍。我們做的事就只有煮和吃。而且吃晚餐的時候，我們都在聊下一頓要吃什麼。」有趣的是，對第二代移民蔡明昊而言，他一九九八年在麻州韋爾斯利（Wellesley）開設、並且讓他在料理界嶄露頭角的「藍薑」（Blue Ginger）餐廳一直是以「東西合璧」的料理著稱，而且他從未放棄這樣的料理風格與品牌定位——無論是他的食譜書還是他的電視節目，標題都不曾用過「中華」這類字眼。

***

儘管傅培梅有意撰寫一本能夠撫慰海外華人思鄉情懷的食譜，但她怎麼也想像不到，那些裝著她食譜的行李箱最終將落腳在美國什麼樣的偏遠角落：奧勒岡州的塞勒姆（Salem）、加州的卡利斯托加、印第安納州的布盧明頓、田納西州的默弗里斯伯勒、密西根州的米德蘭、俄亥俄州的戴頓、維吉尼亞州的威廉斯堡、南卡羅來納州的哥倫比亞。她的菜餚幫助戰後移民緩解鄉愁、餵飽饑腸轆轆的家人、博得朋友讚嘆、建立起他們的社群。那些海外讀者不一定知道傅培梅在臺灣是電視名人，但他們一眼就能認出她那幾本食譜搶眼的紅色、藍色和綠色封面，以及最上方用大寫字母印出的名字：「PEI MEI」。這些食譜色彩繽紛的包裝與簡潔的雙語編排，逐漸成為二十世紀中期中華料理文化的一種特定象徵、一種可傳承給下一代的文化記憶。傅培梅的食譜從來都不是唯一介紹中國菜的書，但作為第一批中英雙語食譜，它們最能體現這段從亞洲跨越太平洋、遷徙至美國的旅程，也因此最能與移民社群的不同世代——無論是移民者本身，或是在美國出生長大的下一代——展開對話。

第十章

數位時代的菜色

當代傅培梅書迷參加「根本家庭農場」(Radical Family Farms)於二〇二〇年舉辦的「培梅料理對決」(Pei Mei Cookoff)活動，並在Instagram上分享料理作品(帳號：@radicalfamilyfarms，標籤：#rffcookoff)。這些料理包括(由左上順時針方向)：楊延強(Chris Yang)的「蔥油雞」、鄭惠梅(Linda Tay Esposito)的「什錦冬瓜盅」、吳承穎(Daphne Wu)的「魚香茄子」，以及琳恩．張(Lynn Chang，譯音)重現的傅培梅個人最愛—「紅燒海參」。

我母親當年在愛荷華州第一次下廚做中國菜的經驗，讓我想起自己一九九〇年代去德國念大學時，第一次為寄宿家庭做中餐的情景。雖然這是發生在三十年後的另一個大陸上、另一個語言環境中，但我的故事同樣充滿了他人基於性別的文化期待，以及我自己過度樂觀又急於討人喜歡的心理。「我們超愛中國菜！」寄宿家庭的媽媽熱切地說。於是我說：「ja, natürlich」（好啊，沒問題），我可以為他們做一頓中華料理，藉此感謝他們對我的厚待。但當時的我其實幾乎不會做菜，頂多只是在家時偶爾看母親下廚。此外，寄宿媽媽廚房裡唯一的中式食材，就只有一小瓶醬油。儘管如此，我卻莫名奇妙地相信，到時候我一定可以憑空變出一道看起來像樣、吃起來也不錯的中國菜（能有多難呢？）。直到真正站到爐子前，我才意識到，根本不可能有什麼料理奇蹟會出現來拯救我。

我尷尬到了極點。大家都努力表現得客氣，但成果——那盤我勇敢嘗試做出來的炒牛肉——真的很可怕。那個夏天，我也第一次試著自己燒茄子來吃，因為我實在太想念那用蒜香醬汁炒出來的、油亮亮的紫色外皮，這道菜我以前吃過無數次。結果最後做出來的卻是一團油膩膩、難以下嚥的褐色糊狀物，但我還是逼自己把它吃完。我還記得茄子事件後，我站在電話亭打越洋電話給媽媽，母女倆一起分析到底是哪裡出了問題。也就是在那一年，媽媽第一次建議我按照傅培梅的食譜做幾道菜試試。我從她的青椒炒牛肉做起，後來依自己的想法變化成紅椒炒雞肉。直到開始寫這本書，我才發現，當年在傅培梅食譜的引導下，摸索中華料理的我，其實並不孤單。當我跟其他第二代美國華裔或臺裔朋友說，我正在寫一本關於傅培梅的書時，他們常會回答：「喔對，小時候我們家也有她的食譜」，或是：「那本食譜是我媽送我的」。除了斑斑油漬，傅培梅食譜的書頁還吸收了各式各樣的記憶，而且不只是我個人的。傅培梅歷久不衰的影響力最令人驚訝之處，也許就是：即使在今日這個數位時代，她依然能打動第二代讀者的心。

***

何若書（Denise Ho）的父親是一位熱愛烹飪的家庭廚師，為了做中國菜，他特地在室外蓋了一座配有明火爐和炒鍋的廚房。二〇〇〇年代，何若書要去念研究所前，父親送給她一本二手的《培梅家常菜》（一九八四年）。她特別喜歡這本書中親切的家常菜食譜和雙語格式，因為這讓她採買食材更方便。不過，她對傅培梅食譜書的整體印象就是風格、文字、圖片和排版都很「老派」，這也透露了這些書在今日要吸引新一代華人家庭主廚注意時，可能會面臨的某些障礙。她說，對扶霞・鄧洛普（Fuchsia Dunlop）等當代中國菜食譜作家而言，「一道菜就像一首詩，光是看她的描述你就會開始流口水了。」相較之下，傅培梅的食譜則「實用又務實得多」。她說：「沒有對食物的歌頌，沒有背景介紹或歷史脈絡，也沒有那種『我走在街上，第一次聽見菜刀剁菜的聲音，聞到某種味道飄來』之類的敘述。完全沒有。就只有『菜色是這個。這是材料清單，這是做法』。」儘管如此，何若書做三杯雞、紅燒獅子頭、粉蒸排骨這類料理時，還是會回頭翻看傅培梅的食譜。

至少有一位第二代的書迷曾嘗試讓傅培梅的食譜與時俱進。二〇〇九年，李嘉麟（Jaline Girardin）開設了一個名為「每日一傅」（Pei Mei a Day）的部落格，靈感來自《美味關係》（*Julie and Julia*）這部電影，劇情是作家茱莉．鮑威爾（Julie Powell）嘗試在一年內做完茱莉雅．柴爾德《法式料理聖經》一書中所有菜色的過程。李嘉麟開部落格的目的與其說是向傅培梅致敬，不如說是出於實用考量：「我想把傅培梅的食譜改編成符合二十一世紀的版本，因為味精和豬油（傅培梅食譜中的兩大要素，加上熱油）如今都不受歡迎了。」為了不讓自己太辛苦，她並沒有真的每天做一道傅培梅的菜，但她確實每個月都做好幾道。這個計畫她堅持了一年多，總共記錄將近七十道出自傅培梅食譜的料理。她的傅培梅食譜是從母親那裡拿到的，她母親在一九七〇年代從臺灣到美國讀研究所。跟王乃珍一樣，李嘉麟的母親也沒有特別愛下廚，而是更投入於數學教授的工作，不過她倒是經常做一道傅培梅教的核桃雞丁；在李嘉麟的傅培梅食譜裡，這道菜的頁面至今還夾著書籤。對李嘉麟而言，傅培梅始終是公認的「料理權威」，她在做菜前都會想：「來看看傅培梅對這道菜有什麼說法吧。」

李嘉麟從傅培梅食譜中挑選的菜餚帶有個人色彩，反映了她自己的偏好與個人處境。例如她從不做海參，因為口感和味道她都不喜歡。當時還是研究生的她，也會避開需要昂貴食材的菜色（因此大多數海鮮料理都被排除在外），專挑那些適合做成便當的。她最喜歡的一道菜是「魚香茄子」，這道菜她做過無數次，甚至稱之為自己的「拿手菜」。她唯一一次真正敗下陣來，是在嘗試做「單餅」的時候——這是一種用來包北京烤鴨或木須肉的薄餅。她把這道食譜的難度標為「惡魔等級」（fendish），主要是因為傅培梅採用的是傳統做法：將兩張餅皮擀開疊在一起，中間抹油，一起下鍋煎熟後，再火速剝開。（我那來自中國北方的父親，在他下廚的全盛時期，就很擅長用這種方式為我們做單餅。）

李嘉麟的部落格不僅記錄了她自己的烹飪實驗，也激勵了其他書迷分享他們對傅培梅食譜的熱愛。馬克的太太來自臺灣，從小看台視的傅培梅節目長大；她前往美國時，最好的朋友送了她三冊裝的《培梅食譜》套書當作餞別禮。馬克寫道：「現在年紀大了，太太決定我們每個月都要做三到四次食譜第一一四頁的蒸蔥油雞。她說中國人和美國人永遠不會一樣，因為中國人喜歡炒菜、蒸肉，美國人則喜歡蒸菜、炸肉。」卡蘿．余（Carol Yu，譯音）在一九七九年結婚時收到菲律賓乾媽送她的《培梅食譜》第一冊，乾媽本身就是餐廳老闆。丹尼斯則於一九七七年透過一位華人朋友接觸到《培梅食譜》一、二冊。他寫信到封底的地址，想看看能不能自己購買精裝本，結果讓他大感驚訝。「我原本以為會收到祕書的回信，沒想到竟然收到傅培梅的親筆信，說我可以直接把款項加上運費（空運或海運）寄給她本人（現金或支票）……我立刻寄出一張十四塊半美元的匯票，不到兩個星期就收到書了。這些年來，我一直珍藏著那兩本食譜和她的親筆信。」

二〇一五年，傅培梅獲得了數位世界的最高榮耀——她在八十四歲冥誕這天成為Google Doodle的主角。在數位藝術家奧莉薇亞．溫（Olivia When，譯音）繪製的插畫中，傅培梅站在攝影棚的流理臺前，只是節目看板上的《傅培梅時間》被換成了大家熟悉的搜尋引擎名稱。攝影機與收音桿的剪影從畫面一側切入，傅培梅則正用筷子攪拌碗裡的東西。她身旁放著一只看起來很好用的炒鍋（奇怪的是沒有菜刀或火爐），以及兩道完成的料理：醋溜明蝦和程家大肉，外加一大碗白飯。傅培梅當然還是穿著整潔的圍裙，臉上帶有如祖母般慈祥的皺紋。

二〇二〇年，加州塞巴斯托波（Sebastopol）的「根本家庭農場」（Radical Family Farms）主人潘曉航（Leslie Wiser）發起了一場線上的「傅培梅料理挑戰賽」，想藉此賣掉她手上將近一千本狀況近乎全新的《培梅食譜》第一冊絕版品。潘曉航的母親是臺灣人，父親則是個具有創業精神的德匈混血，在一九八〇年代中期以每本五美元的價格買下了大量傅培梅的食譜書。他原本打算透過雜誌廣告銷售，作為中式乾貨郵購事業的一部分，但這個計畫始終沒有實現。後來，潘曉航繼承了這批書，多年來一直把它們存放在倉庫裡，大學時偶爾上eBay賣個幾本。每次搬家，她都會把這五十箱書帶著走，從俄亥俄州到印第安納州、再回到俄亥俄州，最終落腳加州。此時潘曉航已是一位專門種植亞洲家傳蔬菜的有機農民（@radicalfamilyfarms），她靈機一動，決定辦一場線上的傅培梅料理挑戰賽，藉機會賣掉手上剩餘的食譜書。她在Instagram上貼出還留著臺灣原包裝的書籍照片，可以看見那熟悉的鮮紅色封面。「說老實話，我真的很捨不得賣掉這些寶貝，」她在貼文中寫道。「但我很感謝能收到這麼多訂單，讓傅培梅的貢獻能遍傳美國各地。」一週之內，她就以每本七十五美元的價格賣出了八百本——對這樣的絕版經典書籍來說是很合理的價格。同時，這場挑戰賽也吸引了來自美國和英國的參與者，他們紛紛在網路上分享自己依照傅培梅食譜製作的菜餚，包括蔥油雞、什錦冬瓜盅、魚香茄子，甚至還有傅培梅本人最喜歡的紅燒海參（#rffcookoff）。

***

今日美國Instagram美食家看待傅培梅食譜的方式，與當今臺灣人明顯不同。諷刺的是，許多海外書迷對傅培梅生平事蹟與卓越事業所知有限，但仍視她的原版食譜為一份實用的料理文獻，提供了扎實可靠的中菜做法，足以滿足當代家庭廚師的需求。反觀她在臺灣的讀者，或許正因為更熟悉她完整的職涯，反而將她的食譜視為舊時代的遺產。例如二〇一三年，臺灣美食節目主持人吳恩文出版了一本中華料理食譜，名為《經典重現：吳恩文遇見傅培梅》。在這本向傅培梅致敬的食譜書中，他更新了部分菜色，並穿插他對這些料理的個人觀點與傅培梅自傳的摘錄。他表示，他的最終目標是讓更多讀者「重新認識這位當代的傳奇人物」。然而，吳恩文對傅培梅如此敬重有加，也代表他並未將她視為可以平起平坐的料理同行，更不只是中華料理界眾多可資參考的資料來源之一。反之，他將她奉為至高無上的存在，不容質疑，也不可批判。

傅培梅的大女兒程安琪也是以這種充滿懷念的眼光看待傅培梅的料理。最明顯的例子是，她在二〇一四年出版的《媽媽的菜：傅培梅家傳幸福的滋味》一書中重新包裝了傅培梅的食譜。書中收錄了傅培梅最喜歡的菜色，包括她經常在電視上示範的、家人偏愛的、她自創的、她在烹飪教室傳授的基本菜式，以及反映出她和她丈夫、以及她丈夫那些上海同事地域背景的各種南北地方菜。封面文案讓人回想起傅培梅在戰後幾十年間的影響力：「在那個粗茶淡飯的年代，傅培梅老師的烹飪教學，讓無數人從餐桌上獲得幸福。」書中的食譜大致維持傅培梅原來的版本，只做了些微調整，但所有的照片都更新了，皆經過食物造型師全新設計，風格與當今任何食譜並無二致。這些改變或許能吸引臺灣本地讀者，但傅培梅的海外書迷卻未必想要更新改版、換了封面的傅培梅食譜。他們想要的是那種上世紀中葉的懷舊風格：原版的紅色封皮，搭配色彩俗豔的照片。舊版精裝書的厚重質感，以及上面的斑斑油漬與使用痕跡，才是我們與過往飲食記憶和童年經驗最直接的連繫。

當年透過電視與食譜跟傅培梅學做菜的那一代女性如今都已老邁凋零。二〇一四年九月我在臺灣做研究時，就深深感受到這種歲月的流逝，當時正逢傅培梅逝世十週年。她的三個孩子籌劃了一場紀念活動，由臺北三家知名餐廳推出傅培梅料理特別菜單，限時供應。活動的開幕記者會是一場特別的「家庭團圓」宴，主打其中幾道精選菜色。傅培梅長女程安琪親自與各餐廳主廚密切合作，確保他們做出來的傅培梅料理能忠實還原母親的招牌風格。江浙菜餐廳「點水樓」挑選了幾道傅培梅著名的上海與浙江料理，例如油爆蝦、醬爆青蟹與豆沙鍋餅。「潮江燕」這家潮州風格的粵菜餐廳則是選了幾道傅培梅的粵菜，包括經典的咕咾肉、家常兩面黃，以及帶有西方風味的起司焗明蝦。臺菜餐廳「欣葉」並沒有推出傅培梅的臺灣菜，畢竟傅培梅從來不曾以擅長臺菜聞名。餐廳的創辦人、傅培梅的摯友李秀英，反倒是巧妙地推出程家人自己最愛的私房菜：程家大肉（烤前腿梅花肉）、柴把鴨湯（先把主要食材切成等長的條狀，再用干瓢綁成整齊的柴把狀），以及芝麻鍋炸（炸奶黃芝麻球）。

在這場活動上，甚至沒有人假裝傅培梅的菜餚是符合當代口味的時髦之物。恰恰相反：這些料理之所以吸引人，正是因為它們喚起了昔日的飲食記憶，讓人想起四、五十年前的臺灣人是怎麼吃飯的。宣傳海報鼓勵食客「品嘗傅老師的美味經典名菜」。傅培梅的長女程安琪在當時的評論中說，這些菜餚「讓我們想起父母那一代的中國菜味道」，凸顯了一種世代差異。諷刺的是，由於臺灣的烹飪與飲食方式在過去幾十年間實在變了太多，傅培梅的食譜只會讓人心酸地回想起一個早已逝去的飲食時代。年輕一代偏好國際口味與新奇的用餐體驗，那些曾在戰後為臺北奠定美食之都聲譽、也使傅培梅得以建立中國地方菜權威地位的外省餐館，正逐漸凋零沒落。

與此同時，在海外，食譜書中的傅培梅卻並未隨時間老去；更準確地說，她的老派風格反而成了一種屬於上世紀中葉的復古時尚。即使到了今日，她的食譜書還是很實用，只要按照她條理分明的指示，就能做出各式各樣的道地中國菜，尤其是對那些已具備基本烹飪知識的人而言。掌握基本功之後，要依照手邊現有的食材或個人喜好來調整食譜列出的材料與調味料，就不成問題了——這種靈活變通的烹飪方式，也是傅培梅自己一直在提倡的。有不只一位使用者呼應了傅培梅女兒程安琪說過的話：「常常有人說，照著她的食譜一步一步做，就算不是一百分，也能有個八十分了。」食譜書評兼部落客曾凱輝（Jon Tseng）在二〇一二年評論傅培梅最知名的食譜套書時這麼說：「這些食譜真的做得出來！有些食譜會騙人，尤其是有點年代的那種……我也可以請我母親作證——《培梅食譜》第一、二冊她用了超過二十年，絕對有資格說這些食譜真的能行。」

***

美國最近一波的華人移民潮始於一九八〇年代，也就是中國大陸在後毛澤東時代推行改革並繁榮起來之後。自一九七七年起，中華人民共和國重新開放公民出境、移民，此後赴美定居的中國大陸移民人數就逐年增加。二〇一八年，赴美的新移民人數以中國大陸居冠，那年共有十四萬九千人，其次是印度（十二萬九千人）、墨西哥（十二萬人）、菲律賓（四萬六千人）。與此同時，臺灣的整體經濟狀況也日益改善，這意味著學生不再容易受吸引而選擇永久定居海外。（二〇一〇到二〇二〇年之間，每年赴美留學的臺灣學生人數平均只有二萬二四三八人。）

這一波來自中國大陸的移民，大多集中於社會經濟光譜的兩端。其中一端是勞工階層，有些人可能沒有合法身分，也幾乎不懂英語。由於缺乏其他謀生技能，他們往往只能在中餐廳工作，擔任廚師、服務生、雜工或外送員，再不然就是在成衣廠或建築工地工作。皮尤研究中心（Pew Research Center）二〇一九年的一份報告估計，美國所有華人當中有一三%生活在貧窮線以下，其中非美國出生者的比例又更高，達一五%。而另外一端的新移民則是受過高等教育、具備專業技能的人，赴美多半是為了就讀大學或研究所。整體而言，二〇一八年的中國移民「擁有研究所或專業學位的比例，是其他新移民或美國本地出生人口的兩倍以上」。

在現今這一代華人勞工移民中，最值得注意的現象是：如同十九世紀與二十世紀初那批早期移民是以廣東人為主，今日的中餐廳員工也大多來自同一個省分：福建，甚至可以縮小到該省的一個特定地區——省會福州一帶。如今美國大多數的中餐廳都是福建人開的；此外，他們也掌控了整個中餐業的支援網絡（勞工仲介、長途巴士、電話卡販售與匯款回國等相關業務）。以紐約市的華人社群為例，福建人已取代原本占主導地位的廣東人，成為最大的次族群。

我在北卡羅來納大學教堂山分校教授中國飲食史的時候，有好幾位學生的父母是第一代福建移民，在家族經營的中餐廳辛苦工作多年，一心希望他們這些受過大學教育的第二代子女可以成為高收入的白領專業人士。他們的工時極長，必須犧牲許多與家人相處的寶貴時光，工作本身也非常勞累。漢娜・簡（Hannah Jian，譯音）的父母來自福建，在北卡羅來納州的格林斯伯勒市（Greensboro）開餐廳。她跟我的一個學生說，對她的父母而言，「開餐廳是逼不得已。如果你在學校成績不好，你就只能去開餐廳，然後這輩子就永遠這樣了。」

將中國移民視為一連串截然不同的移民浪潮，有助於解釋為什麼我青少年時期閱讀早期華裔美國作家的作品、試圖從中找出身為華裔美國人意味著什麼的例子時，始終無法在那些作品裡看到自己的影子。黃玉雪廣受讚譽的自傳《華女阿五》（*Fifth Chinese Daughter*，一九五〇年，又譯為《五小姐》），詳述她如何在經濟大蕭條期間於父親設在舊金山唐人街的吊帶褲工廠長大，以及她如何努力開展獨立人生——當幫傭賺錢讀完大學，二戰期間在造船廠當祕書。我和她之間的差異不僅止於時代和社經地位，而是連語言和地域背景也不同。她家是廣東人，她父親信奉基督教，她父母保守又不懂英語，在舊金山唐人街從事勞力工作——這一切都跟我的世界很不一樣。我父母說的是國語，擔任化學研究員和圖書館員這樣的白領職業，每天都必須用英語與人溝通；我們住在密西根州中部一個周遭全是白人的小鎮。對我們而言，廣東話基本上是種外語，只有在多倫多等大城市的中餐廳裡才會聽到。

如今的我不禁好奇，最近一波（也就是第三波）來自中國大陸的華人移民及其子女，會如何看待我和父母的第二波移民故事。在華裔美國人的移民史上，我們就是他們的前一章，但他們是否感受到其中的共鳴？例如，生活在美國偏遠地區以白人為主的社區、在中國與美國文化之間調和自我身分認同的掙扎，或是家人之間那種牢不可破的羈絆？還是說，他們只會看見中國與臺灣迥異的政治歷史，以及各自家庭在工作與移民上所走過的不同道路？我從前的學生鄭楊（Jacky Zheng），是福建移民的孩子，父母在北卡羅來納州的威明頓（Wilmington）經營一家小型中餐廳。談到他父母為了讓他擁有他們自己從未擁有過的人生機會而做出的犧牲時，鄭楊說：「這家餐館的象徵意義在於，我們家如何在美國寫下自己的故事，開拓出一片立足之地。」我很欣賞鄭楊的觀點：他堅定認為，他父母的勞動是一種出於強大意志的行動，他們正是透過這樣的行動，塑造出屬於自己的國族歸屬感，而不是被動地等待他人給予。但我也好奇，鄭楊和漢娜是否會把我視為他們故事的一部分。對他們而言，中國菜首先是一種基本、實質的謀生方式，而不僅僅是家的象徵或華人身分的標誌，因此他們與中國菜的關係必定有其獨特輪廓，與我的未必重合。

沒有人可以聲稱自己的經驗能代表所有世代的華裔美國人——更別說整個美國亞裔社群了。這些經驗實在太多元，受到語言、地域、宗教、性別、世代、性取向、社經地位、政治、地理位置等多重因素的影響。歷史學者李漪蓮（Erika Lee）所著的《美國亞裔的創造與再造》（*The Making and Remaking of Asian America*），書名點出的概念讓我深感震撼。每一代亞裔移民都必須重新摸索（甚至是每一個移民都必須自行摸索）如何建立或調整自己與自身族群認同及原鄉之間的關係、如何與其他族群相處、如何維繫自身的社會關係，以及如何面對法律制度或社會預設所加諸在他們身上的種種限制。雖然李漪蓮鼓勵亞裔美國人讀者去理解彼此歷史經驗中「顯著的共通點與連繫」，但她也承認：「在美國已落地生根很久的亞裔美國人，也許會懷疑自己跟今日的新移民之間有何共通之處。同樣的，新來的亞裔移民與他們的子女，可能也不會覺得早期亞裔美國人的歷史與他們自身的經驗有所關連。但他們應該要認為有關連……亞裔美國人經驗中的多樣性與共通性，都揭露了『美國亞裔』這個概念被一再建構與重塑的複雜歷程。這不是單一的故事，而是許多故事的總和。」

如今以成年人的身分重讀黃玉雪一九五〇年的自傳，有些場景我立刻就認出來了——全跟食物有關。黃玉雪描述她六歲就會煮白米飯：先把米淘洗乾淨，水加到蓋過指節，等它煮沸冒煙，過程中絕不能掀開鍋蓋。她十一歲就會跟唐人街的各種供應商採買食材，例如魚販、肉鋪、菜攤、南北貨店。讀大學時，她住在系主任家裡幫傭，有次邀請了姊妹淘（全是亞洲人或亞裔美國人，只有一個白人女孩）過去吃一頓自己煮的中國菜，有芙蓉蛋和番茄牛肉。由於這次表現出色，主任便請她做一頓中國菜招待一群音樂家貴客。原本對黃玉雪的大學活動毫無興趣的家人這下突然全動了起來：她父母擬定了一份簡單、易操作的菜單，她父親從餐廳買了現做的雞湯作為湯底，並備齊了她需要的所有廚房用具，她母親一一說明每道菜的詳細做法，哥哥開車把需要的鍋碗瓢盆與食材全部送到主任家，妹妹則陪她一起做完整桌菜，並協助收拾善後。這場餐會十分成功，其中很大一部分要歸功於家人的全力支持。我立刻辨認出那些未寫明卻深藏其中的情感：請外國人吃中國菜時心中夾帶的自豪、想好好款待客人的用心，以及全家人一起出力、實實在在表現出來的那份愛。

我想，這就是為什麼美食會成為華裔美國人身分認同中如此重要的依歸。即使其他的族裔標誌——例如語言能力或文化意識——隨著時間逐漸淡去，食物仍能凝聚不同世代的移民。曾有一位觀察敏銳的大學生對我說，食物是他這個臺灣移民第二代，與一個剛到美國的「新移民」之間唯一的共通點：「你可能不懂中文、不熟歷史、也不瞭解文化——那些連結都消失了。但你們還是可以一起坐下來，吃同樣的東西。」換句話說，就算廣東話、國語、臺語都被遺忘，飲食的語言依舊會存在下去。傅培梅、黃玉雪、我的父母、我的學生和我自己，分別成長於截然不同的歷史時期，國家、政治與社會背景各異，說的是不同的中文方言，有的甚至完全不會說中文。但我情願相信，我們還是可以坐在同一張飯桌前，一起享用一頓中華料理，桌上是熱騰騰的白飯（或者麵條、包子、煎餅），以及琳瑯滿目的佳餚美饌。為這張黃帝的餐桌多加幾張椅子吧——它不僅能跨越不同的地理與國界，更能跨越過去與未來，朝未知的世代延伸而去。

***

渴望一睹傅培梅影片的觀眾，如今終於有機會親眼看看她如何俐落地揮動菜刀、操控鍋中滾燙的熱油。自二〇一七年起，台視已將傅培梅最後一檔、也是最廣為人知的節目《傅培梅時間》近七百五十集的內容上傳至YouTube。傅培梅曾估算，在這檔長達十六年的節目中，她教了四千多道菜，共計播出逾一千四百集。（相比之下，茱莉雅．柴爾德的《法國主廚》九季總共只有二〇一集。）在此之前，YouTube上能找到的傅培梅影片，只有菲律賓電視臺重播的他加祿語（Tagalog）配音版，是一位菲律賓傅培梅粉絲上傳的。一九八〇年代和一九九〇年代在臺灣播出的這些集數全部都是中文發音，沒有英文字幕，但世界各地的觀眾還是照看不誤。留言不僅有繁體中文、簡體中文，也包括英文、西班牙文、泰文、他加祿語、日文與韓文。目前最受歡迎的一集是〈香蔥扒鴨〉，觀看次數達六九萬三〇五八次，但其他如〈酸辣湯〉（二六萬三四六九次）、〈湖南臘肉〉（一九萬五七六次）與〈蔥燒海參〉（一七萬八五〇〇次）等集，也各自累積了數十萬次點閱。

近年來的這些數位更新是否能讓傅培梅在新一代觀眾心中持續保有影響力，仍有待觀察，特別是在臺灣，許多傅培梅的粉絲當年正是透過她長年主持的電視節目與她建立起情感連結。三十歲以下的人幾乎不可能親眼在電視上看過傅培梅的現場節目，而她的大多數食譜書如今也已絕版。因此，台視在二〇一七年推出的電視劇《五味八珍的歲月》就添加了一條以當代為背景的劇情支線。這條支線圍繞著傳寶——他是劇中虛構角色、傳培梅臺灣籍幫傭阿春的孫子。傳寶某日在祖母的櫥櫃裡發現了一捲老舊的VHS錄影帶，內容正是《傅培梅時間》。傳寶說：「傅培梅？這誰啊？」深入瞭解祖母的過去之後，傳寶決定重振祖母那家主打傅培梅招牌菜的餐廳。他開始學烹飪——不是直接跟祖母學（因為祖母暫時住院），而是透過平板電腦觀看《傅培梅時間》的影片。

傳寶並不孤單。或許我母親那一代的華人家庭廚師與我這一代之間最明顯的差異，就是下廚的男人變多了，開始擔起一部分、甚至全部的日常烹飪工作。在我們家，雖然日常炒菜做飯是由我母親負責，但我父親也會幫忙，負責切菜、切肉、洗碗。但身為北方人，我父親也掌管家裡所有的麵食料理，例如餃子、豆沙包、饅頭、搭配木須肉的單餅，還有他的招牌蔥油餅。他也會自己做豆漿，還喜歡研究各種醃漬法。結果，在我們這一代的兄弟姊妹與配偶當中，最有可能延續我父親這些麵食傳統的，竟然是我那位不是華人的先生。我們剛認識的時候，他就已經很會做義大利麵、麵包、派皮和披薩麵團，因此他沒有花太多力氣，就跟我父親學會怎麼做出層次完美的蔥油餅、酥脆得恰到好處的鍋貼。他也和我父親一樣，下廚時總帶著一種科學實驗的精神，不斷調整食譜與步驟，直到成果令他們滿意為止。我們兩人合作為孩子做包子時，也是事半功倍：他負責揉麵團、擀麵皮，我則負責製作肉餡，然後包出最好看、也最好吃的成品。

我的朋友黃則彰（Harrison Huang）是這種新一代華人男性家庭廚師的最佳代表。他是我認識的所有男性與女性華人家庭廚師中，最有天分、最投入、也最執著的一位。從素餃子的內餡該怎麼做，到哪個牌子的廚刀才堪使用，他對所有的事情都自有一套看法。他不久前才細細探索了各種中國醋的類型和它們的多種用途，那是他著迷的眾多事物之一。他認為大多數亞裔美國人對自己飲食文化的理解都太狹隘了。例如他姊姊會說：「喔，我小時候吃的中國菜不是這樣的。」她認為她在個人經驗中吃到的就等於廣義的中國菜。「你自己的個人經驗，莫名其妙就成了某種文化認同或文化特質的界限。」但黃則彰認為，「身為華人這件事，遠遠超越你個人的經歷。它不可能只限於你這一生的所見所聞……你必須能夠想像一個比你個人更大的社群。」黃則彰的信念很有說服力。中國實在太大，各地的飲食文化博大精深，複雜多樣到花幾輩子都學不完。這也促使我用一種更宏觀的角度來審視自己為了把中華料理的文化認同傳承給孩子而做出的努力：它只不過是這部龐大的飲食史中微不足道的一部分罷了。無論我將來學會或掌握多少烹飪技藝，我懂的永遠只會是中華料理浩瀚的美食傳統中極其微小的一塊。明白這件事，讓我心存謙卑。

***

在二十世紀的中華料理界，傅培梅的出現比其他任何人物都更能象徵現代中華烹飪已邁入一個有別於傳統的新紀元。她的影響力遍及國內外，關注女性在家庭中負責飲食照顧的角色；而這種影響力的形成，也與當時興起的一連串廚房新科技、工業化食品加工技術與大眾媒體的推波助瀾密切相關。她不僅透過電視節目與多本食譜書，向臺灣新興的中產階級主婦介紹中國各地的地方菜餚，也自許為中華民國的美食大使走遍世界，讓千千萬萬人將她的名字與正宗中國家常菜畫上等號。

身為戰後那一代女性中華料理食譜作家當中最成功的一位，傅培梅肯定並且支持女性在每日照顧家人飲食這項工作中所扮演的核心角色。這份責任往往落在女性肩上，無論她們是以家庭主婦還是職業婦女自居，而傅培梅想盡其所能地幫助她們減輕負擔、讓她們的家庭更幸福。她既回應了新興中產階級家庭主婦的期待，也引導並塑造了她們的想像與實踐。這些主婦不僅想學做紅燒海參和包餃子，也想學怎麼做生日蛋糕和香蕉麵包。臺灣的女性很好奇她們來自四川、福建、湖南、上海、北方及其他地區的新鄰居都吃些什麼，也想為家人做出營養、新穎又可口的料理。傅培梅與女性觀眾之間的親密連結，有別於過去幾個世紀由男性撰寫的中華飲食文獻，那些文獻大多著重於文人雅士的飲食品味，而非實際做菜的廚師。另一方面，即使她在家裡面對一個大男人主義的丈夫，不僅把財務大權讓給他，也不挑戰他一家之主的地位，但她還是為自己爭取到行動自由，得以投身於她在家庭以外一手打造出來的職業天地。

傅培梅之所以能成功推廣現代中式料理技巧，仰仗的是大眾媒體（尤其是電視）的興起，並受到當時新式廚房設備與食品科技的影響，這些科技她都樂於擁抱。除了臺灣以外，傅培梅也深受日本與菲律賓電視觀眾喜愛，他們欣賞她嫻熟俐落的家常中菜烹飪方式。她還曾以顧問身分與多家食品業者合作，有些致力於將中國口味推向大眾市場，有些則希望讓外國食品成功打入華人市場；這些業者包括中華航空、日本的Ringer Hut連鎖餐廳、統一企業的速食麵產品線，以及澳洲肉品畜牧協會等。超級市場、冰箱、瓦斯爐與電鍋的普及，讓人不必再需要天天跑傳統市場買菜，也不必再使用木炭爐做飯，同時打破季節限制、延長了食材的保存時間，大幅擴展可供烹調的菜色種類。在臺灣，小吃攤、餐廳與夜市如雨後春筍般出現，加上戰後的糧食供給普遍充裕，天天外食於是成為可行的生活方式。

最重要的是，傅培梅以一種至今尚無其他當代中華料理食譜作家能夠企及的方式藉著中國菜揚名全世界，這要歸功於她那套賞心悅目的中英雙語食譜書。她不僅成功吸引了臺灣本地讀者，也觸及了亞洲及全球各地愈來愈喜歡中國菜的外國讀者。傅培梅的食譜書還跟著出國深造的臺灣學子行遍天下，在這個全球移民流動的新時代中，成為象徵中華飲食認同的攜帶式圖騰。在冷戰期間變幻無常的局勢下，她努力提升中華民國在國際間的能見度，扮演自封的「美食大使」，這些行動都可以被視為臺灣最早的「美食外交」。

今日這一代的中華美食部落客與影音創作者或許不瞭解傅培梅的豐功偉業，以及她身為二十世紀第一位躍上國際舞臺的華人烹飪教師的開創性角色。但她為所有的後繼者鋪好了路，今日媒體上的中華料理名人仍活在她的光環之下。傅培梅曾在回顧自己職涯時寫道：「〔我〕雖不敢說是功成名就，一輩子卻也東奔西跑為發揚美食盡了心力。」無論過去還是現在，隨著中華料理在全球傳播，傅培梅與今日媒體上的美食紅人都成了這段不斷擴展、持續演變的宏大故事的一部分。雖然我們每一個人似乎都得自行摸索鍋子如何開鍋、餃子如何包得漂亮等技巧，但事實上，我們做菜從來都不是從零開始。我們一直都在從食譜、旅途見聞、無數的用餐經驗與家庭觀察中汲取烹飪知識。我們每做出一道菜，不管是第一次做還是第一百次，都是在一點一滴地把自己寫進那個故事。

後記

人人皆宜的餃子

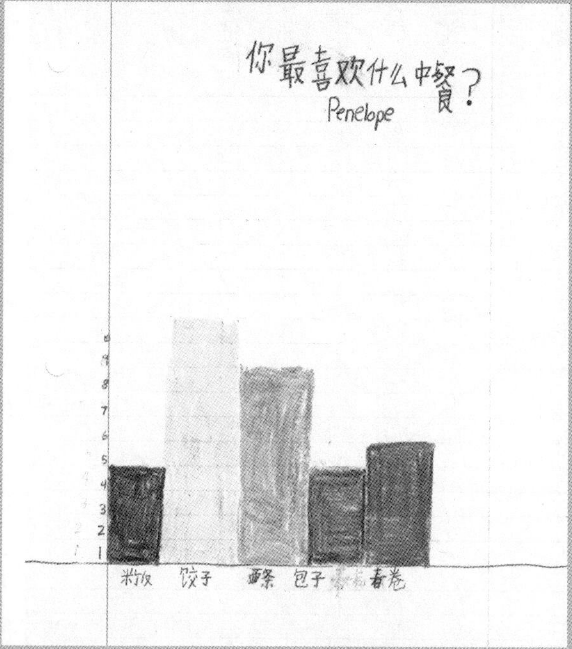

由金宓（Penelope King）繪製的「你最喜歡什麼中餐？」長條圖（七歲，小學一年級）。二〇一九年春。

這本書的開頭是一張我母親寫的冷凍庫存清單，結尾則是一張我女兒畫的長條圖。我女兒就讀的公立學校有個獨特的雙語沉浸式課程，她參加了，每天有一半的時間用中文上課。她一年級的時候，班上曾舉行投票，選出大家最喜歡的中國菜。結果如下：白飯四票、餃子十票、麵條八票、包子四票、春捲五票。餃子壓倒性勝出！

但那張長條圖還不是他們全班瘋狂喜愛餃子的最好證明。有一次，我女兒問我能不能帶餃子去學校當午餐。我非常震驚——小時候的我從來不敢帶三明治以外的東西去學校，就怕被同學笑。她這麼一問，我才意識到，她的小學生活和我當年有多不同，因為她身邊有許多亞裔美國同學。我壓下內心的驚訝，若無其事地問她為什麼想帶餃子。她聳聳肩說，有個小朋友帶了，看起來很好吃，所以她也想帶餃子當午餐。她講得那麼自然、那麼毫不在意，讓我很受觸動。對她來說，餃子就是很正常的東西。傅培梅一定會希望我自己動手包餃子，還要記得別用同一雙筷子夾餡又封口。我還在努力，但現在只要我女兒願意吃冷凍餃子，我就滿足了。

對我這樣的人來說，傅培梅從家務苦手到烹飪高手的轉變，是一個振奮人心的提醒：優秀的中式家常菜廚師都是訓練出來的，不是天生的。這樣的經歷，在傅培梅那一代的中產階級女性中比比皆是。我給自己定下的廚藝目標不小，但並非遙不可及。首先，我希望我的菜單可以超越炒飯、湯麵、偶爾做一次的麻婆豆腐，以及「炒蛋系列」（火腿炒蛋、番茄炒蛋、菠菜炒蛋等等）。此外，我也想加快平日晚餐的出菜速度，看能不能在煮好一鍋米飯的時間內，端出一道主菜和一道青菜——這是我朋友黃則彰提出的實用準則，他建議我以此衡量下班後做菜的節奏。在居家防疫的那幾個月裡，我有了更多的時間與自由去嘗試比較費工夫的菜色，翻食譜、上網搜尋、臨時打電話問媽媽等方法交替採用。我試做過糖醋排骨、梅干扣肉、炒蓮藕、冬瓜湯等等。最重要的是，我希望孩子們能找到自己最喜歡的中式菜餚——那些他們會記得是我用滿滿的愛做給他們吃的料理，將來可以和我媽媽的酸辣湯、我爸爸的蔥油餅一起成為我們家餐桌上不可取代的經典家常味。

我寫這本書最核心的動機之一，是想好好思考我希望自己的孩子吃什麼、怎麼吃。雖然我自己還在努力學習中，但我真的非常在意我的孩子是否愛吃中國菜，因為他們如果不喜歡，對我來說，就像是否定了我所珍視的那些家族記憶。隨著年紀漸長，我才逐漸體認到，父母當年為養育我們所付出的諸多努力中，最令我自愧不如的，就是他們每天都能如常端出一桌家常菜，從無怨言、也從未間斷，即使他們兩人都有全職工作。我們每天晚餐至少都有兩三道菜，通常一道是用手邊的食材快炒的熱食，再加上一道前一天的剩菜。我母親有時也會嘗試做些美式料理（例如肉餅），父親則會用現成醬料煮義大利麵。在我的記憶裡，晚餐從來不是特別麻煩的事——菜都會買好、飯都會煮好、碗都會洗好。如今，當我自己也成了職場媽媽，我才終於體會上面那句話的被動語態意味著什麼，那是我小時候從未明白的道理。家常菜從來都不會憑空出現在餐桌上。是因為有我父母在背後持續不斷地計劃、協調與行動，才讓這一切成為可能。我能想到回報他們的最好方式，就是盡我所能地為我的家庭也多做幾頓飯——無論當天我有沒有那個心情。

食物至今依然是我年過八旬的父母對我這個成年女兒表達關愛的主要方式之

一，而這份愛如今也延伸到了我的丈夫與孩子身上。我和他們住在不同的州，見面的次數遠遠不如我所希望的，尤其在新冠疫情期間，更是幾乎無法與長輩相聚。即使能夠見面，我和父母的關係也和許多父母與成年子女之間的關係一樣，有時還是挺複雜的。說話容易誤會，也很容易吵起來（我姊姊甚至曾把我們家的車取名為「吵架號」）——尤其是我爸媽和我。我們只在抵達和道別時會擁抱一下，而即使在那些時刻，我也總忍不住想哭——如今他們的身體抱起來，是如此輕盈又脆弱。以他們的年紀，我從來不知道這一次見面會不會就是最後一次，大家心中都有許多話想說，但言語能夠表達的終究有限。也正因如此，我們會互傳隔離期間做的中式菜餚照片——從媽媽的素包子、爸爸的紅燒牛筋麵，到我最近嘗試的蒸蘿蔔糕和糯米蓮藕。在外人眼裡，我們或許只是在交換美食照，但對懂得透過食物溝通的人來說，就會明白不只是這樣。每一道菜都在說話：請照顧好自己。我愛你。謝謝你為我做的一切。傅培梅若知道，想必會感到驕傲。

誌謝

雖然做飯看似是一種單槍匹馬的行動，但實際上，一頓飯從來不是靠一個人獨力完成的。寫書也是如此。要從一個模糊的想法走到真正把成品握在手中，需要財務上、後勤上、知識上以及情感上的多方支援。

本書的寫作與研究工作獲得以下機構慷慨資助：亨利．魯斯基金會（Henry Luce Foundation）與美國學術團體聯合會（American Council of Learned Societies Program）合辦的「中國研究博士後獎助計畫」（二〇一四至二〇一五年）、德州大學奧斯丁分校歷史研究中心的研究獎助（二〇一六至二〇一七年）、卡羅來納女性中心教師學者計畫（Carolina Women's Center Faculty Scholar Program，二〇一七至二〇一八年）、美國國家人文基金會公共學者獎助（National Endowment for the Humanities Public Scholars Grant，二〇二一年），以及北卡羅來納大學藝術與人文研究院教師研究獎助計畫（二〇二三年）。此外，北卡羅來納大學歷史系、北卡羅來納大學亞洲中心與北卡羅來納大學亞裔美國人中心也提供資金，支持舉辦本書的書稿工作坊。對所有提供財務與後勤支持的機構，我深表感謝。書中所述觀點，均為我個人意見。

感謝臺灣國家圖書館與北卡羅來納大學教堂山分校圖書館兩地工作人員的慷慨協助，我大部分的研究就是在這兩處進行的。北卡羅來納大學的黃熹珠（Hsi-chu Bolick）是個很棒的人，總是興高采烈地回答我所有問題、協助我尋找難以取得的資料，還主動提供她發現的其他資源。哈佛大學施萊辛格圖書館（Schlesinger Library）也慷慨提供了相關資料的掃描檔案。感謝Wen-Li Yeh與Fashion Chou協助安排我進入臺灣電視公司，二〇一四年，我花了好幾週時間在台視觀看傅培梅烹飪節目的影片，因為當時那些影片尚未在網路上公開。

以下機構的讀者，無論是學者還是一般大眾，都曾給予我寶貴的回饋，並表達他們對我研究計畫的熱情支持：臺北的中央研究院、德州大學奧斯汀分校的歷史研究所、密西根大學的利伯瑟—羅傑中國研究中心（Lieberthal-Rogel Center for Chinese Studies）、艾默里大學、多倫多大學、德州大學里奧格蘭德河谷分校、加州大學戴維斯分校、亞洲研究學會、食品與社會研究學會、北美臺灣研究學會，以及北卡羅來納州臺灣專業與學術協會。二〇一七年「亞洲飲食民族主義」研討會，以及二〇二二至二〇二三年北卡羅來納大學藝術與人文研究院教師研究獎助計畫的參與者，也對本書的部分章節提出寶貴意見。謹在此感謝所有人提供的想法與建議。

我尤其感謝與我同屆的北卡羅來納大學藝術與人文研究院教師研究獎助計畫成員：Janet Downie、Oswaldo Estrada、Shakirah Hudani、Heidi Kim、David Lambert、Chérie Ndaliko、Antonia Randolph、Eliza Rose、Ana Maria Vinea、Ben Waterhouse，以及Brett Whalen，他們對書稿部分內容提出深思熟慮的見解，並鼓勵我勇往直前。我還要感謝世界各地從事飲食研究的同儕，包括Dan Bender、陳玉箴、傅家倩（Wendy Jia-chen Fu）、Jakob Klein、Seung-joon Lee、Jeffrey Pilcher、Krishnendu Ray、Françoise Sabban、Jayeeta Sharma、曾品滄，以

及James Watson，他們的研究成果與不吝分享的態度給予我很大的鼓舞。我也由衷感謝Seth Garfield、徐元音（Madeline Hsu）和Courtney Meador，讓我在德州度過了一段溫馨且學術收穫滿滿的時光。

衷心感謝我的經紀人Lucy Cleland，她花了一年多時間陪我精心修改出書提案，並成功促成簽約。非常感謝我的編輯Melanie Totoroli，她耐心而明智的建議對本書的成形大有助益。杜蓓蓓建立了傅培梅線上影片的完整資料庫，並轉錄多場訪談；Daniele Lauro在東京協助我尋找並翻譯日文資料；Gabriel Moss設計了地圖；Annabel Brazaitis協助處理出版過程中的後勤事務。感謝你們所有人，讓這份書稿一步步走向成書的面貌。

我也衷心感謝所有的受訪者，他們的話語點綴了本書的每一頁。雖然我無法將所有訪談內容全部收錄，但對每位受訪者願意撥冗與我交談，我始終滿懷感激。沒有下列諸位的故事與見解，本書內容將大為匱乏：陳中時（John Chen）、Sean Chen、陳盈舟、Andrew Coe、Nicki Croghan、Christina Cruz、Lawrence

David、Jennifer Dearth、Michael Drompp、陳凱琳（Cathy Erway）、傅家倩、李嘉麟（Jaline Girardin）、何若書（Denise Ho）、Frank與Paula Hsu、黃則彰（Harrison Huang）、馬幼文（Wendy Ma Hubiak）、許建南（Kian Lam Kho）、Jenny Kim、黃仲蓉（Ellen Huang King）、金石同（Stanley S. T. King）、李秀英、李玲惠、李孝民（April Lee）、劉文蘭（Nancy Lee）、林相如、林慧懿（Theresa Lin）、劉盈瑩（Tiffany Liu）、黃迎捷（Angie Ma）、馬非幻（Oscar Ma）、Carolyn Phillips、Françoise Sabban、竇杰（James Tou）、胡瑩珍（Jane Tou）、Edna Tow、Linus Tsai、蔡光裕（Luke Tsai）、Maika Watanabe、魏貝珊（Clarissa Wei）、潘曉航（Leslie Wiser）、吳雅歌（Ya-ke "Grace" Wu），以及袁青（Angie Yuan）。還有一些人提供了本書中某些至關重要的文字與視覺資料：方苓（Fang Ling）、楊孟軒（Dominic Meng-hsuan Yang）、已故的Frank Zeck, Jr.。Joanna Handlin Smith則慷慨地將她在臺灣蒐集的其他於二十世紀中葉出版的食譜寄送給我。

我尤其要向傅培梅的三位子女表達最深的感謝：程安琪、程美琪與程顯灝。他們大力支持這個計畫，並慷慨分享對母親的回憶與珍貴照片，使本書得以順利完成。我也特別感謝那些在〈廚房對話〉中接受深入訪談的優秀女性：王乃珍（Catherine Chen）、劉瑞枝（Christy Fu）、黃閩淋，以及故事另見於本書其他章節的蘇綏蘭（Susanna Foo）。她們身兼職場女性與母親，面對每一項挑戰始終從容不迫，她們的人生經歷持續帶給我啟發。

我一直非常感謝北卡羅來納大學歷史系同事的支持。過去十七年來，我很幸運能將這裡視為我職業上的家。許多同事曾在我們系上的學術討論會上聽我分享研究成果，這是一個絕佳的平臺，能讓人把書稿中的棘手問題提出來討論。有幾位同事在不同階段閱讀並評論我的草稿或部分章節，對此我衷心感謝他們付出的時間與洞見：Karen Auerbach、Flora Cassen、Emma Flatt、Heidi Kim，以及Katie Turk。我也要感謝Molly Worthen，在我們同時放研究假的那一年裡，她每週都和我聯繫。我特別要向Kathleen DuVal致上深深的謝意，她一直是我的榜樣、導師與朋友。正是她最初鼓勵我嘗試撰寫一本面向大眾的書籍，並以實際行動支持我——為我的出書提案提供意見，並引介我認識她的經紀人。

我要特別感謝那些讀了整本草稿並參與書稿研討會的評論者：陳玉箴、周成蔭（Eileen Chow）、傅家倩、Jakob Klein，以及蔡光裕。自我踏入學術界以來，葉文心（Wen-hsin Yeh）就一直支持並推動我的研究，不僅撰寫無數封推薦信、把她在臺灣的廣泛人脈介紹給我、閱讀並評論書稿，還積極參與書稿研討會。多年來能持續獲得她的指導與鼓勵，對我意義重大。衷心感謝所有這些同事的付出與建議。書中倘若還有任何不妥之處，皆由我個人負責。

在此也想誠摯感謝我的寫作團體每週不間斷的支持，我們最初是在二〇一九年國家教職發展與多元中心（National Center for Faculty Development and Diversity）的夏季訓練營開始相聚。尤其是Janice Pata、Cabeiri Robinson和Theresa Runstedtler：四年過去了，姐妹們，我們依然堅持不懈！其他的朋友與家人即使生活繁忙，也還是慷慨抽空對整本書稿提出意見，包括Erica Johnson、金怡（Laura King）、Stuart White。另有許多摯友在寫作與人生的歷程中始終支持著我，她們個個都是出色的女性：Karen Auerbach、Flora Cassen、Sara Chaganti、Charlotte Cowden、傅家倩、Stefanie Griffin、Stephanie Heit、何若書、馬幼文、Jenny Kim、李思安（Betsy Lee）、王婷婷（Tina Ong）、Avani Pendse、Berta Rodriguez、Claire Lasher Tetlow、Edna Tow、Maika Watanabe、余珊慧（Sandy Yu），以及袁青。能有你們在我身邊，我無比感激。

最後，我要將我最深的謝意獻給我的家人。感謝我的公婆Michael和Margaret King給予我的愛與支持。感謝我哥哥金涛（Todd King），總是給我睿智的建議，儘管書封不是刮一刮就會釋放香氣的那種。感謝我姊姊金怡（Laura King），她對所有視覺細節總是洞察入微並提出精闢建議。我無法想像有比你們更好的手足，這段共同的歷史也屬於你們。我無比感激我的母親黃仲蓉，她的存在與人生故事支撐著這整本書。媽媽，謝謝妳為我所做的一切，那其中的意義遠遠溢於言表。這本書的最終意義是讚頌妳和爸一起在這裡建立起來的生活。很遺憾，我的父親金石同（Stanley S. T. King）未及見到本書出版便已離世，但他最愛的蔥油餅仍在我們的記憶與日常中延續。我們非常非常想念他。我把最大的感謝獻給我最熱情的啦啦隊

——Ian、金宓（Penelope）和金昕（Hamish）。謝謝你們樂意陪我跑遍四方，只為尋找那碗最好吃的麵。Ian，謝謝你為我煮了無數餐、洗了無數碗，也謝謝你奮力划槳，讓我們的小船繼續前行，還總是提醒我「船到橋頭自然直」。小宓和小昕，謝謝你們為我畫了卡通版的傅培梅書封和會跳的吐司，也謝謝你們最熱情的擁抱。是你們讓我總有理由不放棄，繼續追求包出最完美的餃子。

培梅時間——蔥燒海參》，上傳日期：2017年11月13日，YouTube影片，5分56秒，https://www.youtube.com/watch?v=Q3feILLYEPI。

341 「傅培梅？這誰啊？」：電視劇《五味八珍的歲月》第三集，16分36秒。

341 黃則彰：黃則彰，作者訪談，2019年5月21日。本段所有引文皆來自同一出處。

346 「雖不敢說」：傅培梅，《五味八珍的歲月》（中和：橘子出版有限公司，2000），頁19。

about-u-s-immigrants/。

332 赴美留學的臺灣學生人數："Total Number of Students from Taiwan Studying in the United States from Academic Year 2010/11 to 2020/21," *Statista*, https://www.statista.com/statistics/945323/number-of-taiwan-students-studying-in-the-united-states/#:~:text=This%20statistic%20shows%20the%20total,were%20enrolled%20in%20graduate%20programs.

332 有些人可能沒有合法身分：2016年的一項估計顯示，當時美國約有36萬2,000名華人非法移民，約占全部1,130萬非法移民人口的百分之三。Carlos Echeverria-Estrada and Jeanne Batalova, "Chinese Immigrants in the United States," Migration Policy Institute, 上傳於2020年1月15日，https://www.migrationpolicy.org/article/chinese-immigrants-united-states-2018。

333 皮尤研究中心二〇一九年的一份報告：Abby Budiman, "Chinese in the U.S. Fact Sheet," Pew Research Center, 上傳於2021年4月29日，https://www.pewresearch.org/social-trends/fact-sheet/asian-americans-chinese-in-the-u-s/。

333 「擁有研究所或專業學位」：Echeverria-Estrada and Batalova, "Chinese Immigrants."

333 大多數的中餐廳都是福建人開的：Lauren Hilgers, "The Kitchen Network: America's Underground Chinese Restaurant Workers," *The New Yorker*, October 6, 2014; "Chinese Restaurant Workers Face Hurdles," NPR.com, May 8, 2007, https://www.npr.org/transcripts/10069448. 另可參見David Chan的部落格文章：一位福建移民開的福建華人餐飲供應公司HF Food Group，年營收三億美元。"Secrets of Fujianese American Restaurant Industry Go Public," February 19, 2019, http://chandavkl.blogspot.com/2019/02/.

333 最大的次族群：Kenneth J. Guest, *God in Chinatown: Religion and Survival in New York's Evolving Immigrant Community* (New York: NYU Press, 2003), 3.

334 Hannah Jian：Hannah Jian, Victoria Tranh採訪，"Bamboo House: The Many Perspectives of the New-Ending American Dream," Spring 2020, https://express.adobe.com/page/s9SQaVSfSSzW2/。

334 《華女阿五》：Jade Snow Wong（黃玉雪）, *Fifth Chinese Daughter* (Seattle: University of Washington Press, 1989) [1950初版].

335 鄭楊：Jacky Zheng（鄭楊），Peter Cohen採訪，"Chopstix," Spring 2019, https://mtking.myportfolio.com/chopstix。

336 《美國亞裔的創造與再造》：Erika Lee（李漪蓮）, *The Making of Asian America: A History* (New York: Simon and Schuster, 2015), 3.

337 「在美國已落地生根很久的亞裔美國人」：Lee, *Making*, 3.

337 會煮白米飯：Wong, *Fifth*, 57–58. 值得注意的是，這一章的標題為〈學習當一個中國家庭主婦〉（Learning to be a Chinese Housewife）。

337 採買食材：Wong, *Fifth*, 55.

337 芙蓉蛋和番茄牛肉：Wong, *Fifth*, 157–161.

338 主任便請她做一頓中國菜：Wong, *Fifth*, 170–173.

340 七百五十集：臺灣電視公司官方頻道《傅培梅時間——想起媽媽的好味道》播放清單，YouTube，瀏覽日期2023年12月5日，https://www.youtube.com/watch?v=JT49Hvx--xw&list=PLtww_vcpAB8pf-6gUA3_L_H4t39zc0TZT。

340 他加祿語配音的版本：傅培梅節目的他加祿語配音版本原本於菲律賓ABS-CBN電視臺播出，後由YouTube用戶sandiessss (Jose Bhrix Arabit) 上傳，截至2015年仍可觀看，但現已被移除。

340 香蔥扒鴨：各集觀看次數截至2022年6月7日。臺灣電視公司官方頻道《傅培梅時間——香蔥扒鴨》，上傳日期2018年1月15日，YouTube影片，4分59秒，https://www.youtube.com/watch?v=JT49Hvx—xw；《傅培梅時間——酸辣湯》，上傳日期2017年8月8日，YouTube影片，6分04秒，https://www.youtube.com/watch?v=c3zWtthrf2o；《傅培梅時間——湖南臘肉》，上傳日期：2017年7月31日，YouTube影片，4分54秒，https://www.youtube.com/watch?v=BdpiUIHfvzA；《傅

315 凱文・簡：James Keeran, "The 10 Best: What 10 Books Do You Think Everybody Ought to Read to Be Culturally Well-Rounded and World Knowledgeable?" *The Pantagraph* (Bloomington, IL), April 24, 1994.

315 葛瑞絲・劉：Prue Salasky, "Required Reading: Need a Good Cookbook? Here Are a Few 'Necessities,' " *Daily Press* (Newport News, VA), June 6, 1996.

315 泰瑞莎・唐：Carole Shelton, "Students Prepare a Variety of Chinese Dishes in Class," *The Daily News-Journal* (Murfreesboro, TN), February 15, 1984.

315 路易絲・鄧：Bill McDonald, "Year of the Rat Feast for Kids," *The State* (Columbia, SC), March 14, 1996.

316 方珊：Mary Wallis, "Napa Valley Chef Teaches Home Cooking China Style," *The Napa Valley Register* (Napa Valley, CA), August 22, 1990.

316 經由澳門輾轉逃到臺灣：逐字稿，"The Melting Pot," *Finding Your Roots*，第二季第五集，播出時間October 21, 2014, https://search.alexanderstreet.com/preview/work/bibliographic_entity%7Cvideo_work%7C2804315。

316 在萊特—派特森空軍基地擔任工程師：Liesl Schillinger, "Ming's Thing: How to Become a Celebrity Chef," *The New Yorker*, November 15, 1999, 61.

316 「我們家有個笑話」：逐字稿，"The Melting Pot."。

第十章　數位時代的菜色

322 何若書：何若書，作者訪談，2019年8月22日。本段所有引文皆來自同一出處。

323 「把傅培梅的食譜改編成符合二十一世紀的版本」：Jaline Girardin（李嘉麟）, Pei Mei a Day, "Mission," 瀏覽日期2022年3月20日，https://peimei.wordpress.com/about/。

323 「來看看傅培梅對這道菜有什麼說法吧」：李嘉麟，作者訪談，2015年9月18日。

324 從不做海參：李嘉麟，訪談。

324 魚香茄子：Pei Mei a Day，川味魚香茄子食譜。

324 單餅：Pei Mei a Day，單餅食譜。

324 李嘉麟的部落格：Pei Mei a Day, "Mission," from Mark (December 31, 2011) and (February 22, 2015), Carol Yu (June 10, 2012), Dennis (May 17, 2015).

325 Google Doodle：Google Doodles Archive, October 1, 2015, https://www.google.com/doodles/pei-mei-fus-84th-birthday.

326 潘曉航：Luke Tsai（蔡光裕）, "Why a Small Sebastopol Farm Has 1,000 Copies of This Iconic, Out-of-Print Chinese Cookbook," Eater.com, November 17, 2020, https://sf.eater.com/2020/11/17/21570459/radical-family-farms-fu-pei-mei-chinese-cookbook-taiwan-cook-off.

326 每次搬家：潘曉航，作者訪談，2023年6月15日。

327 「說老實話」：Radical Family Farms, Instagram post, November 20, 2020.

327 一週之內……賣出了八百本：潘曉航，訪談。

327 分享自己依照傅培梅食譜製作的菜餚：Radical Family Farms, Instagram, #rffcookoff.

328 吳恩文：吳恩文《經典重現：吳恩文遇見傅培梅》（臺北：四塊玉文化有限公司），頁12。

328 《媽媽的菜》：程安琪《媽媽的菜：傅培梅家傳幸福的滋味》（臺北：橘子文化事業有限公司，2014）。本段所有引文皆來自同一出處。

331 「照著她的食譜一步一步做」：程安琪，〈媽媽的味道添上新風華〉，吳恩文《經典重現》，頁4–6。

331 曾凱輝：Jon Tseng（曾凱輝）, "Pei Mei's Chinese Cookbook by Fu Pei Mei: The Best Chinese Cookbook You've Never Heard of," *More Cookbooks Than Sense*, September 18, 2012, http://morecookbooksthansense.blogspot.com/2012/09/the-best-chinese-cookbook-youve-never.html.

332 新移民人數以中國大陸居冠：Abby Budiman, "Key Findings about U.S. Immigrants," Pew Research Center, 上傳於2020年8月20日，https://www.pewresearch.org/fact-tank/2020/08/20/key-findings-

來自同一出處。

295 「為什麼這本食譜有一點特別呢？」：黃仲蓉，訪談。

297 「本書沒有一道菜」：Pearl S. Buck, “Preface,” in Buwei Yang Chao（楊步偉）, *How to Cook and Eat in Chinese*, 3rd ed. (New York, Vintage, 1963) [1945初版], xviii.

297 銷量最終突破了七萬本：Niu Yue, “Carrying on a Chinese food legacy,” *China Daily USA*, 上傳於2015年4月2日，http://usa.chinadaily.com.cn/world/2015-04/02/content_19985670.htm。

298 「說我想買那個」：Joyce Chen（廖家艾）, *The Joyce Chen Cookbook* (New York: J. B. Lippincott, 1962), 5.

298 喝熱湯……稀哩呼嚕：Chao, *How to Cook*, 13.

299 「用血汗與愛寫成的」：Chen, *Joyce Chen*, 221.

299 「覺得美國人比較喜歡這樣」：Chao, *How to Cook*, xxii.

300 「別擔心，你就算看了廖家艾」：Dana Polan, “Joyce Chen Cooks and the Upscaling of Chinese food in America in the 1960s,” Open Vault from GBH, 瀏覽日期2022年2月25日，https://openvault.wgbh.org/exhibits/art_of_asian_cooking/media。

303 「就是大家週末吃飯」：黃仲蓉，訪談。本段及以下兩段所有引文皆來自同一出處。

305 「連醬油都買不到」：胡瑩珍，作者訪談，2021年7月2日。

306 羅迪徹中國餐廳：Deborah Brown, “Rodeitcher's sale brings history of storied past and its famous visitors,” MLive.com, 更新於January 21, 2019。1940年的人口普查紀錄顯示，有位名叫Sing Lum的38歲中國男子住在羅迪徹位於弗里蘭的家中。Sing Lum in the 1940 Census, Archives.com，瀏覽日期2022年3月9日，http://www.archives.com/1940-census/sing-lum-mi-121164349。

307 「美式中餐」：胡瑩珍，訪談。

307 成人教育中心：胡瑩珍，訪談。本段及下一段中所有引文與細節皆來自同一出處。

310 「美國的華人有超過一半」：Madeline Hsu（徐元音）, *Dreaming of Gold, Dreaming of Home: Transnationalism and Migration Between the United States and South China, 1882–1943* (Stanford University Press, 2000), 3.

311 「無論是簡單的平日晚餐」：Grace Young（楊玉華）, *The Wisdom of the Chinese Kitchen: Classic Family Recipes for Celebration and Healing* (New York: Simon & Schuster, 1999), xiii.

311 「始終堅持粵菜做法」：Ken Hom（譚榮輝）, *Easy Family Recipes from a Chinese-American Childhood* (New York: Alfred A. Knopf, 1997), 11.

311 「我們只看中文電影」：Hom, *Easy*, 5.

312 只允許一〇五個：“Milestone Documents: Chinese Exclusion Act (1882),” National Archives, https://www.archives.gov/milestone-documents/chinese-exclusion-act#:~:text=In%201943%2C%20when%20China%20was,the%20right%20to%20seek%20naturalization.

313 每年兩萬名的固定移民名額：“Historical Highlights: Immigration and Nationality Act of 1965, October 3, 1965” United States House of Representatives, https://history.house.gov/Historical-Highlights/1951-2000/Immigration-and-Nationality-Act-of-1965/.

313 徐元音：Madeline Y. Hsu（徐元音）, *The Good Immigrants: How the Yellow Peril Became the Model Minority* (Princeton: Princeton University Press, 2015).

313 一九六六到一九七五年之間：Hsiang-shui Chen（陳祥水）, *Chinatown No More: Taiwan Immigrants in Contemporary New York* (Ithaca, NY: Cornell University Press, 1992), 6.

314 每年兩萬名的移民配額：Kenneth J. Guest, “From Mott Street to East Broadway: Fuzhounese Immigrants and the Revitalization of New York's Chinatown,” *Journal of Chinese Overseas* 7 (2011): 29.

314 「郊區唐人街」：Timothy P. Fong, *The First Suburban Chinatown: The Remaking of Monterey Park, California* (Philadelphia: Temple University Press, 1994).

315 愛麗絲・許：Joyce Michaels, “Chinese Year of the Sheep,” *The Billings Gazette* (Billings, MT), January 25, 1979.

262 陳玉箴：Chen Yujen (陳玉箴), "Taiwanese Cuisine and Nationhood in the Twentieth Century," in *Modern Chinese Foodways*，由Wendy Jia-chen Fu (傅家倩)、Michelle King (金恬)、Jakob Klein主編。另可參見陳玉箴，《「臺灣菜」的文化史：食物消費中的國家體現》(新北市：聯經出版有限公司，2020)。

263 二〇一三年這部百科：趙榮光主編，《中國飲食文化史》(北京：中國輕工業出版社，2013)，共十冊。臺灣見於第五冊的「東南地區」。

263 「我不會看她的食譜」：許建南，作者訪談，2021年2月8日。

264 劉盈瑩：Tiffany Liu，作者訪談，2020年12月10日。本段及以下兩段的所有引文與細節皆來自同一出處。

268 二〇二〇年所做的一項民調：Wu Po-hsuan and William Hetherington, "Record number identify as 'Taiwanese,' poll finds,", *Taipei Times*, July 5, 2020, https://www.taipeitimes.com/News/front/archives/2020/07/05/2003739375.

269 「我的祖父母……」："Jeremy Lin 林書豪："Chinese, Taiwanese, and American" Heritage—Ethnicity—Nationality," 上傳於2013年2月16日，YouTube video, 0:48, https://www.youtube.com/watch?v=tKslZGjGam0。

269 「這本書都沒人要出版」：陳凱琳，作者訪談，2019年6月1日。本段所有引文皆來自同一出處。

270 「我想做一本呈現當代臺灣完整飲食風貌的書」：陳凱琳，訪談。

270 外祖父母：Cathy Erway (陳凱琳), *The Food of Taiwan: Recipes from the Beautiful Island* (New York: Houghton Mifflin Harcourt, 2015), 13.

270 「在美國出生的半個臺灣人」：Erway, *Food*, 19.

270 「因為培梅說要這樣做」：陳凱琳，訪談。

270 介紹現代臺灣料理的食譜：Clarissa Wei (魏貝珊) with Ivy Chen, *Made in Taiwan: Recipes and Stories from the Island Nation* (Simon Element, 2023)。

271 「臺灣料理是獨立的料理體系」：魏貝珊，作者訪談，2021年11月11日。本段及下一段中所有引文皆來自同一出處。

275 「美國強尼卡森」：傅培梅，《五味八珍的歲月》(臺北：橘子出版有限公司，2000)，頁118。

275 這樣的安排對她來說極為辛苦：傅培梅，《五味八珍的歲月》，頁117–119。本段所有細節皆來自同一出處。

276 寫信抱怨：程安琪，作者訪談，2014年5月19日。

276 她的右手會發抖：程安琪，作者訪談，2014年9月17日。

276 「我現在要開始為我自己活」：程安琪，作者訪談，2014年9月17日。

276 服裝設計師：程安琪，作者訪談，2014年9月17日。

276 重播：程安琪，作者訪談，2014年9月17日。

277 「放學回家後」：陳靜宜，〈國小時，我是所謂的『鑰匙兒童』……〉臉書，2014年9月15日，https://www.facebook.com/permalink.php?story_fbid=10152190683721116&id=558946115。感謝臺北欣葉餐廳的Fang Ling (Cybie)分享這篇臉書貼文。本段中所有引文皆來自此處。

278 吳雅歌：吳雅歌，作者訪談，2020年9月1日。吳雅歌於本段及後面五段的所有引文皆來自同一出處。

廚房對話：異鄉新手

節錄自作者與劉瑞枝於2021年5月13日的訪談記錄，原始採訪以中文和英文進行，訪談內容經過編修刪減，以利閱讀。

第九章　每個行李箱裡附帶的食譜

292 第一次嘗試做出一頓像樣的中餐：黃仲簪，作者訪談，2017年1月24日。本段所有引文與細節皆

243 伊莉莎白・黃：Elizabeth Huang，《微波爐食譜》（臺北：味全文化教育基金會，1988）。
243 「牛排」：利烹微波爐廣告，《家庭月刊》（1980年3月），頁127。
245 微波版北京烤鴨的食譜：Gail Forman, "New Wave Microwave," *The Washington Post*, February 1, 1984, https://www.washingtonpost.com/archive/lifestyle/food/1984/02/01/new-wave-microwave/959e1c5a-593d-49ac-90eb-de8f640f9883/.
245 坐下來吃一碗簡單的泡麵：程安琪，作者訪談，2014年9月17日。
245 「烹煮正統中華菜所需的步驟」："Woking Ambassador."
246 「職業婦女形態之轉變」：傅培梅，《五味八珍的歲月》，頁100–101。
246 「韓式烤肉」：David Y. H. Wu, "McDonald's in Taipei: Hamburgers, Betel Nuts, and National Identity," Chapter 3 in *Golden Arches East*, ed. James L. Watson (Stanford, CA: Stanford University Press, 2006), 115. 最早發表於1997年。
246 一百三十一家麥當勞加盟店：Wu, "McDonald's," 121.
246 「麥當樂」：項秋萍，〈西式連鎖餐廳連連推出：吃的藝術面臨考驗〉，《家庭月刊》第88期（1984年1月），頁55–64。
247 「炸雞、漢堡」：項秋萍，〈西式連鎖餐廳連連推出：吃的藝術面臨考驗〉。本段所有引文皆來自同一出處。
248 「外食的情形」：吳婉茹，〈傅培梅的烹飪歲月〉，《講義》第20卷第4期（1997年1月），頁71。
248 「因為現代生活的需要」：吳婉茹，〈傅培梅的烹飪歲月〉，頁71。本段後續引文皆來自同一出處。
248 Ringer Hut：傅培梅，《五味八珍的歲月》，頁165。
249 「內容變化多」：傅培梅，《五味八珍的歲月》，頁120。本段所有引文皆來自同一出處。

第八章　她獻給餐桌的一切

252 漫畫版：左萱，《五味八珍的歲月》（臺北：原動力文化事業有限公司，2017）。
253 「阿春的生命歷程」：〈人物介紹：林春〉，《五味八珍的歲月》官方網站，瀏覽日期2021年7月20日，https://www.ttv.com.tw/drama16/Qseries/WhatShePutOntheTable/cast.asp?PID=3。
254 「謝謝妳一路陪我走過來」：《五味八珍的歲月》第6集，2018年8月18日於台視播出。2021年，全劇可於串流媒體Netflix觀看。
255 「一白一黑」：管仁健，〈他們為什麼恐懼臺語公共電視臺？〉，Newtalk新聞，2017年10月5日，https://newtalk.tw/news/view/2017-10-05/99619。
256 「當時我周遭的友人」：翁瑜敏，〈傅培梅：給了我們四十年幸福的人〉，《講義》第28卷第4期（2001年1月），頁28–35。
256 「我是本省小孩」：陳盈舟，作者訪談，2014年9月29日。
257 「一九四九年之後的那幾十年間」：Steven Crook and Katy Hui-wen Hung, *A Culinary History of Taipei: Beyond Pork and Ponlai* (Lanham, MD: Rowman & Littlefield, 2018), ix.
257 「不太習慣吃臺灣的口味」：黃仲蓉，作者訪談，2017年1月24日。
258 「她的版本才是最標準的」：Monica "Nicki" Croghan，作者訪談，2023年3月7日。
259 國語就必須說得流利：Shelley Rigger, *Why Taiwan Matters: Small Island, Global Powerhouse* (Lanham, MD: Rowman & Littlefield, 2011), 28–30.
260 「怎麼家常菜也端到餐廳桌上來？」：〈人物專訪：欣葉百歲阿嬤——李秀英董事長〉，《跟著董事長去旅行》，瀏覽日期2021年2月22日，https://www.taiwanviptravel.com/articles/shinyeh-founder/。
261 「『臺菜』在口味方面」：傅培梅，《培梅食譜》第三冊（臺北：傅培梅，1979），頁269。
261 《美味臺菜》：傅培梅，〈序〉，傅培梅、程安琪合著之《美味臺菜：古早味與現代風》（臺北：韶略出版，1998）。
262 「傅培梅時代」：潘宗億，〈傅培梅與阿基師之外：戰後臺灣的食譜出版趨勢與變遷〉，《中國飲食文化》第16卷第1期（2020），頁115–177。

php?post=25268&unit=20,29,35,45, 原載於 *Taiwan Review*, September 1, 1992。

230 年輕主婦的需求：傅培梅，《五味八珍的歲月》，頁129。

231 「已再無上一代人」：傅培梅主編，《電視食譜》第三冊（臺北：電視周刊社，1970），頁1。

231 「她全付精力放在烹飪上」：褚鴻蓮，〈傅培梅女士和速成中國菜〉，《中國時報》，1971年7月26日。本段所有引文皆來自同一出處。

232 臺灣的第一款本土泡麵：林政忠等，〈泡麵，一吃57年〉，《聯合新聞網》，2015年8月25日，https://udn.com/upf/newmedia/2015_vist/08/20150825_noodle_03/index.html。

233 「往往得絞盡腦汁去想去創造」：傅培梅，《五味八珍的歲月》，頁160–161。

233 參與開發：傅培梅，《五味八珍的歲月》，頁162。有一份傅培梅手寫的滿漢大餐牛肉麵食譜筆記收錄於張哲生，〈傅培梅與滿漢大餐〉，2019年1月8日，Yahoo旅遊：https://yahoo-twtravel-beefnoodles.tumblr.com/post/181831740332/%E5%82%85%E5%9F%B9%E6%A2%85%E8%88%87%E6%BB%BF%E6%BC%A2%E5%A4%A7%E9%A4%90。

234 銷售額達到三百萬美元：Jim Hwang, "Three Minutes to Go," *Taiwan Today*, 瀏覽日期2021年11月10日，https://taiwantoday.tw/news.php?post=12808&unit=8,29,32,45，原載於 *Taiwan Review*, June 1, 2007。

234 六種口味：張哲生，〈34年前，傅培梅指導研發的「滿漢大餐」速食麵上市〉，Facebook，2017年2月15日，https://m.facebook.com/zhangzhesheng/posts/10155038377789531/。

234 第二代升級版：張哲生，〈34年前，傅培梅指導研發的「滿漢大餐」速食麵上市〉。

234 從日本緊急訂購一整套自動化生產線：傅培梅，《五味八珍的歲月》，頁163。

234 蔡光裕：蔡光裕，作者訪談，2019年5月15日。本段所有引文皆來自同一出處。

235 濃縮柳橙汁、魚條和火雞電視餐：Laura Shapiro, *Something from the Oven: Reinventing Dinner in 1950s America* (New York: Penguin Books, 2004), 10–20. 有趣的是，美國Frigi-Dinner公司當時甚至推出冷凍「中華料理拼盤」，內含春捲、炒飯與雞肉炒麵。Shapiro, 18.

235 「一提起冷凍食品」：傅培梅，〈冷凍蔬菜怎麼炒？〉，《家庭月刊》第23期（1978年8月），頁118。

236 每人每年平均冷凍食品消費量："Fast, Fresh and Fancy," *Taiwan Today*, https://taiwantoday.tw/news.php?post=22451&unit=12,29,33,45, 原載於 *Taiwan Review*, September 1, 1992。

236 味之素：傅培梅，《五味八珍的歲月》，頁167–168。

237 九成的城市家庭擁有冰箱：廖榮利，〈主婦的24小時〉，《家庭月刊》第11期（1977年8月），頁44。

237 〈使用冰箱的奧妙〉：袁明倫，〈使用冰箱的奧妙〉，《家庭月刊》（1977年1月），頁95。本段及下一段中所有細節與引文皆為同一出處。

238 還是有多達五八%的主婦表示每天都會出門採買：廖榮利，〈主婦的24小時〉，頁44。

238 「環境清潔」：曉暉，〈菜場裡的人情味〉，《家庭月刊》第12期（1977年9月），頁126–127。

239 「魚丸」：曉暉，〈菜場裡的人情味〉。

239 「老闆」：曉暉，〈菜場裡的人情味〉。本段及下一段中所有引文皆來自同一出處。

241 「一按鈕」：利烹微波爐廣告，《家庭月刊》第28期（1979年1月），頁121。

241 「調節省四分之三以上時間」：聲寶牌天廚微波爐廣告，《家庭月刊》第36期（1979年9月），頁151。

241 「沒有油煙」：利烹微波爐廣告。

241 「改變婦女生活！」：國際牌微波爐廣告，《家庭月刊》第34期（1979年7月），頁127。

241 「六點下班回家」：國際牌微波爐廣告，《家庭月刊》（1980年1月），頁129。

241 「如果您是職業婦女」：國際牌微波爐廣告（1979年7月）。

242 「煎、炒、蒸」：聲寶牌天廚微波爐廣告。

242 推薦使用木炭：黃媛珊，〈序〉，《媛珊食譜》（臺北：三民書局，1954），頁20。

242 「蹲在地上」：丹荔，〈瓦斯：廚房的主角〉，《家庭月刊》（1977年2月），頁116–117。

242 「炊事不再是」：和泰妙妙爐廣告，《電視周刊》第417期（1970年10月5日），封底。

243 「速烹中心」：國際牌微波爐廣告，《家庭月刊》第45期（1980年6月），頁133。

the Republic of China (McConaughy)," National Archives, Nixon Presidential Materials, White House Tapes, Oval Office, Conversation No. 532–17, June 30, 1971, https://history.state.gov/historicaldocuments/frus1969–76v17/d136.

206 聯合國投票：UN General Assembly, 26th session: 1976th plenary meeting, Monday, October 25, 1971, New York. Resolution 2758, ¶ 477, https://digitallibrary.un.org/record/735611?ln=en.

206 「安寧富足的美好環境」：傅培梅，《培梅食譜》第二冊，頁2。

206 「三十億美元」："Conversation," National Archives.

207 「目前，唯有在臺灣」：傅培梅，《培梅食譜》第三冊，頁3。

211 陸軍食勤訓練中心：傅培梅，《五味八珍的歲月》，頁101。

211 「畫得四不像」：傅培梅，《五味八珍的歲月》，頁102。

213 九乘十五公分的小托盤：傅培梅，《五味八珍的歲月》，頁155。

213 腰果雞丁、油麻雞腿、玉蘭牛肉及紅燒牛肉：〈華航供應道地中國菜：調和鼎鼐有勞傅培梅〉，《聯合報》，1973年11月4日。

213 「對中國菜十分外行」：同上。

213 手指太粗：傅培梅，《五味八珍的歲月》，頁156。

213 「為國家做事嘛！」：傅培梅，《五味八珍的歲月》，頁151–152。

214 「菲律賓的英文報系」：褚鴻蓮，〈傅培梅烹飪之旅的收獲〉，《中國時報》，1972年6月24日。

215 「在日本當地買的豆瓣醬」：大方，〈烹調大使傅培梅〉，《家庭月刊》第20期（1978年5月），頁18。

216 「菲律賓的華僑們」：褚鴻蓮，〈傅培梅烹飪之旅的收獲〉。

216 「利用當地現有的材料，替代烹製」：〈傅培梅赴菲傳授中國菜〉，《經濟日報》，1972年5月6日。

216 一百支擀麵棍：〈傅培梅〉，《經濟日報》，1972年5月6日。

216 「他們都是大塊大塊的吃肉」：鍾麗珠，〈傅培梅到澳洲傳播中國吃的藝術〉，《家庭月刊》第100期（1985年1月），頁107–110。

217 「澳洲影子」：鍾麗珠，〈傅培梅到澳洲傳播中國吃的藝術〉。本段所有引文皆來自同一出處。

218 社交版：Carmen Perez, "Day and Night," *Manila Daily Bulletin*, May 28, 1972；照片未署名拍攝者，出自"Chinese Cook Fu Pei Mei," Society Section, *Philippines Daily Express*, May 28, 1972。

219 中型國家：Shannon Haugh等編，美食外交特刊，*Public Diplomacy Magazine* 11 (2014)。

220 視覺化臺灣認同的設計圖：Anne Quito, "A quirky passport design contest evokes Taiwan's search for national identity," *Quartz*, August 25, 2020, https://qz.com/1891180/covid-19-caused-taiwan-to-redesign-its-passport/.

221 「Cha House」："Welcome to Cha House," Cha House, 瀏覽日期2021年11月9日，https://www.chahouseusa.com。

221 「愿茶Möge TEE」："About," Möge TEE, 瀏覽日期2021年11月9日，https://mogeteeusa.com/。

222 傅培梅本人在世時從未喝過珍珠奶茶：程安琪與作者的私人通信，2023年7月6日。

第七章　十七分鐘內做好晚餐

226 「長龍」：傅培梅，《五味八珍的歲月》（中和：橘子出版有限公司，2000），頁159。本段中所有引文與細節皆來自同一出處。

226 小型研究室：傅培梅，《五味八珍的歲月》，頁158。

227 「以往我寫食譜」：傅培梅，《五味八珍的歲月》，頁161。

227 「色澤退去」：傅培梅，《五味八珍的歲月》，頁159。

227 「舌尖也早已試得麻木」：傅培梅，《五味八珍的歲月》，頁159。

228 「從原始古老的……」：傅培梅，《五味八珍的歲月》，頁164。

228 「如果將好吃但費時的中國菜也如此做好」：傅培梅，《五味八珍的歲月》，頁160。

229 「這就是社會現在的需要啊」："A Woking Ambassador," *Taiwan Today*, https://taiwantoday.tw/news.

陰影。曾有一位記者指出，她的觀點展現出「強烈的恐同與種族主義，完美地說明了昔日的許多革命者如何成為今日臺灣的反動派」。參見Brian Hioe, "Annette Lu illustrates how yesterday's revolutionaries are today's reactionaries in contemporary Taiwan," https://newbloommag.net/2019/09/20/annette-lu-conservative-shift/；關於呂秀蓮作為副總統的政治遺產之分析，可參見Wen-hui Anna Tang and Emma J. Teng, "Looking again at Taiwan's Lu Hsiu-lien: A female vice president or a feminist vice president?" *Women's Studies International Forum* 56 (May–June 2016), 92–102。

廚房對話：職場母親

節錄自2021年1月29日作者採訪王乃珍的紀錄，訪談內容經過編修刪減，以利閱讀。

第六章　世界烹飪大使

194　享用豆苗：Raymond Sokolov, "The Menus at Peking Banquets Didn't Do Justice to the Foods," *New York Times*, February 26, 1972.

194　供「有興趣仿作閉幕晚宴菜色的讀者」參考："Two Dishes Served in the Great Hall," *New York Times*, February 26, 1972.

195　「中菜界的茱莉雅．柴爾德」：Raymond Sokolov, "Pei-Mei's Cold (and Hot) Salads," *New York Times Magazine*, July 25, 1971.

198　宋楚瑜：宋楚瑜，〈序〉，傅培梅，《五味八珍的歲月》(中和：橘子出版有限公司，2000)，頁17。本段所有引文皆來自同一出處。

199　山口淑子：翁瑜敏，〈傅培梅：給了我們四十年幸福的人〉，《講義》第28卷第4期(2001年1月)，頁32。

199　將傅培梅送進日本小學就讀：傅培梅，《五味八珍的歲月》，頁19。

199　「宣揚中華文化」：〈傅培梅的五味八珍的歲月〉，《家庭月刊》第240期(2000年11月)，頁79。

199　外國記者：程安琪，《媽媽的菜：傅培梅家傳幸福的滋味》(臺北：橘子出版有限公司，2014)，頁9。

200　「國民外交」：傅培梅，《五味八珍的歲月》，頁133–134。本段所有引文皆來自同一出處。

200　「革命不是請客吃飯」：毛澤東，〈湖南農民運動考察報告〉，1927年3月，收錄於《毛澤東選集》第一卷，https://www.marxists.org/chinese/maozedong/marxist.org-chinese-mao-192703.htm。

200　「注意群眾生活的問題」：毛澤東，〈關心群眾生活，注意工作方法〉，1934年1月，收錄於《毛澤東選集》第一卷，https://www.marxists.org/chinese/maozedong/marxist.org-chinese-mao-19340127.htm。

201　二十天就吃掉了六個月的存糧：Gene Hsin Chang and Guanzhong James Wen, "Communal Dining and the Chinese Famine of 1958–61," *Economic Development and Cultural Change* 46, no. 1 (October 1997): 5.

201　專為公共食堂編寫的食譜：《公共食堂烹飪法》(上海：上海飲食服務公司，1959)。本段後續的引文皆來自同一出處。

202　「公社食堂強！」：Chineseposters.net, 瀏覽日期2021年11月9日，https://chineseposters.net/posters/e16-204。

202　「幾乎完全消失」：Sasha Gong (龔小夏) and Scott D. Seligman, *The Cultural Revolution Cookbook* (Hong Kong: Earnshaw Books, 2011), 9.

203　獲選參加國際書展：傅培梅，《培梅食譜》第二冊，頁2。

203　《大眾菜譜》：《大眾菜譜》(北京：輕工業出版社，1973)。

204　「我國有五千年的悠久歷史」：傅培梅，《培梅食譜》第一冊，頁2。

205　「我們的中國政策是絕對不支持」："Conversation Between President Nixon and the Ambassador to

https://taiwantoday.tw/news.php?post=25268&unit=20,29,35,45。

163 「以『學習』來彌補自己的不足」：黃桐，〈烹者黃金學廚藝〉，《飯店世界》第6期（2011），頁12。本段所有引文皆來自同一出處。

164 「對他沒有絲毫的遺憾和愧疚」：傅培梅，《五味八珍的歲月》，頁75。

164 呂秀蓮：詳細生平見Hsiu-lien Lu（呂秀蓮）and Ashley Esarey, *My Fight for a New Taiwan: One Woman's Journey from Prison to Power* (Seattle: University of Washington Press, 2016), 48.

165 《廚房符號學》："Martha Rosler—Semiotics of the Kitchen, 1975," 上傳於October 8, 2017, YouTube, https://www.youtube.com/watch?v=ZuZympOIGC0.

166 「烹飪對婦女之重要，遠勝於其他任何一種……」：傅培梅主編，《電視食譜》第一冊（臺北：電視周刊社，1965），頁2。

167 「女人對女人」：傅瑞丹之言出自Jocelyn Olcott, *International Women's Year: The Greatest Consciousness-Raising Event in History* (New York: Oxford University Press), 9。

167 會議主辦方邀請了呂秀蓮出席：Doris T. Chang, *Women's Movements in Twentieth-Century Taiwan* (Urbana: University of Illinois Press, 2009), 86.

168 「是我率先質疑」：Lu, *My Fight*, 52.

168 「臺灣女性的文化背景與西方女性不同」：Lu, *My Fight*, 70.

168 「社會黑暗面」：Lu, *My Fight*, 70.

169 「鼓勵分工合作」：〈一家之煮也要會煮，且看老夫手藝如何〉，《聯合報》，1976年2月22日。

169 「歡迎夫妻……連袂參加」：同上。

169 兩道十二人份的中式菜餚：同上。

169 「不再僅是婦女的天地」：〈男士烹調好菜〉，《聯合報》，1976年3月7日。

169 有近千名觀眾：〈男士烹飪百餚紛陳：一家之煮五味調和〉，《聯合報》，1976年3月8日。

169 優勝者端出來的菜餚：〈亮軒曉清金銀雙球，格格豆腐手足失措〉，《聯合報》，1976年3月8日。

170 原曲錄音可見：〈只要我長大〉，《臺灣音聲100年》，國立臺灣歷史博物館，https://audio.nmth.gov.tw/audio/zh-TW/Item/Detail/bcf4eeac-aeaa-45cf-86c5-c0d3b3ba688b。

170 「誰說君子遠庖廚？」：〈哥哥爸爸進廚房：蒸煮煎炒樣樣強〉，《聯合報》，1976年3月4日。

171 傅培梅曾經稱讚藝術家張杰：見〈亮軒曉清金銀雙球，格格豆腐手足失措〉。

171 「有些太太……認為」：陳長華，〈張杰談做菜：是一種享受〉，《聯合報》，1976年3月2日。

172 「廚房外的茶話會」：〈十五位傑出女性將暢談成功因素〉，《聯合報》，1976年3月5日。本段所有引文皆來自同一出處。

172 薇薇夫人：薇薇夫人，〈兩性角色對調活動〉，《聯合報》，1976年3月8日。本段所有引文皆來自同一出處。

173 「妳希望自己的婚姻生活更美滿嗎？」：〈結婚以後系列座談會〉，《家庭月刊》第10期（1977年7月），頁19。

174 「我不是原諒男人」：〈家庭主婦一定要『忘我』嗎？〉，《家庭月刊》第10期（1977年7月），頁16。

174 胡慶恆先生：〈家庭主婦一定要「忘我」嗎？〉，頁18。

175 「家庭主婦一定要『忘我』嗎？」：《家庭主婦一定要「忘我」嗎？》，頁16–17。本段所有引文皆來自同一出處。

177 蘇綏蘭：蘇綏蘭，作者訪談，2020年6月3日。本段及接下來五段中所有引文與細節皆來自同一出處。

181 《費城詢問報》：原始評論其實並未如蘇綏蘭在訪談中所言，稱蘇綏蘭的餐廳為「市中心最好的中國餐廳」。但評論家Elaine Tait確實曾讚揚蘇綏蘭「現代且兼容並蓄的風格」。Elaine Tait, "A Worldly Style of Chinese," *Philadelphia Inquirer*, November 1, 1987.

182 「我設計了一件圍裙」：Lu, *My Fight*, 83–84. 本段中的呂秀蓮引言皆來自同一出處。

183 達到她政治生涯的巔峰：呂秀蓮的政治地位近年來已大不如前，讓她在女權上的歷史遺贈蒙上

Times, February 19, 1972.

140 可以是一本幫助美國人點餐的指南：林慧懿，作者訪談，2014年11月11日。

141 原本炒的是動物內臟：Haiming Liu（劉海銘）, "Chop Suey as Imagined Authentic Chinese Food: The Culinary Identity of Chinese Restaurants in the United States," *Journal of Transnational American Studies* 1:1 (2009), 1–25.

141 傅培梅的版本：傅培梅，《培梅食譜》第一冊，頁162–163。

141 「看看中國大陸的地圖」：傅培梅，《培梅食譜》第一冊，頁6。

142 「typical of my country」：傅培梅，《培梅食譜》第一冊，頁8。

143 黃淑惠：黃淑惠，《中國菜》（臺北：味全出版社，1972）。

144 茱蒂・蓋茨：Barbara Wolfe, "She Studied Chinese Cooking with Taiwan's Julia Child," *Courier-Post*, August 1, 1973. 本段及下一段中所有引文皆為同一出處。

145 露絲・阿斯頓："Maine Woman Cooks in Taiwan," *Bangor Daily News*, April 25, 1967.

145 瓦兒・斯特爾齊克：Julie Micheal, "Julie's Jottings," *Petoskey News-Review*, November 21, 1977.

145 米姬・傑克森：Dianne Strahan, "Food for thought," *Tyler Courier-Times*, June 17, 1987.

146 法伊斯特：Josephine Bonomo, "With Wok in Hand," *The Herald-News*, November 23, 1977.

146 博思維克：Betsy Anderson, "Political Science Teacher Doesn't Limit His Vistas," *Battle Creek Enquirer and News*, October 12, 1975.

146 麥可・德隆普：Michael Drompp，作者訪談，2021年5月17日。本段及接下來四段中所有引文與細節皆來自同一出處。另可參閱Lisa Jennings採訪Drompp向傅培梅學烹飪的報導："Wok-king in Memphis: Scholar Feasts Body and Mind," *The Commercial Appeal*, January 12, 1994.

150 「促進中美人民之間的友誼」：朵洛西・馬康衛，〈前言〉。

151 「烹飪是國家文化非常重要的一部分」：傅培梅，《五味八珍的歲月》，頁133。

152 這句標語很快在網路上爆紅：Gavin Yeung, " 'Love Our People Like You Love Our Food': How Overseas Asians Are Fighting Racism with Food," *Tatler*, March 30, 2021, https://www.tatlerasia.com/dining/food/hk-how-overseas-asians-are-fighting-racism-through-food.

第五章　主婦就該忘記自我嗎？

156 「勤勞能幹的象徵」、「能幹風采」：黃北朗，〈琳琅滿目、花色繁多：傅培梅的圍裙大展〉，《聯合報》，1977年1月20日。

156 尺寸與縫製方法：〈傅培梅的圍裙世界〉，《家庭月刊》（1977年3月），頁105。

157 「男外女內」：呂秀蓮，《新女性主義》（臺北：前衛出版社，1990），頁124。

158 我們支持爭取性別平等」：Kate Cairns and Josée Johnston, *Food and Femininity* (London: Bloomsbury, 2015), 5.

158 餵飽家人：Marjorie L. DeVault, *Feeding the Family: The Social Organization of Caring as Gendered Work* (Chicago: The University of Chicago Press, 1991).

158 詩：褚鴻蓮，〈傅培梅的「歷史」圍裙〉，《中國時報》，1977年1月21日。

159 「她在日常生活中」：傅培梅，《五味八珍的歲月》（臺北：橘子出版有限公司，2000），頁38。

160 「當時也從未想到」：傅培梅，《五味八珍的歲月》，頁60。

160 「我也不是養不起妳」：程安琪，作者訪談，2014年5月19日。

161 「有權又有錢」：傅培梅，《五味八珍的歲月》，頁63。

161 「錢是妳自己賺的啊！」：傅培梅，《五味八珍的歲月》，頁63。

161 兩萬元：傅培梅，《五味八珍的歲月》，頁63。

162 「這是面子問題」：Arthur Zich, "Taiwan Tastes: Munching One's Way Through the Other China," *Islands Magazine* (Mar–Apr 1999), 105.

162 「她已花光嫁妝」："Woking Ambassador," *Taiwan Today*, 原載於 *Taiwan Review*, September 1, 1992,

Feed%20Annual_Taipei_Taiwan_3-30-2018.pdf.

114 一百六十道中式主菜：傅培梅，《電視食譜》。

114 所占比例從五分之一到三分之一不等：傅培梅主編，《電視食譜》一至三冊（臺北：電視周刊社，1965、1968、1970）。

115 「把食物盡量弄成小塊」：黃媛珊《媛珊西餐譜》（臺北：三民書局，1960），頁37。

115 「很難做得十全十美」：孫海，〈介紹一道新年佳餚：龍鳳腿〉。

116 「『傅培梅昨天講……』」：夢雷，〈鄰居聯誼會〉，《電視周刊》第261期（1967年10月9日），頁14–15。以下三段引文皆出自同一篇文章。

118 「趙太太和王太太以前……」：李玲芝，〈最便宜的娛樂〉，《電視周刊》第61期（1963年12月9日），頁52。

第四章　為了外國讀者

122 「無法形容」：傅培梅，《五味八珍的歲月》（中和：橘子出版有限公司，2000），頁126–127。

123 「我那天幾乎當場就病倒」：傅培梅，《五味八珍的歲月》，頁126。

124 「讀到滾瓜爛熟」：米果，〈料理啟蒙當然是傅培梅時間〉，《聯合報》，2011年7月31日。

128 扣三絲：傅培梅，《培梅食譜》第一冊（臺北：傅培梅，1969），頁30–31。

128 走油扣肉：同上，頁24–25。

130 「美國在世界各國進行的各項行動中」："MAAG—Saga of Service," *Taiwan Review*, June 1, 1966, republished on Taiwan Today, https://taiwantoday.tw/news.php?unit=4&post=6910. 駐臺美軍及眷屬人數也是參見此文。

131 「巧妙地整理並更新了……食譜」：朵洛西．馬康衛（Dorothy McConaughy），〈前言〉，《培梅食譜》第一冊，頁1。

131 「中外仕女希望購買」：傅培梅，《培梅食譜》第一冊，頁2。

131 伊芳．澤克：伊芳．澤克私人收藏的相簿。特此感謝已故的小法蘭克．澤克（Frank Zeck, Jr.）同意讓我查閱其母在臺灣期間的相簿與紀念物。

133 伊芳的黑白照片：同上。

133 「我的英語念得不多」：傅培梅，《五味八珍的歲月》，頁126。

134 「按中國的烹飪法，遠超乎西洋各國之上」：齊如山，〈齊如山先生序〉，黃媛珊，《媛珊食譜》（臺北：三民書局，1954），頁14–15。

134 一九九三年的一篇論文：傅培梅，〈中國烹調法及其技術性與藝術面〉，《第一屆中國飲食文化學術研討會論文集》（臺北：中國飲食文化基金會，1993），頁213–223。

135 「撰寫英文食譜」：傅培梅，《五味八珍的歲月》，頁126。

136 「親愛的澤克夫人」：伊芳．澤克私人文件。

137 「妮姬」．克洛根：Monica "Nicki" Croghan，作者訪談，2023年3月7日。本段所有引文與細節皆為同一出處。我無法找到第三冊譯者Nancy Murphy的更多資料。

138 「將中國菜用東南西北四大部門劃分」：傅培梅，《培梅食譜》第一冊，頁2。

139 後來以英文撰稿的華人食譜作者：Florence Lin（沈漢菊）, *Florence Lin's Chinese Regional Cookbook* (New York: Hawthorn Books, 1975); Deh-Ta Hsiung（熊達德）, *Chinese Regional Cooking* (New York: Mayflower Books, 1979).

139 烹調方式：黃媛珊《媛珊食譜》（臺北：三民書局，1954）。

139 主要食材、菜品類型：黃媛珊《媛珊食譜二集》（臺北：三民書局，1957）。

139 季節：王玉環，《家庭食譜大全》（臺南：晨光出版社，1964）。

139 「為使外國讀者能……」：傅培梅，《培梅食譜》第一冊，頁2–3。

139 「採購材料之困難」：傅培梅，《培梅食譜》第一冊，頁3。

140 「海參」：John Burns, "Peking Drafting Best Chefs to Prepare Delicacies for U.S. Visitors," *New York*

103 為兩家報紙撰寫烹飪專欄：潘佩芝，〈自序〉，《潘佩芝食譜》第一冊（臺北：集文書局，1965），頁2–3；潘佩芝，〈前言〉，《潘佩芝食譜》第二冊（臺北：集文書局，1966），頁2。

103 「檸檬派餅、葡萄乾布丁……鄉下濃湯」：雨非，〈檸檬派餅〉，《電視周刊》第8期（1962年12月3日），頁47頁；雨非，〈葡萄乾布丁〉，《電視周刊》第14期（1963年1月14日），頁10頁；仁芳，〈鄉下濃湯〉，《電視周刊》第41期（1963年7月22日），頁3。

103 「一帆風順」：〈一帆風順〉，《電視周刊》第22期（1963年3月11日），頁7。

103 外婆上過胡佩鏘的烹飪課：黃仲蓉，作者訪談，2017年1月24日。

104 黃媛珊的食譜：黃媛珊，《媛珊食譜》（臺北：三民書局，1954）；《媛珊食譜二集》（臺北：三民書局，1957）；《媛珊點心譜》（臺北：三民書局，1956）；《媛珊西餐譜》（臺北：三民書局，1960）。

104 西雅圖和芝加哥：黃媛珊，〈電視烹調表演記〉，《中國一週》（1961年11月13日），頁17。

104 公公齊如山和丈夫齊瑛在半年之內相繼過世：〈黃媛珊〉，百科知識，瀏覽日期2021年11月17日，https://www.easyatm.com.tw/wiki/%E9%BB%83%E5%AA%9B%E7%8F%8A。

104 「最使我難過的是」：黃媛珊，〈自序〉，《媛珊食譜三集》（臺北：三民書局，1964），頁3。

105 孫步霏：氾辭，〈介紹婦女家庭節目主持人孫步霏小姐〉，《電視周刊》第6期（1962年11月19日），頁32。

105 「都深獲觀眾的歡迎，紛紛來函讚譽」：阿美，〈千層糕〉，《電視周刊》第40期（1963年7月15日），頁5。

106 「教法非常認真，講解十分詳細」：阿美，〈千層糕〉。

106 「各省各地之名菜」：〈水果奶凍〉，《電視周刊》第42期（1963年7月29日），頁52。

106 「配料正確」：〈水果奶凍〉。

106 「在各方面均可勝任」：〈水果奶凍〉。

106 「傅培梅老師」：米果，〈料理啟蒙當然是傅培梅時間〉，《聯合報》，2011年7月31日。

106 「傳統且正統的象徵」：Wei and Martin, "Pedagogies," 641.

107 「把這一道菜的祕訣和特別注意的地方完細全指點出來」：阿美，〈蠔油牛肉〉，《電視周刊》第38期（1963年7月1日），頁8。

107 「他們失手時」：傅培梅，《五味八珍的歲月》，頁109。

108 「邊切邊講解邊燒邊講解」：愛亞，〈看傅培梅燒菜〉，《聯合報》，2009年1月25日。

108 「萬一鍋鏟掉地」：愛亞，〈看傅培梅燒菜〉。

109 從來都沒有排演，只有一套食材，也只有一次機會：程安琪，作者訪談，2014年5月19日。

109 棚內一根突出來的釘子：紹正，〈圖與文〉，《電視周刊》第140期（1965年6月28日），頁47。

110 「口齒清晰」：阿美，〈蠔油牛肉〉。

110 「一口標準的國語以及日語和臺語等地方語言」：〈水果奶凍〉。

110 「不善國語」：傅培梅，《電視食譜》，頁3。

111 每個月介紹一個不同省分的菜：傅培梅，《五味八珍的歲月》，頁108–109。

111 每月聚焦一種食材：傅培梅，《五味八珍的歲月》，頁110。

112 「烤爐的設備，比中國就完備便利了若干倍」：齊如山，〈齊如山先生序〉，黃媛珊，《媛珊食譜》，頁14。

112 「至於西點」：雨非，〈檸檬派餅〉。

112 包括雞蛋布丁、生日蛋糕：傅培梅，《電視食譜》。

113 「將油、糖、雞蛋兩個攪拌一起打鬆」：傅培梅，〈香蕉麵包〉，《電視食譜》，頁174。

113 「在臺北的西點麵包店裡大發利市」：傅培梅，《五味八珍的歲月》，頁110。

113 專門賣烘焙器具的店：傅培梅，《電視食譜》，頁190。

114 臺灣仍有超過九九%的小麥仰賴進口：Chiou Mey Perng and Andrew Anderson-Sprecher, "Taiwan Grain and Feed Annual Report 2018," USDA Foreign Agricultural Service, March 30, 2018, https://apps.fas.usda.gov/newgainapi/api/report/downloadreportbyfilename?filename=Grain%20and%20

96 訊號僅能覆蓋臺北地區方圓一百六十公里的範圍：〈臺灣電視公司廣播收視區域輿圖〉，《電視周刊》第8期（1962年12月3日），頁4。
96 訊號就增強到：〈台視播揚系統延伸到中南部〉，《電視周刊》第157期（1965年10月11日），頁46–47。
96 只有電視機三千臺：〈亞洲各國電視廣播電臺統計表〉，《電視周刊》第2期（1962年10月22日），頁4。
97 三分之一的家庭擁有黑白電視機：Ti Wei and Fran Martin, "Pedagogies of food and ethical personhood: TV cooking shows in postwar Taiwan," *Asian Journal of Communication* 25:6 (2015), 638.
97 到了一九七五年，這個比例已接近四分之三：Wei and Martin, "Pedagogies," 638.
97 宋家瑾：宋家瑾，〈媽媽的懲罰〉，《電視周刊》第56期（1963年11月4日），頁4。本段所有引文皆來自同一出處。
98 東芝14T-511型：廣告，《電視周刊》第1期（1962年10月10日），封底。
98 「長腿姊姊」：陳泰洲，〈長腿姊姊〉，《電視周刊》第65期（1964年1月6日），頁51。
98 特別製作一張防塵罩：張炳玲，〈獲得了智力測驗冠軍獎〉，《電視周刊》第68期（1964年1月27日），頁47。
98 五千元：緯文，〈三年的積蓄〉，《電視周刊》第62期（1963年12月16日），頁49。
98 我母親在一九六三年擔任助教的月薪：黃仲簪，作者個人通信，2023年3月18日。
98 一九六四年的最低工資：中華民國勞動部，〈基本工資之制訂與調整經過〉，最後更新日期2022年9月20日，https://www.mol.gov.tw/1607/28162/28166/28180/28182/28184/29016/https://english.mol.gov.tw/6386/6394/6402/26387/。
98 家裡攢了三年的積蓄：緯文，〈三年的積蓄〉。
99 各借了四百元：李玲芝，〈最便宜的娛樂〉，《電視周刊》第61期（1963年12月9日），頁52。
99 「寓教育於娛樂之中」：羅朝樑，〈電視節目〉，《電視周刊》第1期（1962年10月10日），頁18。
99 「TTV」：丁宗裕，〈TTV〉，《電視周刊》第57期（1963年11月11日），頁32–33。
100 一杯熱茶……「寧可一頓飯不吃」：陳秀琴，〈願與電視同在〉，《電視周刊》第59期（1963年11月25日），頁44。
100 年輕船員也不再浪費金錢……「電視，是我的益友」：范祥麟，〈我的至友〉，《電視周刊》第60期（1963年12月2日），頁20。
100 「女性節目」：羅朝樑，〈電視節目〉，頁19。
100 一九六二年聖誕節：〈本週節目〉，《電視周刊》第11期（1962年12月24日），頁2–4。
100 「自婦女名流，知識階層」：汜辭，〈介紹婦女家庭節目主持人孫步霏小姐〉，《電視周刊》第6期（1962年11月19日），頁32。
101 在週三晚上……播出：〈本週節目〉，《電視周刊》第8期（1962年12月3日），頁43。
101 「不要忘了妳的廚房裡正在燒東西」：雨非，〈炒划水〉，《電視周刊》第18期（1963年2月11日），頁10。
101 「老男生」：吳淑媛，〈天下一統〉，《電視周刊》第262期（1967年10月16日），頁9–10。
101 糖醋松鼠魚、紅燒海參、蝦仁雙腰：雨非，〈糖醋松鼠魚〉，《電視周刊》第10期（1962年12月17日），頁14–15頁；雨非，〈紅燒海參〉，《電視周刊》第13期（1963年1月7日），頁13頁；雨非，〈蝦仁雙腰〉，《電視周刊》第17期（1963年2月4日），頁11。
101 台視大樓裡看直播的高層：〈電視菜名不虛傳〉，《電視周刊》第18期（1963年2月11日），頁10。
102 龍鳳腿：孫海，〈介紹一道新年佳餚：龍鳳腿〉，《電視周刊》第15期（1963年1月21日），頁11。
103 銀河魚唇湯：雨非，〈銀河魚唇〉，《電視周刊》第12期（1962年12月31日），頁48。
103 辣豆瓣鯉魚、家庭叉燒、紅扒鶉蛋：雨非，〈辣豆瓣鯉魚〉，《電視周刊》第7期（1962年11月26日），頁47；阿美，〈家庭叉燒〉，《電視周刊》第25期（1963年4月1日），頁4；雨非，〈紅扒鶉蛋〉，《電視周刊》第9期（1962年12月10日），頁38。

67。

78 最低工資：中華民國勞動部，〈基本工資之制訂與調整經過〉，最後更新日期2022年9月20日，https://www.mol.gov.tw/1607/28162/28166/28180/28182/、28184/29016/https://english.mol.gov.tw/6386/6394/6402/26387/。

78 「每一位廚師的通病」：傅培梅，《五味八珍的歲月》，頁89–90。

79 「師傅根本不正式教」：傅培梅，《五味八珍的歲月》，頁177。

80 吃得津津有味：傅培梅，《五味八珍的歲月》，頁90。

80 「找些不三不四的人來家裡」：傅培梅，《五味八珍的歲月》，頁94。

81 第一堂課共有八個學生：傅培梅，《五味八珍的歲月》，頁94。感謝陳玉箴指出她們都出身富裕的臺灣家庭。

81 波麗露西餐廳：〈關於波麗路餐廳〉，波麗路西餐廳官方網站，瀏覽日期2023年2月27日，https://bolero1934.com。

81 「大家想學菜」：傅培梅，《五味八珍的歲月》，頁95。

81 臺灣的主婦……開始好奇其他人都吃些什麼」：臺灣主婦學做這些陌生地方菜的風潮跟印度的情況很像，詳見Arjun Appadurai探討1960年代至1980年代之間印度食譜撰寫情況的經典論文：Arjun Appadurai, "How to Make a National Cuisine: Cookbooks in Contemporary India," *Comparative Studies in Society and History* 30:1 (1988), 3–24.

82 我阿姨也……遇到了類似的情況：黃閩淋，作者訪談，2021年1月29日。

82 「家裡的桌子上、床底下、到處是醬油瓶、鹽罐、糖罐、蔥、蒜等做菜的材料」：吳婉茹，〈傅培梅的烹飪歲月〉，《講義》第20卷第4期（1997年1月），頁67。

82 「剛開始沒經驗」：翁瑜敏，〈傅培梅：給了我們四十年幸福的人〉，《講義》第28卷第4期（2001年1月），頁31–32。

82 「以期她們回去莫犯同樣的錯誤」：傅培梅，《五味八珍的歲月》，頁94。

82 「人非聖賢，孰能無過？」：傅培梅，《五味八珍的歲月》，頁94。

廚房對話：家庭主婦

節錄自2021年1月29日作者採訪黃閩淋的紀錄，原始訪談以中文進行，訪談內容經過編修刪減，以利閱讀。

第三章　小螢幕上的松鼠魚

92 她最愛的菜餚之一：程安琪《媽媽的菜：傅培梅家傳幸福的滋味》（臺北：橘子文化，2014），頁10。

92 自己備齊所有的材料：傅培梅主編，〈糖醋松鼠魚〉，《電視食譜》第一冊（臺北：電視周刊社，1965），頁55。

93 三個孩子和當時已從大陸來臺的母親：傅培梅，《五味八珍的歲月》（臺北：橘子出版有限公司，2000），頁107。

93 忘了帶菜刀：傅培梅，《五味八珍的歲月》，頁107–108。

94 「妳慌慌張張的！」：傅培梅，《五味八珍的歲月》，頁108。

94 再度邀請她：傅培梅，《五味八珍的歲月》，頁108。

95 德莉亞．史密斯（Delia Smith）……艾莉諾．舒爾特（Elinor Schildt）：黃裕美，〈迪莉亞．史密斯：她是英國傅培梅〉，《聯合報》，1996年1月24日；沈怡，〈艾莉諾：芬蘭的傅培梅〉，《聯合報》，1996年11月21日。

95 三十多位烹飪專家：傅培梅，《電視食譜》。

96 優雅的蔣夫人：《電視周刊》第2期（1962年10月22日），封面及封面內。

96 播出五個小時的節目：〈本週節目〉，《電視周刊》第8期（1962年12月3日），頁42–45。

56 這對新婚夫婦一年前才認識：傅培梅，《五味八珍的歲月》，頁58–60。
56 高雄一家香港航運公司：傅培梅，《五味八珍的歲月》，頁62。
57 「能不能換換花樣」：傅培梅，《五味八珍的歲月》，頁88。
57 「我才不稀罕」：傅培梅，《五味八珍的歲月》，頁88。
58 觀察各種街頭小吃攤販：傅培梅，《五味八珍的歲月》，頁88–89。
58 「做菜必須要附帶著愛心在裡面」：傅培梅，廣播訪談（1983年左右），中國廣播公司，AM006 B102–0112，藏於臺北國家圖書館視聽資料中心。
59 「我曾有過一個十分愛我的丈夫」：傅培梅，《五味八珍的歲月》，頁19。
59 「從未考慮過領養」：Julia Child with Paul Prud'homme, *My Life in France* (New York: Knopf, 2006), 94.
59 「這是一本寫給沒有傭人、自己下廚的美國人的書」：Simone Beck, Louisette Bertholle, and Julia Child, *Mastering the Art of French Cooking* (New York: Knopf, 1961), vii.
62 「物有以恩自離者」：Nancy Lee Swann, *Pan Chao: Foremost Woman Scholar of China* (New York: The Century Co., 1932), 83–89.
64 「小家庭」與「大家庭」：Susan Glosser, *Chinese Visions of Family and State, 1915–1953* (Berkeley: University of California Press, 2003).
65 「家務切不可完全叫傭人去做」：見Helen M. Schneider, *Keeping the Nation's House: Domestic Management and the Making of Modern China* (Vancouver: UBC Press, 2012), 55.
66 一九四七年漫畫：吳鬱，〈家庭主婦的一課〉，《中央日報》，1947年11月27日。
67 〈招僱女傭〉：分類廣告，《中央日報》，1950年2月10日。感謝楊孟軒慷慨提供資料。
68 「只要是三個家庭主婦在一起」：〈家家有本難念的經；家庭主婦談「下女」〉，《中原》第5期（1964年7月），頁3。
68 接連更換了十三位幫傭：葉曼，〈臺灣女僕群像〉，收錄於《葉曼散文集》（臺北：水牛圖書，2010），頁237。
69 「她們都曾經是享過福的」：葉曼，〈臺灣女僕群像〉，頁239。
69 「不但六親不認」：葉曼，〈臺灣女僕群像〉，頁240–241。本段所有引文皆來自同一出處。
70 「同樣的一個菜，老爺滿意了，太太卻不滿意」：〈中等家庭人口多；既要經濟又要盡善盡美，色味香要具備，下女難為〉，《中原》第5期（1964年7月），頁7。從文章語氣中無法確定記者是採訪了真實的家庭還是純屬虛構。本段所有引文皆來自同一出處。
72 「嚇得發抖」：〈黃媛珊〉，百度百科，瀏覽日期2022年6月2日，https://www.baike.com/wiki/%E9%BB%84%E5%AA%9B%E7%8F%8A?view_id=3k8rmy2ljjc000。本段中所有細節皆來自同一出處。
72 「家庭人多」：黃媛珊，〈三從四德與家政〉，《家政教育通訊》第1卷第2期（1958年5月），頁8。
73 齊如山搬到了小兒子齊瑛和黃媛珊的家中：〈黃媛珊〉，百度百科。
73 「親自下廚做菜」：〈黃媛珊〉，百度百科。本段所有引文皆來自同一出處。
74 「公公品嘗後」：〈黃媛珊〉，百度百科。
76 「當時不懂」：傅培梅，《五味八珍的歲月》，頁39。
76 深感自責：傅培梅，《五味八珍的歲月》，頁41。
76 「大男人主義者」：傅培梅，《五味八珍的歲月》，頁58–60。
77 「也因此使我日後能在烹飪教學上專注」：傅培梅，《五味八珍的歲月》，頁194–195。
77 公婆和一個幫傭：程安琪，作者訪談，2014年5月19日。
77 寄宿學校：程安琪，訪談。
77 「鋪開她的大圓裙」：程安琪，《媽媽的菜：傅培梅家傳幸福的滋味》（臺北：橘子文化，2014），頁105。
78 「有錢能使鬼推磨」：傅培梅，《五味八珍的歲月》，頁89。
78 當時一兩黃金大約值：吳婉茹，〈傅培梅的烹飪歲月〉，《講義》第20卷第4期（1997年1月），頁

37 「烹調普通的菜餚」：同上，頁341。

38 「是很不好看的」：齊如山，《齊如山回憶錄》（北京：寶文堂書店，1956年初版，1989年再版），頁262。

39 「蟬翼切」：同上，頁263。

39 「絕不講多薄的片」：同上，頁263。

39 「像蜻蜓點水般」：夏承楹，〈滋味營養與技術〉，見黃媛珊，《媛珊食譜二集》（臺北：三民書局，1957），頁14。

40 「沒工夫嘗」：齊如山，〈齊如山先生序〉，見黃媛珊，《媛珊食譜》（臺北：三民書局，1954），頁15。

40 「北平的美好舊時光」：Cheng, *Musings*, 47.

41 「北極探險」：Lin Yutang（林語堂）, "The Art of Cooking," in Lin Tsuifeng（廖翠鳳）and Lin Hsiangju（林相如）, *Cooking with the Chinese Flavour* (London: William Heinemann, 1957) [1956初版], xii.

41 「挑剔而富有鑑賞力的評論家」：同上，頁xii。

41 「男人辛苦工作了一整天」：同上，頁xiii。

42 「收口」：同上，頁xi至xii。

44 一九五六年省籍登記表：林桶法，《1949大撤退》（臺北：聯經出版事業有限公司，2009），表格13.5。

45 外省男性幾乎是女性的三倍：Joshua Fan, *China's Homeless Generation: Voices from the Veterans of the Chinese Civil War, 1940s–1990s* (New York: Routledge, 2011), 64.

45 娶到了臺灣女性：同上，頁65。

45 不必照顧公婆：同上，頁85。

45 牛肉麵：Cathy Erway（陳凱琳）, *The Food of Taiwan: Recipes from the Beautiful Island* (New York: Houghton Mifflin Harcourt, 2015), 135–137; Steven Crook and Katy Hui-wen Hung（洪惠文）, *A Culinary History of Taipei: Beyond Pork and Ponlai* (Lanham, MD: Rowman and Littlefield, 2018), 55.

46 「我們跑了」：黃閩淋，作者訪談，2021年1月29日。

47 惡性通貨膨脹：Tsong-Min Wu（吳聰敏）, "From Economic Controls to Export Expansion in Postwar Taiwan: 1946–1960," RIETI Discussion Paper Series 16-E-028 (March 2016), https://www.rieti.go.jp/jp/publications/dp/16e028.pdf.

47 兩萬平民：死亡人數估計在1萬8,000到2萬8,000人之間。參見Thomas J. Shattuck, "Taiwan's White Terror: Remembering the 228 Incident," Foreign Policy Research Institute, 上傳於2017年2月27日，https://www.fpri.org/article/2017/02/taiwans-white-terror-remembering-228-incident/。

47 禁止公開討論二二八：Yang, "Great Exodus," 10.

48 「我們失去了在中國的一切」：王乃珍，作者訪談，2019年8月16日。

48 年邁的母親和公婆：傅培梅，《五味八珍的歲月》，頁41。

49 「我總要加些料」：白先勇，〈花橋榮記〉，收錄於《臺北人：中英對照版》，George Kao編，白先勇、Patia Yasin譯（香港：中文大學出版社，2000），頁270。

50 「憂患重重的時代」：白先勇，《臺北人》題獻詞。

50 「被鄉愁壓垮」：Pai Hsien-yung（白先勇）, "The Wandering Chinese: The Theme of Exile in Taiwan Fiction," *The Iowa Review* 7:2/3 (Spring–Summer 1976), 205–206.

51 「最讓我印象深刻的地方」：Nicki Croghan，作者訪談，2023年3月7日。

第二章　建立家庭

54 「這種餃子怎麼能吃」：傅培梅，《五味八珍的歲月》（中和：橘子出版有限公司，2000），頁60–61。本段及接下來兩段中所有細節與引文皆來自同一出處。

注釋

序：冷凍庫裡的家常菜

22 中華：「中華」一詞也未能免於政治操作與激烈的辯論。2022年5月，臺灣前副總統呂秀蓮(她早期的女性主義經歷在第五章中有所介紹)提出中國與臺灣建立「中華共同體」的構想，並以「一個中華」為號召。參見Jason Pan, “Former VP Lu Suggests Taiwan–China Federation,” *Taipei Times*, May 8, 2022, https://www.taipeitimes.com/News/taiwan/archives/2022/05/08/2003777892。

第一章　流亡與抵達

26 不受歡迎的客人：傅培梅，《五味八珍的歲月》(中和：橘子出版有限公司，2000)，頁53。

26 卡噔：中文常用「卡噔卡噔」來形容打字機的聲音。參見Thomas S. Mullaney, *The Chinese Typewriter: A History* (Boston: MIT Press, 2017), 30–31。

26 「有些機器」：傅培梅，《五味八珍的歲月》，頁53。

27 也有這樣的繭：傅培梅，《五味八珍的歲月》，頁53。

27 「不必靠眼去找部首」：傅培梅，《五味八珍的歲月》，頁53。

27 「打字小姐」：Mullaney, *Typewriter*, 173。

27 在打字行工作：傅培梅，《五味八珍的歲月》，頁55。

28 日子都很艱困：Pin-tsang Tseng(曾品滄), “The Wartime Regime and the Development of Public Diet in Taiwan (1947–1950s),” *Journal of Chinese Affairs* 47:2 (August 1, 2018), 113–136. https://doi.org/10.1177/186810261804700205.

28 「那時我還不通廚藝」：傅培梅，《五味八珍的歲月》，頁55。

29 「鋼琴、天津地毯」：傅培梅，《五味八珍的歲月》，頁26。

31 一生都是個日本迷：傅培梅，《五味八珍的歲月》，頁34。

32 直到於八年後去世：傅培梅，《五味八珍的歲月》，頁37。

32 唯一的中國學生：傅培梅，《五味八珍的歲月》，頁30–31。

32 親子丼：傅培梅，《五味八珍的歲月》，頁36。

32 「認真、守時、合作無間」：傅培梅，《五味八珍的歲月》，頁113–114。

33 自我批評：傅培梅，《五味八珍的歲月》，頁47。

33 「流離歲月」：傅培梅，《五味八珍的歲月》，頁43。

33 「學小毛驢」：傅培梅，《五味八珍的歲月》，頁45–46。

33 一、兩百萬：逃往臺灣的中國大陸難民確切人數難以統計。根據1956年的人口普查，臺灣的大陸籍平民人數為64萬零72人，但軍方人數屬於機密。可參閱楊孟軒博士論文中關於人口的討論：Dominic Meng-Hsuan Yang, “The Great Exodus: Sojourn, Nostalgia, Return, and Identity Formation of Chinese Mainlanders in Taiwan, 1940s–2000s,” Ph.D. diss. (University of British Columbia, 2012), 50–61.

35 「世之噲聲流歡者」：原文引自袁枚，〈廚者王小余傳〉，英文譯本見Arthur Waley, *Yuan Mei: Eighteenth Century Chinese Poet* (New York: Grove Press, 1956), 52–53.

36 「訓練」出至少兩個廚師：F. T. Cheng(鄭天錫), *Musings of a Chinese Gourmet* (London: Hutchinson, 1954), 30.

36 「有品味的男士」：同上，頁29–30。

37 「不是宗教，也不是學問，而是『吃』」：Lin Yutang(林語堂), *My Country and My People* (New York: Reynal and Hitchcock, 1935), 337.

Family: A Cookbook. Clarkson Potter, 2022.

中國菜、臺灣菜與華裔美國人飲食

近年來，關於中國菜、臺灣菜與華裔美國人飲食文化的學術著作與大眾讀物愈來愈多。雖然許多書名裡都出現了「雜碎」這個詞，但華裔美國人飲食史的內涵遠遠不是只有雜碎而已！

Chen, Yong. *Chop Suey, USA: The Story of Chinese Food in America*. Columbia University Press, 2014.
Coe, Andrew. *Chop Suey: A Cultural History of Chinese Food in the United States*. Oxford University Press, 2009.
Crook, Steven and Katy Hui-wen Hung. *A Culinary History of Taipei: Beyond Pork and Ponlai*. Rowman & Littlefield, 2018.
Dunlop, Fuchsia. *Invitation to a Banquet: The Story of Chinese Food*. W. W. Norton, 2023.
Huang, Eddie. *Fresh Off the Boat: A Memoir*. One World, 2013.
Lee, Jennifer 8. *Fortune Cookie Chronicles: Adventures in the World of Chinese Food*. Twelve, 2009.
Liu, Haiming. *From Canton Restaurant to Panda Express: A History of Chinese Food in the United States*. Rutgers University Press, 2015.
Mendelson, Anne. *Chow Chop Suey: Food and the Chinese American Journey*. Columbia University Press, 2016.
Phillips, Carolyn. *At the Chinese Table: A Memoir with Recipes*. W. W. Norton, 2022.

臺灣與亞裔美國人歷史

讀者若想更深入瞭解近代中國與臺灣的關係與歷史，有許多優秀的研究著作可供參考。關於戰後臺灣歷史的書籍大多著眼於臺灣與中國之間緊張的政治局勢，再不然就是臺灣的經濟崛起，但下面有幾本書是以臺灣豐富的文化與社會歷史為重心。此外，也有許多介紹亞裔美國人歷史的精采書籍。

Allen, Joseph R. *Taipei: City of Displacements*. University of Washington Press, 2011.
Hsu, Madeline. *The Good Immigrants: How the Yellow Peril Became the Model Minority*. Princeton University Press, 2017.
Lee, Erika. *The Making of Asian America: A History*. Simon and Schuster, 2015.
Lee, Jessica. *Two Trees Make a Forest: In Search of My Family's Past Among Taiwan's Mountains and Coasts*. Catapult, 2020.
Lin, Hsiao-ting. *Accidental State: Chiang Kai-shek, the United States, and the Making of Taiwan*. Harvard University Press, 2016.
Rigger, Shelley. *Why Taiwan Matters: Small Island, Global Powerhouse*. Rowman & Littlefield, 2011.

推薦書目

傅培梅的食譜書

傅培梅最暢銷的原版雙語食譜書現已絕版，但偶爾還是可以在二手書市場找到。傅培梅的子女曾在臺灣重新發行了那套經典的三冊系列書，但封面換了，照片也全部更新。如果你習慣現代風格的食譜，你會發現傅培梅的書裡幾乎沒有什麼氣氛的描寫或抒情的文字，做法說明也相當簡略。不過，如果你將她的食譜書搭配她經典的台視烹飪節目《傅培梅時間》一起看(目前已上傳至YouTube：https://www.youtube.com/playlist?list=PLtww_vcpAB8pf-6gUA3_L_H4t39zc0TZT)，你就能慢慢領會她的功力與魅力。

傅培梅，《培梅食譜第一冊》。臺北：傅培梅自費出版，1969年。這是此系列中最經典、最受歡迎的一冊，食譜依東、南、西、北四個方位區分不同的菜系。

——《培梅食譜第二冊》。臺北：傅培梅自費出版，1974年。本冊收錄的食譜依主要食材或菜式類型分類。

——《培梅食譜第三冊》。臺北：傅培梅自費出版，1979年。本冊以正式宴會菜為主，恢復區域分類，並增收湖南、福建、臺灣、素食及自助餐菜式。

——《培梅家常菜》。臺北：傅培梅自費出版，1980年。這是另一本深受喜愛的作品，收錄許多簡單易做的經典家常菜，與女兒程安琪合著。

中華料理食譜

我熱中於蒐集中華料理食譜，書架上可供參考與汲取靈感的藏書也愈來愈多。下廚時，我常視手邊食材與可支配時間，靈活混搭各家食譜、技巧與食材。以下是我最喜愛的幾本由美籍華人或美籍臺裔作者撰寫的食譜書。我之所以偏愛這些書，是因為它們不僅分享料理方法，也穿插作者的個人故事。

Anusasananan, Linda Lau. *The Hakka Cookbook: Chinese Soul Food from Around the World.* University of California Press, 2012.

Blonder, Ellen and Annabel Low. *Every Grain of Rice: A Taste of Our Chinese Childhood in America.* Clarkson Potter, 1998.

Chao, Buwei Yang. *How to Cook and Eat in Chinese*, 3rd ed. Vintage, 1963 [1945初版].

Erway, Cathy. *The Food of Taiwan: Recipes from the Beautiful Island.* Harvest, 2015.

Kho, Kian Lam. *Phoenix Claws and Jade Tree: Essential Techniques of Authentic Chinese Cooking.* Clarkson Potter, 2015.

Lin, Hsiang Ju and Tsuifeng Lin. *Chinese Gastronomy.* New York: Pyramid Publications, 1972 [1969初版].

Lin Tsuifeng and Lin Hsiangju. *Cooking with the Chinese Flavour.* William Heinemann, 1957 [1956初版].

Wei, Clarissa, with Ivy Chen. *Made in Taiwan: Recipes and Stories from the Island Nation.* Simon Element, 2023.

Young, Grace. *The Wisdom of the Chinese Kitchen: Chinese Family Recipes for Celebration and Healing.* Simon and Schuster, 1999.

我最喜歡的中華料理食譜網站之一是The Woks of Life (https://thewoksoflife.com/)，由Bill、Judy、Sarah和Kaitlin Leung一家人經營，創立於二〇一三年。我特別欣賞這是個家族事業，最初創站的用意是想讓兩個成年的女兒能從父母那裡學會下廚。如今他們也已出版精裝版的實體食譜書。

Bill, Judy, Sarah, and Kaitlin Leung, *The Woks of Life: Recipes to Know and Love from a Chinese American*

圖片出處

卷首：第3頁照片由程安琪提供。
前言：第11頁冷凍食品清單由黃仲醬提供。
第一、二、三章：第25、53與91頁照片由程安琪提供。
第四章：第121頁照片由程安琪提供；第124與125頁照片由金恬拍攝，經程顯灝同意使用。
第五章：第155頁照片由程安琪提供。
第六章：第193頁照片由程安琪提供；第205頁照片由金恬拍攝，經程顯灝同意使用。
第七章：第225頁照片由程安琪提供。
第八章：第251頁照片經Q Place Creative Inc.同意後重印使用。
第九章：第291頁照片由黃仲醬提供。
第十章：第319頁照片由楊延強（Chris Yang，舊金山Piglet & Co.）、鄭惠梅（Linda Tay Esposito）、Lynn Chang（www.uniqlay.com）與吳承穎（Daphne Wu）提供。
後記：第349頁長條圖由金宓（Penelope King）提供。

國家圖書館預行編目資料

切、炒、觀、學：傅培梅、戰後臺灣與20世紀中華料理／金恬（Michelle T. King）著；魏靖儀譯
—初版.—臺北市：春山出版有限公司，2025.08—384面；14.8×21公分.—（春山之巔；35）
譯自：Chop Fry Watch Learn: Fu Pei-Mei and the Making of Modern Chinese Food

ISBN 978-626-7478-79-0（平裝）
1.CST：傅培梅　2.CST：傳記　3.CST：飲食　4.CST：臺灣社會
783.3886　　114009104

Summit
春山之巔
O35

切、炒、觀、學：
傅培梅、戰後臺灣與20世紀中華料理

Chop Fry Watch Learn: Fu Pei-Mei and the Making of Modern Chinese Food

作　　者　金恬（Michelle T. King）
譯　　者　魏靖儀
責任編輯　盧意寧
封面設計　張育鈴
內頁排版　丸同連合 UN-TONED Studio

總 編 輯　莊瑞琳
行銷企畫　甘彩蓉
業　　務　尹子麟
法律顧問　鵬耀法律事務所戴智權律師

出　　版　春山出版有限公司
地址：11670臺北市文山區羅斯福路六段297號10樓
電話：02-29318171
傳真：02-86638233

總 經 銷　時報文化出版企業股份有限公司
地址：33343桃園市龜山區萬壽路二段351號
電話：02-23066842

製　　版　瑞豐電腦製版印刷股份有限公司
印　　刷　搖籃本文化事業有限公司
初版一刷　2025年8月
定　　價　580元

I S B N　978-626-7478-79-0（紙本）
978-626-7478-81-3（PDF）
978-626-7478-80-6（EPUB）

春山出版
Email　SpringHillPublishing@gmail.com
Facebook　www.facebook.com/springhillpublishing/

填寫本書線上回函

World as a Perspective

世界作為一種視野